名师工程
创新数学教学系列
新课程·新理念·新教学
丛书编委会主任：马立　宋乃庆

小[illegible]

名师教学目标落实艺术

余文森◎主　编
李玲玲　陈国平　林高明◎副主编

西南师范大学出版社

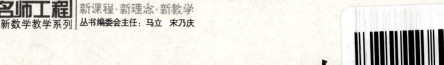

图书在版编目（CIP）数据

小学数学：名师教学目标落实艺术/余文森主编. —重庆：西南师范大学出版社，2010.3

（名师工程系列丛书）

ISBN 978-7-5621-4865-4

Ⅰ.小…　Ⅱ.余…　Ⅲ.数学课－课堂教学－教学研究－小学　Ⅳ.G623.502

中国版本图书馆CIP数据核字（2010）第034685号

小学数学：名师教学目标落实艺术

主编　余文森

责任编辑：郑持军　任占弟

封面设计：吕　龙

出版发行：西南师范大学出版社

地址：重庆市北碚区天生路1号

邮编：400715　市场营销部电话：023-68868624

http：//www.xscbs.com

经　　销：新华书店

印　　刷：九洲财鑫印刷有限公司

开　　本：787mm×1092mm　1/16

印　　张：19.25

字　　数：335千字

版　　次：2010年3月　第1版

印　　次：2010年3月　第1次印刷

书　　号：ISBN 978-7-5621-4865-4

定　　价：30.00元

《名师工程》

系列丛书

编者的话

当前，以人为本的教育理念正在逐步深化，素质教育以及基础教育课程改革不断推进。在这场深刻又艰苦的教育改革中，涌现了无数甘为人梯、乐于奉献的优秀教师。他们积极探索、更新观念、敢于创新、善于改革，在实践中创造性地发展、总结了很多先进的教育思想、教育理念；创造性地开发了很多新的教学模式、教学内容和教学方法。这些新思想、新模式、新方法在实践中极大地提高了教学质量，是教育改革实践中的新内涵和宝贵财富。这些优秀教师就是我们的名师，这些新内涵就是名师的核心教育力。整理、总结、发展、推广这些教育新内涵，是深化教育改革、完善教育体制、提高教育质量、提升教师水平的一件大事。

教育，是民族振兴的基石；教师，是教育发展的根基。

胡锦涛总书记在全国优秀教师代表座谈会上指出："教师是人类文明的传承者。推动教育事业又好又快发展，培养高素质人才，教师是关键。没有高水平的教师队伍，就没有高质量的教育。"十七大报告又进一步强调了必须加强教师队伍建设，不断提高教师的素质。当今世界，社会进步一日千里，科技发展日新月异，知识更新的周期越来越短。教师作为"文明的传承者"更要与时俱进，刻苦钻研、奋发进取，尽快提升自身素质和能力，为推动教育事业的健康发展贡献自己的力量。

基于以上，西南师范大学出版社策划、组织出版了大型系列教育丛书——《名师工程》。希望通过总结名师的创新经验、先进理念，宣传名师的核心教育力，为广大教师职业生涯提供精神源泉和实践动力，在教育实践层面切实推动从教者职业素养的提升。通过《名师工程》实现"打造名师的工程"。

丛书在策划、创作过程中力求实现以下特色：

一、理念创新，体现教育的人本精神

教师角色在以人为本的教育理念下发生了重大的变化，教师的素质和能力也面临更高的要求。如何弘扬、培植学生的主体性、增强学生的主体意识、发展学生的主体能力、塑造学生的主体人格等问题成为教师在目前教育中亟待解决的难题。丛书以教育管理者和教师为主要读者对象，通过教师综合素质的提高而将人本教育的思想落实到教育实践中，真正实现教育培养人、塑造人、发展人的本质要求。

二、全面构建，系统提升教师的教育能力

丛书选题的最大特点就是系统、全面地针对教师教育能力的提升而展开。施教者的能力决定教育的效果，教育改革的落实、教育效果的提高无不体现在教师身上。丛书针对不同教育能力、不同教学要求、不同教育对象，有针对性地设置选题。棘手学生、课堂切入、引导艺术、班主任的教导力、互动艺术、课堂效率、心灵教育等等，这些鲜明的主题从教育的细节出发，从教育实际情况出发，有针对性地解决问题，让教师在阅读中学有所指、读有所获。

三、科学权威，体现教育的时代前沿性

丛书邀请全国各地著名的教育工作者执笔，汇集在教育改革与实践中涌现的先进理念、成果和方法，经过专家认真遴选、评点总结而成，代表了目前教育实践中先进的教育生产力，具有时代前沿性，是广大一线教师学习、借鉴的好素材。

四、注重实践，突出施教的实用价值

丛书采用了通俗的创作方法，把死板的道理鲜活化，把教条的写法改变为以案例为主，分析、评点为辅，把最先进的教育理念和方法融入有趣的情境中。经典的案例，情境式的叙述，流畅的语言，充满感情的评述，发人深省的剖析，娓娓道来、深入浅出，让教师更充分地领会先进、有效的教育方法。

在诸多教育、出版界同仁的支持与努力下，《名师工程》陆续推出了《名师讲述系列》《教学提升系列》《教学新突破系列》《高中新课程系列》《教师成长系列》《大师讲坛系列》《教育细节系列》《创新语文教学系列》《教育管理力系列》《教师修炼系列》《创新数学教学系列》等系列，共70余个品种，后续图书也将陆续出版。

丛书在出版创作过程中得到各地、各级教育部门与教育工作者的大力支持与帮助，在此一并表示感谢！

教育事业是全社会共同的事业，本丛书的出版一方面希望能对广大教育工作者有所帮助，共飨先进成果；另一方面也是抛砖引玉，希望更多的教育工作者参与到出版创作中来，百家争鸣、百花齐放，为促进教育事业的发展共同努力！

目录

CONTENTS

第一章 数与代数

第二章　空间与图形

第三章　统计与概率

第四章　实践与综合应用

第一章

数与代数

第一节　数的认识

一、整数的认识

【目标分析】关于整数的认识部分，具体目标主要包括：在具体的情境中认、读、写亿以内的数；会用数表示物体的个数或事物的顺序和位置；结合现实素材感受数的意义，并能进行估计；了解十进制计数法，会用万、亿为单位表示大数；进一步体会数在日常生活中的作用，会运用数表示事物，并能进行交流。在这些目标中，让学生认、读、写数属于知识性目标，比较容易达到，但是对于为什么这样读、这样写，或者对一个具体的数，用数的组成加以解释说明它的意思，学生会感到困难，这是教师需要解决的问题。而让学生结合现实素材感受数的意义，并能进行估计则涉及对他们数学数感的培养，教师要有意识地将这些内容渗透到每一堂课中。

（一）数形结合，培养数感

——“11～20 各数的认识”的教学

执教：江苏省吴中实验小学　邹虹雯

1. 创设情境，初步感知一个“十”

（电脑出示 10 个装的物品，如乒乓球、铅笔、汤圆等）

师：你们发现这些东西都是几个装的呀？

生：10 个。

师：你们知道为什么要 10 个装吗？

生：整齐。

生：好数。

评析：从现实材料入手，几句话既组织了教学，又渗透了以一当十的数学思想，为下面学习新知识做好充分的准备。

2. 自主探究，认识1个十

师：小朋友，你们成为小学生后，爸爸妈妈非常关心你们的学习，为你们准备了许多学习用品。（边说边拿出一个放了许多铅笔的笔筒）这里有几支铅笔？

生：10支，14支，19支……（他们猜得兴趣盎然、神采飞扬，然后运用数数来验证，结果是12支）

评析：从猜测到验证，让学生感到数数不是枯燥无味的，而是解决问题的一种方法。这样既了解了学生的起点，使其初步感知数的相对大小，又体验到1支1支地数，数得速度慢、麻烦，引发学生主动探究的欲望。

师：这些小棒怎样摆放让别人也能很快地看出是12根？

（生围绕中心问题进行积极地动手操作，小组合作探究，随后，生汇报并展示摆的方法：1根1根地摆；2根2根地摆；5根5根地摆；一边10根，另一边2根等摆法）

师：你们认为哪一种摆法能很快看出是12根？为什么？

生：我喜欢第一种。

生：我喜欢第二种。

……（生各抒己见，意见很不一致）

（师不作任何解释，安排了一个游戏“比一比，谁的眼力最好”。师生一起观看课件，第一幅画面1根1根地摆，画面出现约2秒后马上消失，师问：刚才画面上出现的是几根小棒？生无奈地摇摇头；第二幅画面2根2根地摆，方法同上，生又是无奈地摇摇头；第三幅画面把10根扎成一捆，当课件一出现时，生非常兴奋，异口同声地叫起来：12根）

师：其实3幅画面上出现的都是12根，现在你们喜欢哪一种摆法？

生：我喜欢10根扎成一捆的方法。

生：我也喜欢10根扎成一捆的方法。

……（生的意见基本统一）

评析：在观察比较中，学生领悟到10根扎成一捆可以使数数显得方便，教师初步渗透十进制。

师：用自己喜欢的方法重新摆12根小棒。（生摆，略）

评析：让学生在感知的基础上，再借助小棒，直观演示操作，使抽象的概念具体化，从而理解10个一等于1个十。

【感悟启发】在以上片段中，执教者通过组织学生摆一摆、扎一扎、比一比、说一说，还利用对比材料，使学生达到会认、会数、会读，理解数的组成和十进制的概念的目标。认识 11～20 各数，是学生对数的认识的一次飞跃，让学生建立十进制的概念，理解计数单位“十”的基础。当学生自主探究“怎样摆放让别人也很快看出是 12 根”时，提出了多种摆的方法并各抒己见，但无法体会到“10 根扎成一捆”的优越性。但“10 根扎成一捆”是理解 10 个一是 1 个十的支柱，是学生必须掌握的。此时，教师并没有阐述自己的观点，而是巧妙地设计了 3 幅画面，1 根 1 根地摆、2 根 2 根地摆、10 根 10 根地摆，3 幅画面均出现 2 秒的时间，马上消失。当学生对 1 根 1 根地摆、2 根 2 根地摆无法说出根数感到无奈时，10 根 10 根地摆却带给学生惊喜、兴奋，他们异口同声地说出 12 根。通过比较体验，学生真真实实地感受到把“10 根扎成一捆”最容易看出是多少根，并体会到“10 根扎成一捆”这种方法的优越性，激发了他们“我要用这种方法，我喜欢这种方法”的强烈欲望。然后，教师再次通过摆小棒使学生再次理解计数单位“十”，让学生进一步理解了数的实际意义，也体验经历了数的产生、形成与发展的过程，培养了数感。

数学知识来源于生活，发展学生的数感离不开学生的生活实际，只有把所学知识与生活实际联系起来，才能使学生在现实的具体生活背景下感受体验，内化知识，发展数感。“生活中，这些物品为什么要 10 个 10 个地装”，一石激起千层浪，学生马上用数学的眼光去观察生活，寻找答案。学生这分分秒秒的思考，反映出他们对数的兴趣，他们真切体会到数学知识可以去描述生活，解释现实，这是数感的具体表现。学生数感的发展不是一朝一夕的事，我们要深入了解学生，找准教学的基点，有意识地引导和培养学生的数感，从而提高学生的数学素养。

（二）认识大数，理解位值

——“1000 以内数的认识”的教学

执教：杭州市长青小学　丁杭缨

1. 观察 3 杯小棒

师：老师带来了 3 杯小棒，今天我们就要来研究小棒，你们喜欢研究哪一杯？

生：第一杯。

师：为什么？

生：因为第一杯最多。

师：好，我们就来研究第一杯，猜一猜有几根。

生：200 根。

生：500 根。

生：800 根。

师：我告诉大家，有 1000 根。

2. 尝试分小棒

师：你们觉得怎么数？

生：1 根 1 根地数。

师：1 根 1 根地数，如果每秒数 1 根，大约要 17 分钟，我们一节课只有 40 分钟，太浪费时间了。

生：10 根 10 根地数。

师：大约 2 分多一点，我们一起来数一数。

生（集体）：10，20，30……1000。（生边数，师边用计数器演示）

生：100 根数。

师：如果老师要把这些小棒捆成小捆，你们建议老师怎么捆？

生：10 根一小捆，10 小捆一大捆。（课件动画演示捆法）

生（集体）：1 个百是 100，2 个百是 200，3 个百是 300……10 个百是 1000。

师：你们会在纸上写 1000 吗？

生：会。

师：拿出练习纸，在老师写好的个位、十位、百位、千位下写。谁愿意上黑板来写一写？（生板演，后校对）

师：猜一猜第二杯中有几根。

生：500 根。

师：为什么？

生：因为，看起来只有第一杯的一半。

师：告诉你，比 1000 的一半多一点点，想知道是几根吗？请看大屏幕，（5 大捆、9 小捆和 6 根）现在知道有几根了吗？

生：596 根。

师：谁会在计数器上拨一个596？（指名学生拨）谁会写一个596？（生写）这个596，既可以用小棒表示，也可以用计数器表示，还可以用数字表示，它们三者有什么联系？

生：它们都表示有5个百，9个十，6个一。

师：一起来说一说。

生（集体）：596由5个百，9个十，6个一组成。

师：在596往后数5个数。（生自由数数）

师：哪个数最难数？

生：599后面一个。

师：599后面一个是多少？

生：600。

师：猜一猜最后一个杯子里有几根小棒？老师可以告诉你有803根，（出示有999根小棒的图）在作业纸上写写这个数，在计数器上画画珠子，在图上圈圈小棒。（集体校对803）

师：803和596有什么不同的地方？

生：十位上没有，是个0。

师：0能省吗？为什么？

生：如果没有0就变成83了。

师：我们一起说一说803怎么组成的。

生：803由8个百，0个十，3个一组成的。

师：你们都圈对了吗？

生：对了。

师：没圈的有几根？

生：196根。

师：圈的和没圈的合起来有几根？

生：999根。

师：这3个9的意思一样吗？

生：不一样。分别表示9个百，9个十，9个一。

师：再添上1根是多少根？

生：1000根。

师：上面的图会变成怎样？

生：一大捆。

师：会发生翻天覆地的变化。

3. 知识拓展、数感培养

(1) 出示一大捆吸管。

师：猜一猜有几根。

生：1000根。

师：为什么一大捆也只有1000根？

生：因为吸管比小棒粗。

(2) 出示一个小立方体。

师：猜一猜，1000个这样的立方体有多大，用手势比划一下。（课件演示叠法）

生：变成了一个大立方体。

（师课件演示，生10个，100个地数）

4. 联系生活

师：今年春节，钱诚收到900元压岁钱，这个红包有多厚？

生：这么一点。（手势表示，厚厚的）

师：为什么？

生：都是1元的。

生：这么一点。（手势表示，较厚的）

师：为什么？

生：都是10元的。

生：这么一点。（手势表示，薄薄的）

师：为什么？

生：都是100元的。

师：绕学校跑道跑一圈250米，跑4圈是1000米，跑1000米你有什么感觉？

生：气喘吁吁、上气不接下气……

师：2005年第一学期，杭州长青小学有学生1220人，2005年第二学期有1217人，1220人，1217人各有多少？（生哑然，不知道）

师：那么，今天我们的会场上大约有300人，你们知道1220人有多少了吗？

生：有4个会场那么多，操场上站满了人。

【感悟启发】本课教学难点是帮助学生建立计数单位“一、十、百、千”之间的十进关系及理解位值制。有些教师觉得这部分内容比较简单，认为学生已经有了对100以内数的认识，1000以内数的认识中数的组成、计数关系等就不是教学的重点，在教学中更重视培养学生的数感，注重联系学生的生活实际，给学生提供更加丰富的素材，而忽略了对学生基础知识、基本技能的培养。

丁老师在这堂课里，力求体现“以学生的发展为本”的教学理念，突出双基的要求，让学生能认、读、写1000以内的数，建立计数单位“千”的概念，识别各个数位上数字的意义。同时注意情感的培养，结合现实，让学生感受大数的意义，通过操作、探索、讨论，培养他们学习数学的兴趣和自信心，逐步发展学生的数感。

本节课把重点放在让学生建立对1000的数感上，让他们自己得出10个一百是一千，整个过程是：估数——验证——交流——再验证，让学生成为学习的主人，教师成为教学活动的组织者、引导者和合作者。只有教师放手，充分让学生操作和探索，才能有学生自主建构的可能，才能有学生动手、动脑、动口的机会，才能形成学生主动学习的心态，学生才会主动体验。为把学生的数学活动设计成一个生动活泼的、主动的和富有个性的过程，丁老师将练习题融入“猜猜900元的厚度、跑1000米的感受、估1220人的多少”的活动。这样，既让学生进行了练习，又能将数学与学生喜闻乐见的生活实际结合起来，使学生的积极性得到充分的调动，他们就会自觉参与学习过程，品尝求知的愉悦，而且这些来自于生活实际的问题也让学生在体验中培养了数感。

（三）结合实物，形成模型

——“生活中的大数”的教学

执教：北京市海淀区上地实验小学　吴金华

片段一：在表示年级人数的过程中，认识“百”

师：生活中有很多的大数，比如，吴老师所在的二年级你们知道有多少人吗？（播放年级学生队伍的课件，上面写有人数：243）

生（齐）：有243人。

师：你们能用学具表示出这个数吗？还要使别人能很快地就看出你表示的是243。自己独立地想一想，想好了就两人一组，动手摆一摆。

（生两人一组合作进行，师巡视，搜集学生们不同的表示方法）

师：咱们一起来交流交流，分享一下大家的智慧好吗？

（投影逐一展示，通过全班同学一起数的形式进行验证）

①240，3

②200，40，3

③100，100，40，3

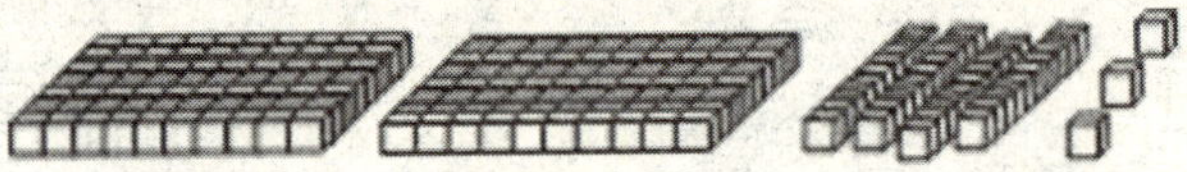

师：你们觉得这些方法中，哪种方法能让别人很快地看出你表示的是多少？为什么？同桌讨论一下。（多数学生认为是第三种）

生：第三种一百一百的分开放，很清楚。

生：第一种一大堆，不能很快地看出是多少，得一十、一十地数。

生：第二种也是这样，不能很快地看出是二百，第三种分开放就能很快地看出来。

（通过讨论，学生们体会到一百一百的分开放，这样表示得很清楚）

师：看来像第三种这样一百一百分开摆来表示数很清楚，能让别人很快地就看出你摆的是多少，这是咱们同学自己发明的好方法。我们学校一年级和二年级的同学加起来有416人（课件演示：学生队伍的照片），你们能用这种好方法表示出来，也让别人很快就能看出来吗？

（生两人合作进行大约3分钟）

师：一二三，3个年级加起来有七百多人呢！（课件演示：学生队伍照片）如果让你也清楚地表示出来，想一想，你觉得你在摆哪一部分的时候花的时间要长一些？

生：摆七百的时候。

师：为什么摆7个百的时间长啊？

生：那得摆70个十。

师：10个十是1个百，再摆10个十，再摆10个十……还真是挺多的，

其他同学觉得呢？（大多数学生点头）

师：那你们能不能设计一个学具，能很快地表示出这7个百？

生：一下拿出10个十。

师：你的意思是把10个十捆在一起，这样就能一次拿出一百，一次拿出一百，是这样吗？其他同学同意吗？

生：同意。

师：你们这是一项特别伟大的发明。

（课件演示：10个十连在一起，构成1个百，师贴图片，并板书：百）

师：老师也给你们制作了一个这样的模型，你们想不想认识认识它？

生：想。（生从师事先发给每组的信封里拿出这样的模型）

师：你们能从这个模型上面找到组成一百的那10个十吗？两个人互相说一说。（生讨论）你们能用这样的学具，迅速地表示出214吗？小组马上行动。

（生两人一组很快地表示出）

师：谁能说一个比214更大的数？

生：547。

师：谁能说一说应该怎样表示？

生：5个百，4个十，7个一。（举出每种模型）

片段二：在表示全校人数的过程中，认识“千”

师：我们学校共有学生2125人，用你们手中的学具摆一摆。

（生茫然，都说学具不够）

师：如果给你们足够的这样的学具，你们想象一下，在摆的过程中，你们会有什么想法？

生：一定很麻烦，我们需要有一个“千”的学具。

师：他想得有道理吗？“千”的学具会是什么样的，在小组内说一说你们的想法。（小组讨论后交流）

生：我也觉得很麻烦，如果把10个百摞成一摞，是一个大正方体，就是1个“千”的学具，摆2个千，1个百，2个十，5个一就可以了。

师：是这样的吗？（课件演示：10个一百连在一起，构成1个千，师贴图片，并板书：千）老师也给你们制作了这样的模型，就在你们的书桌内，赶快拿出来。

片段三：结合模型，让学生体会一、十、百、千的十进制关系

师：请你们在这个模型上找到一、十、百、千，再回想一下这些计数单位是怎样形成的？它们之间有什么关系？在小组内互相说一说。

（课件演示：10 个一是一十，10 个十是一百，10 个一百是一千）

片段四：认识生活中的“一千”

师：我们认识了 1000 个小正方体，你们知道 1000 人在一起是什么情境吗？咱们的这个会场都坐满了老师，大约是 1000 人，同学们转过身看一看。

师：咱们的数学书 1 本大约是 130 页，8 本数学书摞起来大约就是 1000 页纸。（实物演示）其实在我们的生活中，还有很多很多的一千，希望你们收集一千和比一千大的数，然后和你的小伙伴分享，好吗？

生：好。

师：在今天这节课的学习中，哪些地方你觉得印象最深刻？或者还有什么疑问？

生：我认识了一百，一千。

生：我对一百的印象很深刻。

生：如果千也不够用了，怎么办？有没有比一千更大的单位？

师：在今天的学习中，同学们肯动脑筋，随着数的不断扩大，你们自己创造了百、千这样的计数单位，你们可真了不起！下一节课我们将要学习比千还要大的数。

【感悟启发】在本案例中，教师采用数形结合的方法，利用学生熟悉的生活素材——班级、年级、全校学生的人数，组织学生用学具小方块表示这些数，帮助学生直观感受“百”和“千”的实际意义和它们之间的十进关系。

值得一提的是，教师在组织学生操作时，注意将操作、思考、想象相结合。在摆班级人数的过程中，复习了用 10 个一块摆成一条（十）来表示百以内的数。重点引导学生探索怎样表示年级的人数 243，先放手让学生摆，然后通过对 3 种摆法的比较，使学生发现一百一百分开表示很清楚，体会到产生新的计数单位“百”的必要性，直观地感受 10 个十（条）就是 1 个百（片）。在表示全校人数时，充分利用前面的活动经验，组织学生想象新的计数单位“千”是什么样的，从而形成计数单位的直观模型 ，感受这些单位的实际意义和它们之间的十进关系。

吴老师还借助身边熟悉的事物，会场上的人数、8 本数学书的页数等帮助学生体会大数的实际意义，以上这些都有利于培养学生的数感。

【小结】在进行整数的认识的教学中，应该从以下几方面注意：①注意联系生活实际，从学生熟悉的情境入手，让学生感受到数就在自己身边，对这些数产生亲切感。②运用实物帮助学生理解抽象的数，要注意操作与思考、想象的有效结合。③要注意课内向课外的延伸。教师可以将这节课的内容提前布置给学生，让学生在报纸、杂志或网络上查阅并记录生活中的大数，把数学学习由课内向课外开放。这样不仅能够开阔学生视野、丰富学生知识，而且能培养学生自主探索的能力，提高学生搜集和处理信息的能力。

二、分数的认识

【目标分析】能结合具体情境初步理解分数的意义，能认、读、写分数，会比较分数的大小。学生认、读、写比较容易，但要让学生理解整体“1”，体会“整体”与“部分”的关系比较困难。分数的概念对于学生来说比较抽象，因此，教师在教学中要结合具体情境促进学生对分数的抽象理解，从而培养学生的抽象概括能力，感受数学与生活的密切联系。

（一）联系生活，建立表象

——“分数的初步认识”的教学

执教：天津市大港区上古林小学　孙宝东

片段一：

师：同学们，孙老师早就知道我们学校的学生个个聪明机智，反应很快。下面我们就一起来个小比赛：比比谁的手势快。（生听问题出手势）

（1）有 6 块月饼平均分给 2 个人，每人分几块？（生手势表示）

（2）把两块月饼平均分给 2 个人，每人又分几块呢？（生手势表示）

（3）把一块月饼平均分给 2 个人，每人分多少呢？（生手势表示）

（第 3 个问题学生可能知道，但在用手势表示时不知所措）

师：我看到大家的手势有点乱，有的同学可能知道，但不能用手势表示出来，是不是这样呀？好，别急，先用语言告诉我每人分多少？

生：把一块月饼平均分给 2 个人，每人分到这块月饼的一半。（板书：一块月饼　一半）（如果学生表述不清楚，教师进行引导）

师：那我们先来看看这块月饼的一半是怎么得来的。（课件演示：将一个月饼平均分成两块）是这样分吧？谁能说一说我们是怎样分的，才能得到这块月饼的一半呢？

（生回答，师进行适当引导，关键是认识“平均分”，板书：平均分）

师：把这块月饼平均分，也就是使分得的两块大小相等，这样就得到这块月饼的一半。那这块月饼的一半还能不能用以前学过的数来表示？

生：不能。

师：像这样的“一半”不能用以前学过的数表示了，这就是刚才同学们不能用手势表示的原因。有谁知道这个数怎么表示吗？

生：二分之一。(师板书：二分之一)

师：二分之一，用数字可以怎样写呢？老师在黑板上写$\frac{1}{2}$，看和你们想的一样吗？(师板演：$\frac{1}{2}$)

师：谁看清了老师是怎样写的？（生书写，师适当指导）知道这是什么数吗？

生：分数。

师：这节课我们就一起来认识分数。(揭示课题：分数的初步认识)

片段二：

1. 认识图形的$\frac{1}{2}$

师：通过刚才的学习，我们知道了把一块月饼平均分成两份，其中的一份可以用$\frac{1}{2}$表示。(出示一个圆）老师这儿有一个圆，谁能表示出它的$\frac{1}{2}$呢？

(指名学生尝试用阴影表示其中的$\frac{1}{2}$，写在圆上，并引导这名学生说一说是怎样得到圆的$\frac{1}{2}$的，加深学生的认识)

2. 创造图形的$\frac{1}{2}$

师：在同学们的桌上有一个长方形，请你们想办法表示出它的$\frac{1}{2}$。

(生自主尝试，师指名学生汇报并展示不同的折法，强化认识)

师：同学们想一想，为什么虽然我们折的方法不同，得到的每一份的形状也不同，却都能用$\frac{1}{2}$表示呢？

(重点帮助学生理解：把长方形平均分成2份，每份就是它的$\frac{1}{2}$)

师：在刚才同学们的回答过程中，有一个词是很重要的，谁听出来了？

（随学生回答重点标注“平均分”）

师：为什么这个词最重要呢？说说你们的想法。

（重点强调：只有平均分才能得到分数）

3. 判断

师：下面图形中涂色部分用$\frac{1}{2}$表示对吗？

（注重对学生进行说理的指导）

片段三：

1. 认识$\frac{1}{4}$

师：刚才把一个月饼、一个圆平均分成了两份，其中的一份是它的$\frac{1}{2}$。（出示一个圆，通过对折平均分成4份，贴到黑板上）像这样，把一个圆平均分成4份，（给其中一份涂色）每份是它的几分之一呢？

生：$\frac{1}{4}$。（师指导学生叙述完整：把一个圆平均分成4份，每份是它的$\frac{1}{4}$，板书：四分之一）

师：写成数字形式谁会写？（指名学生板书）谁能上来指一指哪里也是这个圆的$\frac{1}{4}$呢？（生上前指）

2. 探究$\frac{1}{4}$

师：同学们现在又认识了$\frac{1}{4}$，如果让你们自己表示出一个图形的$\frac{1}{4}$，能不能做到？老师有两个要求，一是从纸袋中任选一种图形，表示出它的$\frac{1}{4}$；二是折完后和小组同学交流你的发现。

（生先独立思考，之后在小组交流；师随后指名学生代表小组汇报、展示）

（重点帮助学生理解：只要把图形平均分成4份，其中的一份就是它的$\frac{1}{4}$）

【感悟启发】片段一，教师在引导学生复习“平均分”的基础上，从每份是整数过渡到每份不是整数，自然引出分数。前两个问题是为了激活学生原有的认知结构，后一个问题对学生提出了挑战，激发学生的求知欲，引发学生的学习热情，充分调动了学生的学习积极性。因为分数对于学生来说是全新的，所以找准学生学习的“最近发展区”是重要的，它是促使学生从“实际发展水平”向“潜在发展水平”过渡的桥梁，使学生的思维从已知世界自然而然滑向未知领域。所以，从学生熟悉的“一半”入手，明确一半是怎么分的，从而引入用一个新的数来表示物体的“一半”。在激发学生学习兴趣的基础上，顺应学生的思维，回味并理解$\frac{1}{2}$的意思，进而引导学生由对具体事物月饼$\frac{1}{2}$的认知过渡到对图形$\frac{1}{2}$的认知，提高了学生的抽象概括能力。这样安排既遵从了知识发生发展的规律，也适合儿童学习数学的认知规律。以恰当的活动形式作为知识教学的载体，形象直观，一举多得。学生在喜闻乐见的活动中学习新知，在学习新知中锻炼了能力。片段二以自创游戏的形式让学生折出不同形状图形的$\frac{1}{2}$，建立$\frac{1}{2}$的表象，巩固了对所学分数的进一步认识，为后面学习做好了铺垫。这一环节主要是让学生学会迁移类推。学生的实践操作安排，最大的特点是全体学生都参与到手脑并用的活动中去，为他们提供了充分展示自己思维的广阔空间，这样有利于学生自主探索性学习能力的培养和发展。在本环节中，教师放手让学生小组合作交流、解决问题，一方面，有利于学生之间的优势互补；另一方面，充分挖掘学生学习的潜能，让他们的创造性尽可能地发挥出来。

（二）丰富活动，理解意义

——“分数再认识”的教学

执教：中国人民大学附属小学　贾海林

活动一：用不同的素材表示同一个分数

师：刚才老师给每人发了一张卡片，上面有6个不同的素材，请你们分别用这6个素材表示总数的$\frac{1}{2}$。

（生操作，画出总数的$\frac{1}{2}$，然后小组汇报，师根据学生汇报的内容板书：一个整体平均分成2份，每份是整体的$\frac{1}{2}$）

师：同学们观察一下黑板，要分的物体不一样，但为什么每份都是总数的$\frac{1}{2}$呢？

生：因为都是平均分成两份，跟分的数量没有关系。

师：看来我们把要分的 4 朵花、8 盆植物、6 棵树……都可以看成一个整体，平均分成 2 份，每份就是这个整体的$\frac{1}{2}$。那我们要平均分成 3 份呢？4 份呢？5 份呢？（让学生试着观察黑板上的图理解，师若有所悟状）看来，我们把整体平均分成几份，每份就是这个整体的几分之一。

活动二：进一步理解整体的概念

师：我们除了可以把这些（手指黑板）看成一个整体，我们还可以把这一组的同学看成一个整体。（师指一组学生，叫起来一个同学）这个同学就是这组的$\frac{1}{6}$。如果把全班 40 名同学看成一个整体，（师还指这个同学）他就是全班的多少分之一呢？如果把全校 4000 人看成一个整体呢？

生：他是全班同学总数的$\frac{1}{40}$，他是全校同学总数的$\frac{1}{4000}$。

师：看来，同样是一位同学，把他放在不同的整体中，他所占几分之几的分数也不一样。除此之外，我们还可以把什么想成是一个整体呢？

生：我可以把教室的 4 个大屏幕看成一个整体，一个屏幕就是整个的$\frac{1}{4}$。

生：我可以把所有桌子的数量看成一个整体。

师：我们还可以把北京市的所有私家车看成一个整体。奥运期间，北京为了提高空气质量，对私家车根据车牌的尾号进行了单双号的限行，那每天停驶的私家车是私家车总数的几分之几呢？

生：$\frac{1}{2}$，因为汽车的尾号有 0～9 共 10 个数，正好 5 个单号 5 个双号，所以每天停驶的汽车大约是总数的$\frac{1}{2}$。

师：而现在市政府又提倡每周少开一天车，我们又是怎么做的呢？（师出示课件）

	周一	周二	周三	周四	周五
限行尾数	1，6	2，7	3，8	4，9	5，0

今天是星期二，你们想到了哪些分数？

生：每天停驶的私家车大约是私家车总数的$\frac{1}{5}$。

师：我查了一下资料，北京市现有私家车大约300万辆。你们能求出每天停驶的私家车大约有多少万辆呢？你们又是怎么算的呢？

生：60万辆。因为我把300万辆正好分成5份，每天停驶的机动车是其中的一份，用300万辆除以5天正好是每天60万辆。

师：我们还说这件每天停驶私家车的事，可以说每天停驶的私家车有60万辆，还可以说每天停驶的私家车是总数的$\frac{1}{5}$，请你们评价一下这两种说法。

生：第一种说法可以知道每天停驶的私家车具体是多少辆，第二种说法可以让我们知道停驶的车辆数和私家车总数的关系。

师：看来，当我们需要知道私家车具体数量时我们可以用60万辆表示，当我们需要知道停驶的私家车的数量和总数关系的时候，就要用$\frac{1}{5}$来表示。

活动三：继续体会部分与整体的关系

师：请每组的同学从布袋子中取出所有小球总数的$\frac{1}{2}$。（生操作后，师问每个小组都取出多少个小球）我都是让你们拿出袋子里总数的$\frac{1}{2}$，为什么各组拿出的小球数量却不一样呢？

生：因为袋子里小球的总数是不一样的。

师：如果拿出的3个小球是袋子里小球总数的$\frac{1}{3}$，$\frac{1}{4}$，$\frac{1}{5}$呢？袋子里小球的总数应该是多少呢？

活动四：取圆片的游戏

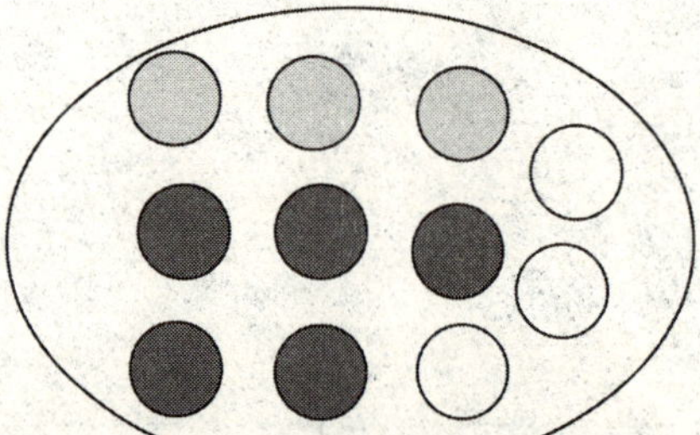

师：你们对自己刚才的表现满意吗？我们现在做一个拿圆片的游戏。（师出示课件一：总数都是11个圆片，最初黑色的有5个，灰色的有3个，白色的有3个，接着黑色圆片多一个，多两个，总数不变）我们把11个圆片想成一个整体，看到这3种颜色，你们想到了哪些分数？

生：灰色圆片是总数的$\frac{3}{11}$，黑色圆片是总数的$\frac{5}{11}$。

（课件显示：黑色圆片依次增多，其他颜色的圆片依次减少，总数不变。让学生体会分母不变，分子变的情况，以此让学生体会部分与整体的关系；同理，黑色圆片减少，其他颜色圆片增加，让学生再次体会）

活动五：游戏同上，提升孩子的认知水平

师：同样是上面的11个圆片，去掉外面的大圈，看到这3种颜色你们还想到了那些分数？

（生可以拿两种不同颜色的圆片数量进行比较，针对不同的整体可以得到不同的分数，师向学生渗透“比”的意义）

【感悟启发】在“分数的再认识”一课中，教学重点是让学生进一步体验整体“1”和“部分”与“整体”的关系。教学难点是让学生理解整体“1”代表的数量不同，同一个分数表示的数量也不相同。从案例中我们可以感受到执教教师整堂课教学的素材是很丰富的，而且每个环节的设计目标很明确。在连续的5个数学活动中，学生的认知水平得到了提升，首先，从原来的“平均分”中得到分数到现在的从情境中抽象出“份”的概念同样也可以得到分数。其次，就是同学们对于分数的相对性的理解，无论是从袋子中拿球的环节，还是后面的用分数表示圆片的环节都表现出，同学们对于同一个分数，对于“整体不同引起部分的不同”体会得还是很深刻的。这节课最大的亮点就是让学生在学分数的同时，让他们对比分数的“率”与具体数量之间的关系是有所不同的，在这种对比中体会到具体问题要具体分析的道理。不足之处就是课堂中一些环节的设计还可以更开放一些，如后面的圆片环节，完全可以直接显示分数而让学生来想办法，这样学生主动参与的程度就更大了。

【小结】从以上两个案例可以看出，引导学生认识分数要注意：

1. 联系生活，了解分数演变过程。数学教学不仅传授知识，同样具有传播文化的功能。数学知识是理性的，也饱含着人类智慧的结晶。

2. 借助实物，突破分数认知难点。无论是初步认识还是再认识，分数对于学生来说都是一个比较抽象的概念。教学时，要充分留给学生操作、思考的空间，让学生在具体情境中理解分数的意义。

3. 巧设问题，深化理解分数意义。学生依赖于自己的动手实践和实例，对分数意义的理解是肤浅的，如果只靠练习加以强化，势必影响对后续知识的学习，而巧妙设置一些问题，则可以加深学生的理解。比如，“同样是一份，为什么表示的个数不同?”之类的问题就可以让学生体会单位“1”代表的数量多少影响着每一份的大小；“我们身边有这样的整体吗?”“可以表示哪一个分数?”等问题既渗透了数形结合的思想，有助于学生空间观念的建立，也让学生看到了分数与生活的联系，感悟了生活中的数学。这样的问题解决方法，为学生深入理解分数意义打开了一扇智慧之门。

4. 拓展训练，体验知识的应用价值。知识只有在具体应用中，才显示学习的价值。除了让学生完成书上的部分练习外，教师在教学中还增加了适量思维训练题。猜数游戏迎合了学生的好胜心理，使他们在思考、辩论中，既掌握分数的意义，又培养了逆向思维。

三、百分数的认识

【目标分析】在百分数的认识中，让学生经历从实际问题中抽象出百分数的过程，体会引入百分数的必要性，理解百分数的意义，会正确读写百分数，体会百分数与日常生活的密切联系。读写百分数比较容易，而要让学生分清分数与百分数的关系比较困难，特别是理解分数能表示数量与分率，而百分数只能表示一个数与另一个数的比很不容易。学生对于百分数意义的理解是否清晰、深刻，将直接影响到其后续学习“解决百分数问题”的质量。

自主搜集，实现“人文”

——“百分数的认识”的教学

执教：北京第二实验小学　华应龙

师：借助百分数，可以很好地解决由谁主罚点球的问题。看来百分数是个好助手！你们课前收集到哪些百分数？在小组内交流交流，说说这些百分数表示的意思，然后小组推荐代表在全班交流。

生：（视频展示台上投影“异乡人”商标）我找到妈妈衣服商标上有“成分：100%棉。”我认为这个“100%”是说这件衣服是全棉的，不含涤纶等。

生：（投影“××冲剂使用说明书”）这上面有“临床验证表明其对病毒性肝炎的有效率达70%”，这个“70%”是说100个有病毒性肝炎的人喝了这种冲剂，有70个人会产生效果。

生：（投影“××酒”商标）××酒商标上有“酒精度：42%（v/v）”，我认为这个“42％”是说酒精的重量是整瓶酒重量的42％。

生：我基本同意他说的42％的意思，但酒精度不是指酒精的重量而是指酒精的体积，是说酒精的体积是整瓶酒的体积的42％。

师：其他同学的意见呢？

生：是体积比不是重量比，我问过我老爸。大家请看——［指商标上的“酒精度：42％（v/v）”］小括号内的“v/v”，“v”就是指体积。

师：你爸爸是——

生：我爸爸是我们××酒厂的办公室主任。

师：噢，请教了权威人士！我原来也以为是重量比呢，谢谢你！

生：（投影××滴眼液药盒）这个药盒上有个“0.012％”，我不知道这个“0.012％”是什么意思，向同学们请教。

师：这是个很特别的百分数，究竟是什么意思呢？

生：可能是指某种药的成分占整个眼药水的0.012％。

师：我们都说不准，怎么办呢？

生：放学后请教医生。

师：好主意！

生：（出示《半月谈》杂志2001年第22期上《“9·11”后的全球经济》一文）这篇文章中说，“墨西哥经济亮红灯：今年增长率为0％”，这个“0％”是说今年墨西哥经济没有增长。

生：我们在电脑上装载一个软件时，显示屏上会不断地显示一串百分数，从0％变化到100％，那些百分数是表示已完成的任务占整个任务的百分之几。

生：（出示××植物护肤说明书）这个说明书上说：“极高度保湿配方：相对保湿率＞180％，尤其适合干性或偏干性肌肤使用”，我想这个“180％”是说这个化妆品中的水分是化妆品总质量的180％。

（有好多学生反对）

师：是啊，这个百分数非常特别。因为，女儿的年龄是不可能比妈妈大的！

生：这个“180％”是说，用了这种化妆品后，皮肤中的水分是原来的180％。

师：其实我对这个“180％”也不理解，怎么会是“180％”呢？但听他这么一说，我觉得有道理。（生纷纷点头）

生：（快步上前，指着说明书下面的两行字）这个说法是对的。这两行广告语可以证明："晶莹、水灵，只在××芦荟。"

（学生们兴奋得鼓起掌来）

……

师：你们课前通过查找资料，请教他人，已经知道百分数的哪些知识了呢？

生：百分数也叫百分率、百分比。

生：表示一个数是另一个数的百分之几的数叫百分数。

生：百分数相当于分数中的分率。

生：百分数后面不带单位。

师：有没有看到过百分数带单位的？是根本没有，还是你看丢了？为什么不带单位呢？（师出示练习题，组织生口答，略）

生：百分数通常不写作分数形式，只在数字后面加个百分号。

……

师：从交流过程中，我已经知道同学们会读百分数了，会写吗？会写的请到黑板上来写一个。（生一拥而上，在黑板上写下大大小小各不相同的百分数）

师：同学们写了各种各样的百分数，这些百分数表示什么意思呢？你们愿意说哪个就选哪一个，好吗？

生：我选50%。如果你今天身体不好，一碗饭只吃了一半，那就是吃了这碗饭的50%。

生1：我选16.7%，因为它有点特别，百分数的分子是个小数。拳王霍利菲尔德和鲁伊丝第四番较量，网上调查统计，鲁伊丝赢的可能性是16.7%，也就是鲁伊丝赢的可能性很小。

师：那就是霍利菲尔德赢的可能性很大，他赢的可能性是多少呢？

生（多数）：83.3%。

生1：（十分得意的）不对，还有两人打平的可能性是4.3%，所以霍利菲尔德赢的可能性是79%。

生（多数）：没想到确实存在这种情况。

师：（微笑着）你这是一则虚拟新闻，是吗？

（生1笑得非常开心）

生：我选1010%。一辆汽车装货，严重超载，装的货物是限载重量的1010%，这个司机要被吊销驾照。

（全班同学都笑了）

……

【感悟启发】教师课前让学生搜集资料，给学生创设了一个自主学习的空间。面对来自生活中一个个亲切可感、鲜活跳动的百分数，学生们触摸到了百分数所反映的真实社会，感受到了百分数所具有的独特魅力。他们用数学的眼光关注，用数学的头脑辨别，用数学的语言表达，他们有话想说、有话要说、一吐为快。此时的数学教学从“文本教学”走向“人文教育”，没有了传统意义上空洞的道德说教，而是对学生心灵的感召、意识的唤醒。百分数，让学生们感同身受、敞开心扉、真情言说。学生可能在刚刚接触这些百分数时，只是发现生活中有这么多百分数而已，仅仅停留在视觉的阅读上，而这些百分数也并未真正走进学生的内心。然而教师并没有就此止步，而是独具匠心地进行了更高意义上的引领，让学生谈对这些百分数的看法，引领学生的视角从表面走向深处，使他们的心灵得以敞开，人文意识得以唤醒，学生们在用自己的眼睛、大脑和心灵共同解读这意味深长的一组数据。如果说，学生个性化地畅谈自己对这些百分数的理解是这节课的亮点的话，那么，教师高瞻远瞩的引领则是锦上添花的妙手。

【小结】百分数的意义是十分重要的基础知识，它与分数的意义既有联系，又有区别。学生只有理解了百分数表示一个数是另一个数的百分之几，才能正确应用百分数解决实际问题。教师教学百分数的意义时，除了注意创设情境与联系生活实际以外，还应注意以下几点：

1. 引导学生经历“具体——抽象——具体”的过程，这是概念教学的基本过程。将抽象的数学概念具体化，有助于学生深入体验百分数的意义。

2. 引导学生弄清百分数与分数的联系与区别。通过判断“哪几个分数可以用百分数来表示？哪些不能？”再一次凸显百分数的意义。当分数具有一个数与另一个数“倍比”（几倍或几分之几）的意义时，它与百分数在意义上是一致的，可以写成百分数的形式。当分数表示一个数量是多少的时候，它不具备百分数的属性，不能写成百分数。

3. 让学生明确百分数只表示一个数是另一个数的百分之几，不表示两个数量各是多少。例如，如果100人表演团体操，其中男生有40人；如果200人表演团体操，其中男生有80人。男生的具体人数都是根据“男生人数占总数的40%”的含义推算出来的。可见，这个百分数只表示参加团体操表演的男生人数与总人数的关系，只表示男生人数在总人数里所占的份额。这个关系与份额是确定的，至于男生究竟有多少人，还与参加表演的总人数有关。

四、小数的认识

【目标分析】《义务教育数学课程标准（实验稿）》（以下简称《标准》）中关于此部分对学生的要求是认识小数，能认、读、写小数；探索小数、分数和百分数之间的关系，并会进行互化（不包括循环小数化为分数）；会比较小数、分数和百分数的大小。

挖掘“学材”，沟通联系

——“小数的初步认识”的教学

执教：中国人民大学附属小学特级教师　钱守旺

师：同学们，前不久我校举行了读书节活动。看，这是我班师生活动的一个画面（出示屏幕），你们看到了什么？听到了什么？

生：我看到了我班举行的“好书跳蚤活动”。

生：我看到赵老师把图书分成了4摞：第一摞书的单价是5元，第二摞的单价是8.6元，第三摞是12元，第四摞是20.4元。

师：你观察得真仔细。（在黑板上标出这些图书的价格）你们能将这些标价牌上的数分分类吗？

生：我把8.6元和20.4元分在一起，5元和12元分在一起。

师：为什么这么分？

生：左边的两个数中没有小圆点，右边的都有小圆点。

师：你知道右边的这些数叫什么吗？今天我们就来认识认识它们。（板书课题：小数）

师：关于小数，你们已经知道了哪些知识呢？

生：我知道0.5元读作零点五元。

师：你已经知道小数的读法了，很好！

生：我的身高大约是1.42米。

师：哦，你的身高也可用小数表示。

生：5角就是0.5元。

……

（奇奇商店要开展规范营业活动，必须将标价牌上的价格用元作单位表示，

店主奇奇可犯愁了，这几件商品的价格该怎么换呢）

师：同学们愿意帮助店主奇奇吗？请大家试一试。

（生先独立思考，再小组讨论，并填空）

师：看了这些结果，你们有问题问大家吗？

生：为什么1元2角不写0.2元，要写作1.2元？

师：这个问题很有价值，大家可以讨论，也可以先独立思考，再来说说理由。

生：我发现前面是几角，这里是1元2角，所以是1.2元。

师：他的解释大家听得懂吗？请听懂的同学给听不懂的同学再讲明白一点。

生：6角就是$\frac{6}{10}$元，不满1元，所以写作0.6元。而1元2角已经满了1元，所以写作1.2元，3元5角写作3.5元。

【感悟启发】在学生的生活经验中最常见的小数是商品价格。三年级的学生已经有了比较多的使用人民币的经历。因此，这个例题的教学采用了自主探索与交流讨论的方式。通过帮助奇奇商店改写标价牌的活动，教师让学生根据自己的生活经验，把几角或者几元几角改写成用元做单位的小数。由于学生大多具有实际体验，因此都能顺利完成换算。但是，教者并没有让学习活动停留在表面的顺畅上，而是通过疏导使学生对小数的含义有了比较深刻的理解。这样的反思和追问，使学生不仅理解了小数的含义，也自然完成了由纯小数向混小数的过渡，避免了今后出现类似于“小数总比整数小”的认识误区，起到“前馈控制”的心理效应。生活是数学的源泉，数学离不开生活。教学过程中，教者不仅按照感知、理解、巩固到应用的过程展开教学，让学生在不同的生活情景中不断经历“数学化”的过程，而且对教材作了二次加工，使教材成为“学材”：首先，由“找身边的小数”入手，进而自然引出小数，体现了学生学习小数的需要，沟通了整数、分数、小数之间的内在联系；其次，在练习的顺序上进行重组和调整，在测量认识小数和商品价格转换小数之后分别进行专项练习，针对性很强，有利于学生形成结构化的知识。

【小结】小数的意义，是小学数学的基本概念之一。教学时，不仅要求学生能掌握有关的知识技能，还要感悟其中的数学思想方法，这样他们才能对知识融会贯通。从以上两个案例中我们可以得到以下启示：

1. 以学生已有的生活经验和知识经验为学习基础。虽然小数在生活中较常见，但对于三年级的学生来说，小数的本质到底是什么还是很陌生的。本节课的教学重点是认识一位小数，教师选用价格和长度等问题进行教学，贴近学生生活实际，更容易引起学生的共鸣。

2. 让学生经历学习过程，在充分体验和感悟的基础上，初步理解概念的本质。学生从认识零点几到认识几点几，再到对一位小数的整体认知和把握，在观察、操作、交流等活动中，层层推进，不断丰富对一位小数的认知体验，直至初步理解一位小数的本质。

五、负数的认识

【目标分析】《标准》对本节内容的教学要求为让学生在熟悉的生活情境中，了解负数的意义，会正确地读、写负数，学会用正、负数表示日常生活中具有相反意义的量。而且，教师在教学中还要注意使学生在熟悉的生活情境中，经历数学化、符号化的过程，体会负数产生的必要性，感受正、负数和生活的密切联系，享受创造性学习的乐趣，并结合史料对学生进行爱国主义思想教育。这部分内容是在学生已经认识了自然数，并初步认识了分数和小数的基础上，结合熟悉的生活情境，初步认识负数。通过教学，一方面可以适当拓宽学生对数的认识，激发其进一步学习的愿望；另一方面也为学生在第三学段进一步理解有理数的意义以及进行有理数运算打下基础。

（一）体验过程，建构概念

——“生活中的负数”的教学

执教：北京市昌平区昌盛园小学　赵震

片段一：利用生成资源，体验负数产生过程

1. 提出问题，亲身体验

师：选择自己喜欢的方式把听到的数据准确地填在表格中，关键是让别人一眼就能看明白。①足球比赛，中国国家队上半场进了 2 个球，下半场丢了 2 个球。②学校四年级转来 25 名新同学，五年级转走 10 名同学。③张阿姨做生意，3 月份赚了 6000 元，4 月份亏了 2000 元。（生独立填表，师巡视收集信息）

2. 有序反馈，集体讨论

师：这样记录，大家有什么看法？（在投影上展示第一种情况）

足球比赛		转学情况		账目情况	
上半场	2 个	四年级	25 人	3 月份	6000 元
下半场	2 个	五年级	10 人	4 月份	2000 元

生：这样无法看出是进 2 个球还是丢 2 个球。

师：都是 2 个球，但一个是进球，一个是丢球，意思正好怎么样？（同时借助手势表示进球和丢球的相反意义）转来和转走的意思呢？赚和亏呢？仅仅用我们学过的数，还能区分这些意义相反的量吗？

（师生交流第二种情况）

足球比赛		转学情况		账目情况	
上半场	进 2 个	四年级	转来 25 人	3 月份	赚 6000 元
下半场	丢 2 个	五年级	走了 10 人	4 月份	亏 2000 元

（师生交流第三种情况）

足球比赛		转学情况		账目情况	
上半场	→2 个	四年级	√25 人	3 月份	☺6000 元
下半场	←2 个	五年级	×10 人	4 月份	☹2000 元

师：快说说你是怎么想到这两个符号的？(师指向账目结算部分)

生：我认为张阿姨赚 6000 元心里肯定特别高兴，所以用笑脸表示；而亏了 2000 元就用哭脸，表示她心里很难过。(其他学生发出会心的笑)

师：看得出来，大家很欣赏这种方法。像这样用符号表示的方法其他同学还有没有呢？(师随即展示其他同学使用的不同符号）同学们的想法都很有创意，可不知同学们想过没有，你用的符号你明白，他用的符号他明白，但是，数学符号是数学的语言，是帮助我们相互交流的，怎样才能让大家都明白呢？

生：需要找到一种大家都能看懂的符号。

生：需要找到一种统一的形式。

（师生交流第四种情况）

足球比赛		转学情况		账目情况	
上半场	＋2 个	四年级	＋25 人	3 月份	＋6000 元
下半场	－2 个	五年级	－10 人	4 月份	－2000 元

师：这是哪位同学记录的？快说说你的想法。

片段二：朴实的教具，促进有效的思考

（课件播放中央电视台某日的天气预报录音：哈尔滨零下15℃到零下3℃，北京零下5℃到5℃，上海0℃到8℃，海口12℃到20℃，随后，教师引导学生初步明确零上温度和零下温度的不同表示方法）

师：生活中用什么来测量温度呢？

生：温度计。

师：这是一个大号的摄氏温度计，1个小格代表1（没有标出数字），中间红颜色的线代表水银柱，上、下可以动，你们能在温度计上表示温度吗？

生：能！

师：谁能把5℃表示出来？

（一生到前面操作，把最下面的刻度作为0℃，并把往上数第5个小格处确定为5℃）

师：麻烦你再帮我们把－5℃表示出来。（生在黑板前挠头）怎么了？出现什么问题了？

生：没法表示了！

师：大家也帮忙想一想，为什么现在不能表示出－5℃了？怎样才能在温度计上表示出来呢？

生：这样肯定不行，应该先找到0℃。

师：大家都不约而同地说要先找到0℃的位置，可为什么要先确定0℃的位置呢？

生：因为0是正数和负数的分界点。

师：都是这样想的？

生：是。

（教师分上下两部分将温度计的刻度揭开，边揭边念：先揭掉0，这是10。那这就是——越往上温度越怎么样？）

师：（对站在黑板前的孩子）刚才有点难为你了，现在你能把5℃表示出来吗？再试试看！

师：再找一个同学来表示出－5℃。

师：一个零上5℃，一个零下5℃，（用手比划）相差了这么多！还想做吗？谁能把－15℃表示出来？大家看他想的跟你想的一样不一样。（生操作）

师：－5℃和－15℃相比，哪个更冷？

生：－15℃更冷。

师：你们怎么知道的？

生：从温度计上看出来的，$-5℃$高，$-15℃$低。

生：$-15℃$在$-5℃$下面。

师：那也就是说，在温度计上，越向下温度越冷。用你们的动作和表情告诉我$-15℃$时有什么感觉？（生做出哆嗦的样子）

片段三：在情境中提升对正负意义的理解

[教师利用课件显示练习（原练习 1～3 略）：刘翔在第十届世界田径锦标赛半决赛中，110 米跨栏的成绩是 13.42 秒，当时赛场风速为每秒-0.4米]

师：风速怎么还有负的？赶快讨论一下。

生：风和刘翔是对着跑的。

师：你能给大家表演一下吗？可以找一个好朋友来帮忙！

（两名学生到前面表演逆风跑步的情境）

师：风的方向正好跟刘翔的方向相反（边说边用手势表示不同方向），那风速用什么数表示？

生：负数。

师：如果当时风速是每秒$+0.4$米又是什么意思？麻烦你们俩再表演一次，行吗？（生再次演示同方向跑动）

师：如果当时赛场的风速是每秒$+0.4$米，刘翔的成绩还会怎么样？

生：更好。

师：刚才我们发现，顺风时的风速用什么数表示？逆风呢？这一顺一逆意思正好相反。那这样一组意义相反的量就可以用什么数表示？

生：正数和负数。

【感悟启发】在本案例中，课伊始，教师请学生记录具有相反意义的 3 组数量。学生采用了单纯的数据、文字加数据、图标或符号加数据等多种形式，充分展现了学生对情境问题的深入思考。教师巧妙地利用这些有价值的资源，进行了有序反馈，使两个数量的相反意义始终凸显在学生面前，促使学生进行有意义的数学思考，直到产生"需要找到一种统一的形式"的内需。这时，负数的概念呼之欲出。在解决不断产生的认知冲突的过程中，学生感悟着正、负数的意义，体验着由具体到抽象的符号化、数学化过程，认识逐渐从模糊到清晰。短短的一个环节，教师带领学生简约地经历了人类探索负数的历程，实现了数学学习的再创造。在概念建构的过程中，教师引导学生借助温度初步理解负数的意义，并在练习中安排了各种不同的具有现实背景的相反意义的量的实例，为学生提供了丰富的素材。例如，刘翔跑步中的逆风问题，学生富有情趣的表演，使一顺一逆的相反意义明确展现在学生面前，也有效地提升了对数学概念本质意义的理解。可以说，每个情境都紧密围绕“相反意义的量”，又各有侧重，不仅调动了学生多种感官的参与，而且使学生在有限的时间内，了解负数在生活中的广泛应用，体会负数的学习与现实世界的联系，更重要的是感悟数学学习的价值。

（二）了解来源，深化内涵

——“认识负数”的教学

执教：无锡市东林小学　徐航

1. 从“生活事例”引入——了解负数的来源

师：同学们，不知不觉就到了金秋时节了（课件呈现美丽的秋景图片），大家觉得我们无锡这两天的天气怎么样？（生回答后，课件呈现无锡天气预报、温度计图）这个温度计上显示的是昨天的最高气温，你们能看出昨天的最高气温是多少吗？

生：3℃。

生：39℃。

师：到底是多少？问题出在观察的方式上。（师介绍温度计两边的刻度摄氏度和华氏度）我们常用的是摄氏度。（引导学生了解温度计上的左右两行刻度以及左右两边刻度名称，左边代表摄氏度，通常用字母℃表示，一大格表示两度）

师：据科学研究，气温在18℃～24℃时，人体感觉最舒服，昨天达到39℃，我们就感觉很热了。猜想：从今天开始，温度计上的红色酒精柱会怎样变化呢？

2. 由“相反关系”展开——理解负数的意义

(1) 教学例1（苏教版教材五年级上），初步认识负数。

师：老师是一个非常关注天气变化的人，几乎每天都要看中央电视台的天气预报。有一次我记录了3个城市的最低气温，第一个是东方大都市上海（出示温度计图），你们能从温度计上看出当天上海的最低气温吗？

生：4℃。

师：第二个城市是江苏的省会南京（出示温度计图），你们能从温度计上看出南京的最低气温吗？这个温度比上海的气温怎样？

生：零℃，温度比上海低。

师：第三个城市是我们伟大祖国的首都北京。根据你们的生活经验，北京的气温通常要比上海和南京怎样？（生提出猜想后，出示温度计图，让学生说出北京气温）

生：4℃。

师：北京的最低气温和上海的最低气温一样吗？你们是怎么看的？为什么？

生：上海的气温是零上4℃，北京的气温是零下4℃。

师：你们知道数学上是怎样区别零上4℃与零下4℃的吗？

师：（小结）为了便于表示，通常规定零上4℃记作＋4℃或4℃，零下4℃记作－4℃。

“＋4”读作正4，在写的时候，只要在4前面加一个“＋”（正号），“＋4”也可以写成4。“－4”读作负4，书写时，只要先写“－”（负号），再写4。（师板书）现在，我们可以说上海的气温是＋4℃，北京的气温是－4℃。

（教学生认读正4℃，负4℃）

师：当天我还记下了几个城市和地区的最低气温，（分别出示西宁、哈尔滨、香港等城市的温度计图）你们能用这样的方法分别写出它们的最低气温吗？

我们一起来当气象记录员，一边听天气预报，一边记录气温。（课件演示：赤道零上40℃，北极零下26℃，南极零下40℃）

（2）教学例2，深入理解负数。

师：不同地区气温有差别，同一地区一天中的气温也有差别，想了解吗？（课件显示吐鲁番盆地的奇特自然现象）吐鲁番气温变化是什么原因？是海拔。（课件出示海拔高度示意图）从图中你们知道了什么？

生：珠穆朗玛峰海拔8844.43米，吐鲁番盆地海拔低于海平面155米。

师：大家能从刚才表示气温的方法受到启发，也用一种比较科学的方法来表示这两个海拔高度吗？（板书：＋8844米，－155米）

练习1：用正负数表示各地的海拔高度。马尔代夫平均海拔比海平面高1米。

师：平均海拔比海平面高1米是什么意思？海拔高于海平面10米有可能吗？

练习2：根据海拔高度判断各地高于海平面，还是低于海平面。欧洲是世

界上海拔最低的洲，平均海拔300米。马里亚纳海沟最深处海拔—11032米）

师：你们读了这句话有什么感觉？

生：很高。

生：很深。

练习3：课本第6页“练习一”第1、2题。

师：（小结）通过刚才的研究，我们看到，在表示气温时，以0℃为界，高于0℃时用正数表示，低于0℃时用负数表示；在表示海拔高度时，以海平面为界，高于海平面用正数表示，低于海平面用负数表示。

3. 以“比较反思”提升——深化概念的内涵

师：我们用这些数（课件出示）分别表示零上和零下的温度以及海平面以上和海平面以下的高度。（课件同时呈现：温度计和海拔高度图，其中0℃和海平面用红色线标出）观察这些数，你们能把它们分类么？按什么分？分成几类？小组讨论。

师：（小结）像＋4，40，＋8844这样的数都是正数，像—4，—7，—11，—155这样的数都是负数。

（引导学生辨析：从温度计上观察，0℃以上的数都是正数，0℃以下的数都是负数；海平面以上的数都是正数，海平面以下的数都是负数）

讨论：0属于正数还是负数。

（出示一条数轴，在中间添上0）

师：如果这里是0，你们能想到什么？

生：0的右边是负数，左边是正数。

生：0的左边是负数，0的右边是正数。

师：数学上规定0左侧的为负数，右侧的为正数。（生读数轴上的数）读得完吗？红红的0该向哪边走呢？0应该是分界点，0既不是正数也不是负数，所有的正数都大于0，所有的负数都小于0。

我们回顾一下，刚才学到了什么？（揭示课题：认识负数）

（师出示“你知道吗？——中国是最早使用负数的国家”，生自由浏览网上资源）

4. 用“多层练习”巩固——拓展负数的外延

（1）基本练习。

师：每人写出5个正数和5个负数，并进行交流；读出所写的数，并判断写得是否正确。大家写了这么多的正、负数，却没有一个写零，为什么？

（2）对比练习。

“神七”与负数：我国即将发射的神舟七号飞船在太空中向阳面的温度会达到（　）以上，而背阳面会低于（　），但通过隔热和控制，太空舱内的温度能始终保持在（　），非常适宜宇航员工作。

①21℃　②100℃　③－100℃

（3）应用练习。

①电梯中的负数：王叔叔和李阿姨都从办公楼的地面一层乘电梯，王叔叔去5楼开会，李阿姨去地下2层取车，他们分别应该按电梯里的哪个键？（课件配合出示有关图片）

②产品说明书上的负数：食品包装袋上有这样的标记“500＋2g”，质检人员拿出5袋称重后和标准重量比较记录为：＋0.1g，－1g，0g，＋0.5g，－3g,这些数分别是什么意思？500＋2g是什么意思？

③刘翔比赛的资料：刘翔110米跨栏的成绩是13.42秒，赛场风速为－0.4米/秒。

师：你们有疑问吗？（师生通过表演来解释风速－0.4米/秒）

师：（小结）像零摄氏度以上与零摄氏度以下，海平面以上和海平面以下，地面以上和地面以下，存入和取出，比赛的得分和失分，股票的上涨和下跌等都是相反意义的量，都可以用正负数来表示。

（4）拓展延伸。

调查自己家一个月的收入、支出情况，并做好记录。记录后对数据进行分析，把自己的感受与家人说一说，用数学日记记下自己的感受及开支建议。

【感悟启发】本节课的教学，呈现了以下几个特点：

1. 从“生活事例”引入——了解负数的来源。一开始即选择天气的话题，贴近学生生活背景，促使学生积极广泛地参与讨论学习。

2. 由“相反关系”展开——理解负数的本质。通过“看温度计读气温”这一问题情境，从3大城市的气温由高渐低相继展开，自然引出“零上4℃”和“零下4℃”这两个生活中常见的相反温度用怎样的数可以表达的问题。区分这一问题，让学生感受到过去所学的数在表达相反意义的量时的局限性，产生学习新数的需求。继而借“海拔高度”这一生活实例，用正负数来表示海拔高度，使学生再一次感知“相反的量”这一负数概念的本质意义。

3. 以“比较反思”提升——丰富概念内涵。本课是学生初次认识负数，为了让学生对负数的内涵与外延有完整的认识，通过让学生直观地感受零度刻度线、海平面等分界点，并借助直线上的点来理解正数、负数与0三者间的关系，使学生认识到正数都大于0，负数都小于0。同时在习题中让学生体会过去已学过的数（除0外）都是正数，以帮助学生沟通新旧知识的内在联系。

4. 用“多层练习”巩固——拓展概念外延。在基本练习之后利用即时信息“神七”等资料来激发学生进一步学习探究的兴趣，引导学生回到生活实际中寻找生活中的正数与负数，既与开头的生活情景相呼应，又为学生下节课进一步体验并尝试在生活中应用负数和理解负数的意义作了较好的准备。

【小结】认识负数是小学阶段学习数的范围的一次扩展。学生在前面已经历了“20以内数的认识→100以内数的认识→万以内数的认识→多位数的认识→小数的认识→分数的认识”的一个较长过程。不过，这些数都是在0和正数范围内认识的，现在开始拓宽到负数范围，对学生的要求是很低的，仅仅要求他们在熟悉的生活情境中了解负数。在教学时要注意以下两点：

1. 要注意体会教材安排的认识负数的层次

这部分学习素材一般会涉及气温与海拔高度。作为相反意义的量，零上温度与零下温度、海平面以上的海拔高度与海平面以下的海拔高度都非常直观形象，因而用相应的正数和负数表示每一组相反意义的量就显得很自然，也便于学生理解。涉及盈亏金额、不同方向的路程等相反意义的量，稍微抽象一些，理解的难度也相应大一些。教材要求学生根据数轴上的点填出相应的正、负数，在更为抽象的层面上引导学生加深对负数的认识。

2. 要帮助学生认识正、负数与0的关系

教学时，教师先要引导学生对例题所涉及的正、负数进行分类，形成对正、负数的初步认识，但分类时最好不涉及0，以免造成学生认识上的混乱。学生分类后，提出问题：0是正数，还是负数？让学生借助观察和交流，认识到：0作为正、负数的分界，既不是正数，也不是负数。此外，要通过在数轴上填数，使学生进一步体会0的独特性，并明确：正数都大于0，负数都小于0。

第二节　数的运算

一、运算的意义

【目标分析】在本部分内容的教学中，教师要注意结合具体情境，让学生体会整数四则运算的意义，体会整数四则运算在小数、分数的运算里同样适用，要在具体运算和解决实际问题的过程中，体会加与减、乘与除的相互关系。

（一）适时切入，凸显重点

——“乘法的初步认识”的教学

执教：宁波市江北区唐弢学校　邵陈栎

1. 实践感悟

(1) 师生游戏。

师：（伸双手）一只手有 5 根手指，我一共有几根手指呢？

生（齐）：10 根。

师：你们是怎么算的？

生：5＋5＝10。

生：2 个 5 相加。（师根据生回答板书）

师：3 只手一共有几根手指？怎样用算式表示？

生：5＋5＋5＝15，3 个 5 相加。

师：4 只手（你和你的同桌）一共有几根手指？可以怎样用算式表示？

生：5＋5＋5＋5＝20，4 个 5 相加。

生：10＋10＝20。

师：5 只手呢？怎么列式？（生答，略）

师：8 只手一共多少根手指？该怎么列式呢？

生：8 个 5 相加，5＋5＋5＋5＋5＋5＋5＋5＝40。

生：10＋10＋10＋10＝40。

(2) 感悟乘法。

师：如果是20只手呢？你们能想办法很快用算式表示出来吗？（生思考，陆续举手）

生：用加法5＋5＋5＋5……（生说师板书，有学生说：到底有几个5啊）

生：20个5相加。

师：怎么表示？

生：写20个5连加。

师：老师佩服你的耐心，有没有其他表示方法？

生：（到黑板上写）5＋5＋5＋5＋5…＋5。

生：可以用乘法，5×20或20×5。

师：你是怎么知道的？

生：爸爸教我的。

师：你真了不起！已经知道用5×20或20×5来表示，这里的5表示什么？20又表示什么？5×20表示什么？

生：20个5相加。

师：（指着"×"）这个符号就叫做乘号，齐读这个算式。

2. 认识乘法

(1) 改写算式。

师：你们能用上面这样的写法，把加法算式改写成乘法算式吗？例如，2个5相加，我们可以怎样用乘法来表示？

生：2×5＝10或5×2＝10。

师：（指板书）刚才的这些加法算式你们能改写成乘法算式吗？选一题来试试看，写在练习纸上，同桌交流"我写的是什么，我为什么这样写"。

（生回答后，师指着5×4，5×8等问学生表示什么）

(2) 观察发现。

师：（指板书）仔细观察、比较这些加法和乘法算式，相同的是什么？不同的又是什么？（小组讨论，生汇报）

生：相同的是都有一个数字5，表示一只手有5个手指。

生：都是几个几相加。（师引出相同加数的概念：在同一个算式里每个加数都相同的，我们把这样的加数叫做"相同加数"）

生：不同的是，5 的个数不一样。

生：也就是相同加数的个数不一样。

生：乘法比加法的算式短。

师：小朋友们的观察能力真强！发现了这么多秘密。求几个相同加数的和，我们除了可以用加法来表示，也可以用乘法来表示，今天我们就一起来学习乘法。(板书课题：认识乘法)

(3) 自己写加法和乘法算式。

师：像这样几个相同加数相加的算式，你们能来创造一个吗？请你们先写一个加法算式，再改写成乘法算式，把自己写的算式和同桌交流一下。

生：3＋3＋3＋3＋3＋3 写成乘法 3×6 或 6×3。

师：为什么写成 3×6 或 6×3?

生：因为有 6 个 3 相加。

(4) 体会乘法的简便。

师：如果想知道我们全班 35 个小朋友一共有多少根手指，该怎么列式？

生：每人有 10 根手指，35 个 10 相加用乘法表示是 35×10。

生：每只手有 5 根手指，35 个人有 70 只手，用 70×5 表示。

师：你们可真会动脑，想出不同的方法。如果用加法做，你们会觉得怎样？你们认为哪种方法简便呢？

生：乘法。

师：为什么？

生：写起来快，一看就知道是几个几相加……

师：是啊，像这样求几个相同加数的和，有时用乘法比较简便。

【感悟启发】在案例中，教者基于部分学生对乘法已有了一定的了解，直接用学生身上最熟悉的“手指”来引入，把握适宜的教学切入点，抛出挑战性的问题：20 个 5 相加该怎么写呢？学生根据已有经验，展示各种表示方法，当用加法写起来很麻烦的时候自然就生成了乘法算式。正是由于教师找到了教学精确的切入点，抓住乘法的生活原型，充分发掘学生的积极性，使得学生的学习不再是漫无边际的探究，而是生动、高效地在自己已有基础上拓展原有经验中所空缺的内容，生成新的学习资源，凸显了课堂教学的重点，有利于教学目标的达成，具有简捷明确的功效。

本课在乘法意义的探究过程中不仅组织了有效的数学学习活动：师生游戏——感悟乘法——改写算式——观察发现——体验简便，紧紧扣住“相同数相加可以用乘法表示”这一主线展开讨论与交流，而且在练习设计中紧扣乘法意义的理解，加深体验。

这样的设计，围绕乘法本质展开教学活动，有的只是平平实实的活动，教学环节简化朴实、教学手段简单实用，追求的是教学活动的扎实有效，不是热热闹闹的场面、生动活泼的气氛、教学媒体和手段的多样化等这些表面的工夫。

（二）留给空间，引导提问

——“游乐场”的教学

执教：福建省南安市蓬华中心小学　郭秋菊

1. 创设情境

（师播放歌曲《小火车》，生快乐地拍手跟唱）

师：同学们到过游乐场吗？玩过什么，玩得怎样？

生：我玩过空中缆车，坐在上面就好像要飞上天了。

生：我玩过碰碰车，那才有趣呢，一不小心撞到一起，心都快跳出来了。

师：同学们玩得真高兴，今天我们一起到游乐场玩一玩，好吗？（贴上挂图）

（生观察挂图，了解信息，后同桌交流，汇报）

生：我看见一列火车有 9 节车厢，每节车厢能坐 4 人。

生：我看到碰碰车有 4 辆，每辆坐 2 人，但还有一辆没人坐。

生：我知道了票价，小火车每人 3 元，碰碰车每人 5 元。

生：我知道了火车下面有轮子，每节车厢下有 4 个轮子。

……

2. 合作交流

师：图中有许多用我们学过的乘、除法可以解决的数学问题，你们能把它们找出来吗？

生：（非常自信地）能。

师：现在老师想请同学们同桌合作，你问我答，比一比，看谁提的问题多。（生互问互答，师巡视指导，汇报时生也是一问一答，师板书算式）

同桌：每节车厢坐 4 人，9 节可以坐几人？$4\times9=36$（人）。

同桌：每辆碰碰车能坐 2 人，3 辆坐几人？$2\times3=6$（人）。

同桌：每张小火车票 3 元，15 元可以买几张？$15\div3=5$（张）。

同桌：每张碰碰车票要5元，20元能买几张？20÷5=4（张）。

同桌：我有不一样的，每节车厢下有4个轮子，7节车厢有几个轮子呢？4×7=28（个）。

同桌：我也有不一样的，坐在火车上的人每人有2只眼睛，我看到8只眼睛，请问坐在火车上的有几人？8÷2=4（人）。

师：（及时表扬）你们能注意到人的身上也有数学问题，真不错。

生：我想提问自己，每辆碰碰车上有2个转向灯，4辆共有几个？2×4=8（个）。

生：我想考考老师，每张碰碰车票要5元，60元能买几张？

师：（疑惑）谁来帮帮老师呢？

生：我来，只要60÷5就行了，60÷5=12（张），因为10个5是50，2个5是10，50加10等于60，所以是12张。（有学生说这是三年级才学的）

师：这位同学能够开动脑筋，用学过的知识来解决没学过的问题，真是太棒了。

……

3. 应用拓展

（1）练一练第1题（新世纪版教材二年级上册）。

学生独立完成练习后进行反馈和自评，全对的自己加3颗星。

（2）练一练第2题。

（生独立完成练习后，模仿表演并讲解）

师：你们还能提出哪些数学问题？

生：我还能提出不一样的问题，每盒4元，36元能买几盒？请××同学回答。

生：36÷4=9（盒）。

生：我也能，我花了18元，小兔花了8元，我花的钱是小兔的几倍？我考考××同学。

生：18÷8=（想了又想）我觉得他的这个问题有问题，我觉得不能做。

生1：能做，18÷8=3……6。

生2：不对不对，应该是18÷8=2……2。

（生讨论，到底是几倍，倍数能否有余数）

师：18÷8=3……6，你怎么想的呢？

生1：因为3×8=24，18元只要加上6元就够了。

生2：不对，18÷8=3……6的话，3×8=24，24>18了，所以18÷8=2……2，因为2×8=16，18−16=2了。（许多同学都说对，应该这样）

师：对。18÷8=2……2，不过，生1敢于说出自己的想法，同学敢于争议，说明大家都能积极思考问题。有余数的除法，我们以后还会继续学习。

（3）练一练第3题。

师：一只大杯的水能倒满几只小杯呢？为什么？

生：我觉得是2只，因为2只小杯的水刚好装满1只大杯。

生：我也觉得是2只，因为1只小杯的容量等于1只大杯的半杯，2只小杯的容量就是1大杯了。

生：对。小杯6只，大杯3只，2只小杯分为1大杯，刚好分成了3大杯。

生：我能用式子表示：6÷3=2。

……

【感悟启发】数学教学是数学思维活动的过程，是一个由学生主动参与、生动活泼和富有个性的过程。因此，教师应留给学生思维的空间，鼓励学生提出问题。学生有了问题，才会有思考；有了思考才会有创新，才会有发展。在本课教学中，教师很重视留给学生思维的空间，让学生观察挂图提数学问题，同桌互考。在这个活动中，学生经历了“寻找信息——提出问题——解决问题——判断正误”的思维过程，提出了很多有价值的数学问题，而且很注意提出与别人不一样的问题。提出的问题涉及的信息较多，这说明学生的开放性思维发展比较好，这也是学生创新意识萌发的基础。在解决问题时，教师注意引导学生做到解决问题的策略多样化，如“一个大杯的水能倒满几只小杯”，学生能从多个角度进行思维。可以说，在学生的学习过程中，矛盾冲突层层深入，思维碰撞时时激起，创新火花常常闪现，课堂的生命活力得以焕发。

【小结】在进行与“运算的意义”相关内容的教学时，教师要注意以下几点：

1. 充分利用“经验”，挖掘课程资源

教学要建立在学生已有经验的基础上。“经验”是个名词，它表示学生已有的生活经验；“经验”又是动词，它表示小学生学习数学是个从具体到逐步抽象的活动过程。“数学教学活动必须建立在学生认知发展水平和已有知识经验基础之上。”随着社会发展的日益信息化，学生的学习资源正变得日益丰富，在某种程度上来说，学生学习数学的现实往往超越了教材本身。因此，充分利用学生原有知识经验，挖掘身边资源引入数学课程，对于促进学生有效学习数学，具有十分重要的现实意义。

2. 创设挑战性问题情境，引发数学“思考”

所谓思考，就是指学生从“数学现实”出发，在教师的帮助下自己动手、动脑学数学，用观察、模仿、实验、猜想等手段收集材料，获得体验，并作类比、分析、归纳，渐渐达到数学化、严格化和形式化。例如，当学生模仿着写完乘法算式后，教师提出“仔细观察、比较这些加法和乘法算式，相同的是什么？不同的又是什么？”的问题具有一定的难度和思考含量，学生需要调动多种感官参与学习，在感性经验基础上上升到理性认识。此外，让学生初步学会反思，反思自己在一节课里进行了什么样的活动，是以什么方式活动的，活动过程中自己是否积极主动等。这是数学内化的需要，也是学生了解、认识自己，获得数学学习经验、思想、方法的需要。

3. 组织有效的活动，在“活动”中体验

数学教学是师生交往、互动与共同发展的过程。数学学习也不是单纯的知识接受，而是以学生为主体的数学活动，实际上活动是数学教学的基本形式。我们教学设计的重点不应是教师怎么讲解，而应是学生怎么活动，特别要注意的是追求数学活动的扎实有效。因此，要摒弃那些“有操作而无活动”“有活动而无体验”的无效状态。

二、估算

【目标分析】在《标准》中，关于“估算”的教学目标，要求学生“能结合具体情境进行估算，并解释估算的过程。在解决具体问题的过程中，能选择合适的估算方法，养成估算的习惯”。学生在学习中存在的主要难点是根据要解决的具体问题，选择适当的估算方法。

（一）培养意识，教给方法

——“估算”的教学

执教：北京教科院基础教育研究中心　吴正宪

1. 提出问题

师：同学们，有关估算的知识我们在二年级的时候就接触过一些，对吗？这节课我们继续来研究估算。关于估算，在学习过程中你们碰到过什么困难？你们有什么问题想问吴老师？

生：为什么要估算呢？

生：估算对我们有什么好处？

师：也就是估算到底有什么用？其他同学还有问题吗？

生：估算是什么人发明创造的？

生：估算有方法吗？如果有的话，能把它们分类吗？

师：大家提的问题很好。北京有一个学生曾经向吴老师提过这样的问题：“吴老师，在什么情况下我们就要估一估？在什么情况下，我们就可以精确计算啊？”同学们，你们遇到过这样的问题吗？

生：遇到过。

师：今天我们就带着这些问题一起来研究。请同学们看大屏幕。

2. 在经验积累中引入估算

（屏幕出示青青和妈妈一起到超市购物的情境）

师：同学们，你们一定也有过和爸爸妈妈一起购物的经历。青青和妈妈选了5种商品（屏幕出示5种商品的价格：48元，16元，23元，69元，31元），妈妈的问题是：带200元钱够不够？（屏幕出示收银员正将商品价格输入计算机的画面）我想让同学们讨论的问题是：在下列哪种情况下，使用估算比精确计算更有意义？请大家独立思考，做出判断。

①当青青想确认200元钱是不是够用时。

②当收银员将每种商品的价格输入收银机时。

③当青青被告知应付多少钱时。

（生用手势表明自己的观点，多数学生选择①，有2生选择③）

师：请问这两位同学，假如你买东西时花了168元，收银员估了估告诉你，就交200元吧，你交吗？（2生不好意思地笑了，说不交）

师：当青青被告知应付多少钱时，你们认为应该精确计算还是估算？

生：付钱时，花多少就得付多少，不多也不少，还是得精确算出来。

师：对啊，当收银员告诉顾客要付多少钱时一定是个很准确的数，而要确认带200元钱够不够时，采用估一估的方法，知道5种商品大约花了多少钱就可以了。同学们，是这样吗？（生都会心地笑了）

3.“曹冲称象”，感受估算方法的多样性，优化估算策略

（屏幕出示）教学情境：曹冲称象。6次称的质量如下：

次数（次）	1	2	3	4	5	6
质量（kg）	328	346	307	377	398	352

师：你能估计一下这头大象有多重吗？

（生自主探究，记录自己的估算过程，展示不同的做法，集体交流，整理估算方法）

小估：300×6＝1800；大估：400×6＝2400；中估：350×6＝2100；大小估：300×3＋400×3＝2100；四舍五入估：330＋350＋300＋380＋400＋350＝2110；凑估：300×7＝2100；精算：328＋346＋307＋377＋398＋352＝2108。

（生在交流自己的估算方法的同时，师生根据不同的估算方法，幽默地给它们命名，课堂气氛轻松和谐，学生对估算的多种方法有了深刻的理解）

①在比较选择中，体验估算的价值。

师：在你们估算的时候，电脑也悄悄地计算出来了。（屏幕出示两个答案：20108千克，2108千克）你们觉得哪个答案有可能对？

（生有的根据生活经验来选择，还有的根据估算的结果思考问题）

②二次反思，提升认识。

师：同学们，看看这个精确计算的结果，再看看同学们估的结果，此时此刻，你们想对刚才自己的估算结果做一点评价和思考吗？你们比较欣赏哪种估算方法？（学生在对自己估算方法的自我剖析中，发现各种方法的优势和不足，在体验中把方法优化）

4. 在解决问题中，体会估算的价值

情境一：350个同学要外出参观，有7辆车，每辆车56个座位，估一估，够不够坐。

方法1：7×50＝350；方法2：7×60＝420。

师：往大估（方法2）和往小估（方法1）哪个更好？显然方法2比方法1

的估算结果更接近精确值，但是对于这个实际问题来说，方法 2 显然不如方法 1合理。我们来看看学生的回答：

生：往小估都够了，一定能够。

师：往大估行吗？

生：原来没有 420 个座位，万一来多了，有可能不够了。

生：往小估比较“安全”。

情境二：一座桥限重 3 吨。一辆货车装了 6 箱货物，每箱 285 千克，车重 986 千克，这辆车可以安全过桥吗？

（生大多把 285 估成 300，300×6＝1800，不到 2000；986 不到 1000，所以能安全过桥。生用了往大估的方法）

师：这个问题怎么不往小估了？

生：300 都行，285 更行。

生：这时候往大估“安全”。

师：到底往大估安全还是往小估安全？遇到下一个问题怎么办？

生：随机应变

【感悟启发】培养学生的估算意识、估算能力以及灵活地选择合理的估算方法解决问题是《标准》提出的重要目标之一。因此，教师在教学中要重视对估算的教学。然而，学生在生活中很少甚至根本不用估算，最主要的原因是学生没有体验到估算的必要性，不能自主选择何时估算，何时精确计算。而吴老师设计的“青青购物”情境，让学生在非常自然的情况下，感受估算与精确计算的价值，体验“具体问题具体分析”的深刻道理。估算教学的另一核心是如何处理估算方法的多样化，即课堂教学中是否有必要将多种估算方法一一呈现，如何评价学生的多种答案，针对这两个问题，吴老师给我们提供了精彩的范例。特别是对各种估算方法的“二次反思”，让学生在对自己或他人认识过程的再认识中，了解、监控、调节自己的思维过程，逐步学会认识自己、欣赏他人，培养学生的元认知能力。引导学生运用学到的知识解决一些生活中的实际问题，是帮助学生巩固数学方法、体验解决问题过程、提升解决问题能力的重要手段。吴老师利用学生非常熟悉的“春游乘车”“安全过桥”等，引发学生积极投入思考、探究之中，并使其在解决问题的过程中，感受不同的估算方法适合解决不同的问题，解决问题时要根据需要进行灵活的选择，再次体验“具体问题具体分析”。

（二）结合情境，渗透策略

——“乘法估算”的教学

执教：河南省开封市第一师范附属小学　朱惠冰

1. 联系生活，谈话引入

师：同学们，今天我们坐在了这个礼堂里上课，大家知道为什么吗？

生：因为今天来听课的老师很多。

师：是啊，今天来了很多老师，是因为这里正在召开小学数学教学研讨会。前几天，朱老师就知道了这个消息，（课件出示）“来自全省各地约 1000 名老师将要来开封参加数学研讨会”，筹备组的老师经过调查呀，有两个礼堂非常愿意接待大家，（课件演示）第一个礼堂是河大附中礼堂，第二个是教育学院礼堂，谁来给大家介绍一下它们的座位情况？

生：河大附中礼堂平均每排 31 个座位，共 22 排；教育学院礼堂平均每排 36 个座位，共 32 排。

师：如果现在你们是筹备组的成员，要使这些老师都有座坐，你们认为选择哪个礼堂合适呢？

生：我选教育学院礼堂，因为它比较大。

师：教育学院礼堂大概多少个座位？

生：我把 36 估成 40，32 估成 30，40 乘 30，就算出它大概有 1200 个座位够 1000 名老师坐，所以应该选择教育学院礼堂。

师：为什么不选河大附中礼堂？

生：因为河大附中礼堂大概有 600 个座位，不够 1000 名老师坐。

师：你们的想法很有道理，筹备组的老师和我们想的一样，也选择了教育学院礼堂。刚才同学们在计算礼堂座位的时候用了什么方法？

生（齐）：估算。

师：（小结）大家看，估算帮助我们解决了选择礼堂的问题，在我们的生活中许多问题的解决都需要用到估算。以前我们已经掌握了很多估算方法，今天，我们再来解决一些有关乘法估算的问题！（板书“乘法估算”）

评析：引入贴近生活实际、真实、自然，让学生感到数学知识来自于生活、服务于生活，激发了学生学习估算的兴趣，学习情绪高涨。

2. 自主交流，探索新知

(1) 看图观察，独立估算。

师：四年级的同学要去秋游，会遇到什么问题呢？谁来读一读？其他同学认真听，并仔细观察情境图，你能从中发现哪些数学信息？

生：我找到的数学信息是每套车票和门票 49 元，一共需要 104 套。数学问题是老师应该准备多少钱买票？

师：老师应该准备多少钱买票，这句话是什么意思？

生：我们去秋游时，需要带多少钱。

师：是不是只带花的这些钱呢？

生：不是，老师可以多带一些钱。

师：对，也就是老师大约应该准备多少钱，要解决这个问题，我们可以用什么方法？

生：估算。

师：怎样列式？

生：49 乘 104。

(师板书：49×104)

师：请大家用估算的方法试着写在本子上，谁愿意说一说自己的估算过程？(生说，师板书)

方法一：$49\times104\approx5000$（元）

$\downarrow\quad\downarrow$

50　100

方法二：$49\times104\approx5500$（元）

$\downarrow\quad\downarrow$

50　110

方法三：$49\times104\approx5250$（元）

$\downarrow\quad\downarrow$

50　105

(2) 选择方法，小组交流。

师：在这 3 种不同的方法中，你认为哪一种估算好一些？为什么？先在小组内交流一下自己的意见。

(3) 阐述理由，全班交流。

师：现在我们全班来共同交流一下，说说你认为哪一种估算好一些。

生：我认为第一种方法好，因为它算起来比较简便。

生：我认为第二种方法好，估算的结果比准确值多，多带点钱可以备用。

生：我认为第三种方法好，因为它估算出的结果离准确值最近。

师：刚才这两位同学都说到了准确值，请问准确值是多少？

生：准确值是5096。

师：其他同学帮忙验证一下对不对？（可以使用计算器）谁再来说说自己的理由？

生：我喜欢第二种方法。我通过对比5096和5500这两个数，发现第二种方法估出来的结果够买门票和车票。

师：××同学能用比较的方法来分析问题，非常好，大家给他点掌声。

生：我也认为第二种方法好，因为多带点钱可以用来买其他东西。

生：我同意这两个同学的看法，用第二种方法估算可以带的钱多一些，如果哪个同学忘了带水，老师还可以用多带的钱帮助他买水喝。而第一种方法估出来的得数比准确值小，还不够买门票呢！

师：说得很有条理，大家给他鼓鼓掌。第一种方法估算的结果不够买门票，就会有人进不去，你们当中谁愿意留下来不参加游园活动？（生面面相觑，表示都不愿意）很显然，第一种方法虽然计算简便，但不符合实际情况，我们不能选择。第二种和第三种方法都符合实际情况，你会选择哪一种呢？

（生打手势，选第二种方法的多）

师：这么多同学都选了第二种方法，谁来说说理由？

生：第二种方法计算起来比较简便。

生：我选择第三种方法，因为5500比5250大，带的钱如果太多了，用不完，带着容易丢失。（生笑）

师：如果你认为这种方法计算起来不难，你也可以选择第三种方法。

师：（小结）朱老师同意大多数同学的意见，如果让我选择，我也会选择第二种方法，因为它既符合实际情况接近准确值，计算起来又比较简便。以后再遇到准备钱的时候，我们一般可选用估大的方法多带些钱，这样就可以更好地解决问题了。

【感悟启发】在本案例中，教者在教学中紧密联系生活实际，创设问题情境，放手让学生在多种多样的活动中学习乘法估算的方法。允许学生从不同的角度认识问题，采用不同的方式表达自己的想法，鼓励解决问题策略的多样化，促进每一个学生充分发展。讲课伊始，朱老师就精心设计了为全省各地约1000名教师来开封参加教学研讨会选择礼堂的问题，很自然地引出了估算，使学生感到学习估算是实际生活的需要。“你看，我们今天坐在这礼堂里上课就有估算问题”，激起了学生学习的热情，调动了学生的情感投入。接着，又创设了四年级学生秋游活动的情境，紧密联系学生熟悉的生活实际进行教学。学生在悠扬的音乐声中，伴随着教师美妙的解说，置身在熟悉的秋游之中，他们要解决秋游中遇到的问题的欲望油然而生，一个鲜活的课堂自然生成了。整节课在秋游的情境中，提高了学生的估算兴趣，学生在乘法估算中感受了数学的应用价值。整节课教师都注意到了学生思考问题的灵活性、深刻性。

【小结】“估算”从学生角度来讲的主要问题有两个：一是学生不知道什么时候用估算，往往一看见有“大约”，就开始估了；二是学生不知道在什么情况下用什么样的估算策略，也就是怎么合理地应用估算策略。因此，教师要重视估算教学，并把估算意识的培养作为重要的教学目标。在教学设计中，首先要考虑教学目标，如果把目标只定位在教会学生见到“大约”就要估算，可能就会给他们形成一种错误的定式。而我们想要的那种估算意识，是培养学生近似的意识，这是数学教学本身发展应该关注的问题，也应该作为我们的重要教学目标来实施。作为教师，在教学设计中，首先要选好题目，只有选好题目、提出好问题，学生才能自觉体会到估算的价值。学生有了对估算价值的这种体验以后，他们的估算意识才能不断增强。

三、运算律

【目标分析】对于运算律，《标准》中是这样要求的：探索并了解运算律，会应用运算律进行一些简便运算。在教学中，要注意让学生经历乘法交换律和乘法结合律的探索过程，理解并掌握规律，能用字母表示规律。同时，培养学生观察、比较、分析、综合和归纳、概括等思维能力。

（一）猜想引路，探究得法

——“交换律”的教学

执教：南京市北京东路小学　张齐华

片段一：一个例子，究竟能说明什么

师：喜欢听故事吗？

生：喜欢。

师：那就给大家讲一个“朝三暮四”的故事吧。（故事略）听完故事，想

说些什么吗？（结合生发言，师板书：3＋4＝4＋3）

师：观察这一等式，你们有什么发现？

生1：我发现，交换两个加数的位置和不变。（师板书这句话）

师：其他同学呢？（没有其他人补充）老师的发现和他的很相似，但略有不同。（随即出示：交换3和4的位置和不变）比较我俩的结论，你们想说些什么？

生2：我觉得您给出的结论只代表了一个特例，但他（生1）给出的结论能代表许多情况。

生3：我也同意他（生2）的观点，但我觉得单就黑板上的这一个式子，就得出"交换两个加数的位置和就不变"好像不太好。万一其他两个数相加的时候，交换它们的位置和不等呢！我还是觉得您的观点更准确、更科学一些。

师：的确，仅凭一个特例就得出"交换两个加数的位置和不变"的结论，似乎草率了点。我们不妨把这一结论当作一个猜想（师随即将生1给出的结论中的"。"改为"？"）。既然是猜想，那么我们还得——

生：验证。

片段二：验证猜想，需要怎样的例子

师：怎么验证呢？

生1：我觉得可以再举一些这样的例子。

师：怎样的例子，能否具体说说？

生1：比如，再列一些加法算式，然后交换加数的位置，看看和是不是跟原来一样。（生普遍认可这一想法）

师：那你们觉得需要举多少个这样的例子呢？

生2：五六个吧。

生3：至少要10个以上。

生4：我觉得应该举无数个例子才行。不然，你永远没有说服力。万一你没有举到的例子中，正好有一个加法算式，交换它们的位置和变了呢？（有人点头赞同）

生5：我反对！举无数个例子是不可能的，那得举到什么时候才好？如果每次验证都需要这样的话，那我们永远都别想得到结论！

师：我个人赞同你（生5）的观点，但觉得他（生4）的想法也有一定道理。综合两人的观点，我觉得是不是可以这样，我们每人都来举三、四个例子，全班合起来那就多了。同时大家也留心一下，看能不能找到"交换加数位

置和发生变化”的情况，如果有及时告诉大家行吗？（生一致赞同，随后尝试举例）

师：正式交流前，老师想给大家展示同学们在刚才举例过程中出现的两种不同的情况。

（师展示如下两种情况：①先写出12＋23和23＋12，计算后，再在两个算式之间添上“＝”；②不计算，直接从左往右依次写下“12＋23＝23＋12”）

师：比较两种举例的情况，想说些什么？

生6：我觉得第二种情况根本不能算举例，他连算都没算，就直接将等号写上去了，这叫不负责任。（生笑）

生7：我觉得举例的目的就是为了看看交换两个加数的位置和到底等不等，但这位同学只是照样子写了一个等式而已，至于两边是不是相等，他想都没想，这样举例是不对的，不能验证我们的猜想。（大家对生6、生7的发言表示赞同）

师：哪些同学是这样举例的，能举手示意一下吗？（几人不好意思地举起了手）

师：明白问题出在哪儿了吗？（生点头）为了验证猜想，例子可不能乱举。这样，再给你们几位一次补救的机会，迅速看看你们写出的算式，左右两边是不是真的相等。其余同学，你们举了哪些例子，又有怎样的发现？

生8：我举了3个例子，7＋8＝8＋7，2＋9＝9＋2，4＋7＝7＋4，从这些例子来看，交换两个加数的位置和不变。

生9：我也举了3个例子，5＋4＝4＋5，30＋15＝15＋30，200＋500＝500＋200，我也觉得，交换两个加数的位置和不变。（注：选生8、生9进行交流，是师有意而为之）

师：两位同学举的例子略有不同，一个全是一位数加一位数，另一个则有一位数加一位数、两位数加两位数、三位数加三位数。比较而言，你们更欣赏谁？

生：我更欣赏第一位同学，他举的例子很简单，一看就明白。

生：我不同意。如果举的例子都是一位数加一位数，那么我们最多只能说，交换两个一位数的位置和不变，至于加数是两位数、三位数、四位数等，就不知道了。我更喜欢第二位同学的。

生：我也更喜欢第二位同学的，她举的例子更全面。我觉得，举例就应该这样，要考虑到方方面面。（多数学生表示赞同）

师：如果这样的话，那你们觉得下面这位同学的举例，又给了你们哪些新的启迪？（出示：0＋8＝8＋0，6＋21＝21＋6，$\frac{1}{9}+\frac{4}{9}=\frac{4}{9}+\frac{1}{9}$）

生：我们在举例时，都没考虑到0的问题，但他考虑到了。

生：他还举到了分数的例子，让我明白了，不但交换两个整数的位置和不变，交换两个分数的位置和也不变。

师：没错，因为我们不只是要说明“交换两个整数的位置和不变”，而是要说明，交换——

生：任意两个加数的位置和不变。

师：看来，举例验证猜想，还有不少的学问。现在，有了这么多例子，能得出“交换两个加数的位置和不变”这个结论了吗？（生均表示认同）有没有谁举例时发现了反面的例子，也就是交换两个加数位置和变了？（生摇头）这样看来，我们能验证刚才的猜想吗？

生：能。（师重新将“？”改成“。”，并补充为“在加法中，交换两个加数的位置和不变”）

师：回顾刚才的学习，除了得到这一结论外，你们还有什么其他收获？

生：我发现，只举一两个例子，是没法验证某个猜想的，应该多举一些例子才行。

生：举的例子尽可能不要雷同，最好能把各种情况都想到。

师：从“朝三暮四”的寓言中，我们得出“3＋4＝4＋3”，进而形成猜想。随后，又通过举例，验证了猜想，得到这一规律，该给这一规律起什么名称呢？（生交流后，师揭示“加法交换律”，并板书）

师：在这一规律中，变化的是两个加数的——（板书：变）

生：位置。

师：不变的是——

生：它们的和。（板书：不变）

师：原来，“变”和“不变”有时也能这样巧妙地结合在一起。

片段三：结论，是终点还是新的起点

师：从个别特例中形成猜想，并举例验证，是一种获取结论的方法，但有时，从已有的结论中通过适当变换、联想，同样可以形成新的猜想，进而形成新的结论。比如（师指读刚才的结论，加法的“加”字予以重音），“在加法中，交换两个加数的位置和不变”，那么，在——

生 1：（似有所悟）在减法中，交换两个减数的位置，差会不会也不变呢？

（学生中随即有人作出回应：不可能，差肯定会变）

师：不要急于发表意见，这是他（生 1）通过联想给出的猜想。

（师随即板书，猜想一：减法中，交换两个数的位置差变不变）

生：同样，乘法中，交换两个乘数的位置积会不会也不变？

（师板书，猜想二：乘法中，交换两个数的位置积变不变）

生：除法中，交换两个数的位置商会不变吗？

（师板书，猜想三：除法中，交换两个数的位置商变不变）

师：通过联想，同学们由“加法”拓展到了减法、乘法和除法，这是一种很有价值的思考。除此以外，还能通过其他变换，形成不一样的新猜想吗？

生：我在想，如果把加法交换律中“两个加数”换成“三个加数”“四个加数”或更多个加数，不知道和还会不会不变？

师：这是一个与众不同的、全新的猜想！如果猜想成立，它将大大丰富我们对“加法交换律”的认识。（师板书，猜想四：在加法中，交换几个加数的位置和变不变）现在，同学们又有了不少新的猜想。这些猜想对吗？又该如何去验证呢？选择你最感兴趣的一个，用合适的方法试着进行验证。

（生选择猜想，举例验证；师适时给予必要指导；全班交流）

师：哪些同学选择了“猜想一”，又是怎样验证的？

生：我举了两个例子，结果发现 $8-6=2$，但 $6-8$ 却不够减；$\frac{3}{5}-\frac{1}{5}=\frac{2}{5}$，但$\frac{1}{5}-\frac{3}{5}$却不够减。所以我认为，减法中交换两个数的位置差会变的，也就是减法中没有交换律。

师：根据他举的例子，你们觉得他得出的结论有道理吗？

生：有。

师：但老师举的例子中，交换两数位置，差明明没变嘛。你们看，$3-3=0$，交换两数的位置后，$3-3$ 还是得 0；还有，$14-14=14-14$，$100-100=100-100$，这样的例子多着呢。

生：我反对，老师您举的例子都很特殊，如果被减数和减数不一样，那就不行了。

生：我还有补充，我只举了一个例子，$2-1\neq1-2$，我就没有继续往下再举例。

师：那又是为什么呢？

生：因为我觉得，只要有一个例子不符合猜想，那猜想肯定就错了。

师：同学们怎么理解他的观点？

生：我突然发现，要想说明某个猜想是对的，我们必须举好多例子来证明，但要想说明某个猜想是错的，只要举出一个不符合的例子就可以了。

师：瞧，多深刻的认识！事实上，你们刚才所提到的符合猜想的例子，数学上我们就称作“正例”，至于不符合猜想的例子，数学上我们就称作——

生：反例。

师：关于其他几个猜想，你们又有怎样的发现？

生：我研究的是乘法。通过举例，我发现乘法中交换两数的位置积也不变。

师：能给大家说说你举的例子吗？

生：5×4=4×5，0×100=100×0，18×12=12×18。

（另有数名同学交流自己举的例子，都局限在整数范围内）

师：那你们都得出了怎样的结论？

生：在乘法中，交换两数的位置积不变。

生：我想补充，应该是，在整数乘法中，交换两数的位置积不变，这样说更保险一些。

师：你的思考很严谨。在目前的学习范围内，我们暂且先得出这样的结论吧，等学完分数乘法、小数乘法后，再补充举些例子试试，到时候，我们再来完善这一结论，你们看行吗？（对猜想三、四的讨论，略）

（随后，师引导学生选择完成教材中的部分习题，从正、反两方面巩固对加法、乘法交换律的理解，并借助实际问题，沟通“交换律”与以往算法多样化之间的联系）

片段四：怎样的收获更有价值

师：通过今天的学习，你们有哪些收获？

生：我明白了，加法和乘法中有交换律，但却没有减法或除法交换律。

生：我发现，有了猜想，还需要举例子来验证，这样得出的结论才准确。

生：我还发现，只要能举出一个反例，那我们就能肯定猜想是错误的。

生：举例验证时，例子应尽可能多，而且，应尽可能举一些特殊的例子，这样得出的结论才更可靠。

师：只有一个例子，行吗？

生：不行，万一遇到特殊情况就不好了。

（作为补充，教师给学生讲了如下故事：3位学者由伦敦去苏格兰参加会议，越过边境不久，发现了一只黑羊。“真有意思”，天文学家说，“苏格兰的羊都是黑的。”“不对吧”，物理学家说，“我们只能得出这样的结论：在苏格兰有一些羊是黑色的。”数学家马上接着说：“我觉得下面的结论可能更准确，那就是：在苏格兰，至少有一个地方，有至少一只羊，它是黑色的。”）

片段五：必要的拓展，让结论增值

师：在本课即将结束的时候，依然有一些问题需要大家进一步展开思考。（师出示如下算式：20－8－6◯20－6－8，60÷2÷3◯60÷3÷2）

师：观察这两组算式，你们发现什么变化了吗？

生：我发现，第一组算式中，两个减数交换了位置；第二组算式中，两个除数也交换了位置。

师：交换两个减数或除数的位置，结果又会怎样？由此，你们是否又可以形成新的猜想？利用本课所掌握的方法，你们能通过进一步的举例验证猜想并得出结论吗？这些结论和我们今天得出的结论有冲突吗，又该如何去认识？

【感悟启发】在本课中，张老师按照“实际演算——提出猜想——验证猜想——提出新的猜想——验证新的猜想”来进行教学。整个教学过程，张老师牢牢抓住“发现规律——验证规律”这条主线，促使学生不断地思考：应该怎样验证？这样能验证吗？怎样可以说明它不成立？通过对这些问题的不断探究，学生的思维被激活，师生之间、生生之间的思维不断进行碰撞，原有的问题解决了，新的问题又出现了，学生思维在不断的冲突中得以升华。正如案例中所提及的“一个例子究竟能说明什么”，是得出结论，还是仅仅是触发猜想和验证的一根引线？这里关乎知识的习得，关乎方法的生成，也关乎学生对于如何从事数学思考的思考。“验证猜想，需要怎样的例子”的探讨，更是折射出了张老师独特的教学智慧。透过张老师的课堂，我们似乎触及了数学更为丰厚的内涵，感受到数学教学可能呈现的更为开阔的景象。

（二）验证猜想，提升认识

——“乘法交换律”的教学

执教：浙江嘉兴市学科带头人　沈燕锋

1. 质疑引题

师：加法中有交换律，同学们猜猜其他哪些运算中也可能有交换律呢？

生：减法中可能有。

生：减法中没有，比如，3－2＝1，可是2－3就不够减了。

生：乘法中也可能有。

生：除法中可能有，比如，8÷8＝8÷8。

……

2. 共同探究，验证定律

师：那么，这些运算中到底有没有交换律呢？我们4人小组可以一起讨论。（生讨论）经过讨论，你们认为这些运算中有没有交换律呢？

生：我们组认为除法中有交换律，比如，5÷5和5÷5，它们结果相同，等式成立，所以我们组认为除法中有交换律。

生：我们组也认为除法中有交换律，比如，2÷2＝2÷2，4÷4＝4÷4。

师：其他组的同学也这样认为吗？

生：我们组认为除法中没有交换律，比如，8÷4和4÷8，等式就不成立了，所以我们组认为除法中没有交换律。（师板书学生举的例子）

师：为什么不成立呢？你能举个例子来说明吗？

生：8÷4＝2，而4÷8不知道等于多少。

生：4÷8要用分数表示。

师：呀，你真聪明，知道用分数表示。我给大家举个例子，买来8个苹果分给4个同学，每人得几个？如果我买来4个苹果分给8个同学，每人又得几个呢？

生：每人只得半个了。

师：那你们说这个等式成立吗？

生：不成立。

师：那么，你们认为除法中有没有交换律？

生：没有。

师：（小结）像2÷2＝2÷2，4÷4＝4÷4这些是特例，我们寻找规律不能只看一个例子，而要通过大量的、普遍的事例来验证，这样才能得出可信的规律。

师：那么，减法中有没有交换律呢？

生：没有，因为6－5和5－6等式不成立。

生：我们也认为没有，减法和除法的道理是一样的。虽然7－7＝7－7，但是存在像5—3不等于3—5这样的算式，所以减法中没有交换律。

师：那乘法中到底有没有交换律呢？

生：我们认为乘法中有交换律，如2×3=3×2等式成立。

生：我们也认为乘法中有交换律，如8×6=6×8等式成立。

生：我们也认为乘法中有交换律，如11×2=2×11等式成立。

师：你们还能举一些这样的例子吗？

生：125×23等于23×125。

生：451×234等于234×451。

生：760×122等于122×760。

……

师：你们为什么认为等式成立呢？

生：因为因数不变。

师：因数不变，但是它们的结果是不是也相等呢？这样好不好，坐在左边的同学算等号左边，坐在右边的同学算等号右边，看一看他们的结果如何？

师：同桌校对，你们发现了什么？

生：它们的答案相同。

师：因数复杂的算式中交换位置后结果也是相等的。（板书，等号）

师：那么，你们能不能举出一个交换因数位置后积不相等的例子？

生：无法举。

师：通过上面大量的验证后，你们认为乘法中有没有交换律呢？

生：有。

师：乘法中确实存在交换律，今天，我们就一起来研究乘法交换律。（出示课题）

师：那么，你们能再举几个乘法交换律的例子吗？（生踊跃举例）

师：这样的例子举得完吗？

生：举不完。

师：举不完怎么办呢？

生：用省略号。

生：用“等等”。

生：用字母。

师：怎样表示呢？

生：$a\times b=b\times a$。

（师板书：$a\times b=b\times a$）

师：这个等式表示什么意思呢？谁能根据这个等式用一句话把乘法交换律概括出来呢？（板书：两个数相乘，交换因数的位置，它们的积不变，这就是乘法交换律……）

【感悟启发】本堂课打破了传统的课堂教学结构，注重培养学生的创新意识和实践能力。从学生熟悉的加法交换律入手，让学生猜测“乘法、除法、减法中有没有交换律”，从而激发他们的学习兴趣和探索欲望。在整个教学过程中，教师打破封闭式的教学过程，不把提高计算能力作为重点，而是注重学生对乘法交换律的理解，使其学会一种数学思想，构建“问题——探索——应用”的学习过程，鼓励学生根据自己的“数学现实”，通过举例、验证，亲历了探索“乘法、除法、减法中有没有交换律”和“乘法交换律是怎样的”这两个数学问题的解决过程，提高了学生数学思考的能力，并使学生从中体验了成功解决数学问题的喜悦的情感。教师在引出乘法交换律后，又把重点放在引导学生发现并用数学语言表述数学规律上，使学生的认识由感性上升到理性。

【小结】在有关“运算律”内容的教学中，要注意以下几点：

1. 注重教学目标的整合

根据时代的发展和要求，数学教学的价值目标取向不仅仅局限于让学生获得基本的数学知识和技能，更重要的是在数学教学活动中，了解数学的价值，增强数学的应用意识，获得数学的基本思想方法，经历问题解决的过程。教师在教学中要处理好知识性目标和发展性目标平衡与和谐的整合，使学生在获得知识的过程中促进发展，在发展过程中落实知识。在“交换律”这节课中，教师在目标领域中设置了过程性目标，不仅和学生研究了“交换律”是什么，更重要的是让学生体验了数学问题的产生和如何解决问题。

2. 注重教学内容的现实性

（1）从学生熟悉的情境和已有的知识出发，这是提高课堂有效性的基础。对学生学习起点的正确估计是设计适合每个学生自立学习的教学过程的基本点，它直接影响新知识的学习程度。加法交换律和乘法交换律在小学数学教材中分别安排在第七册和第八册，而在过去的学习中，学生对加法和乘法交换律已有大量的感性认识，并能运用交换加数（因数）的位置来验算，所以在教学中，教师应把重点放在引导学生发现并用数学语言表述数学规律和总结怎样获得规律的方法上，使学生的认识由感性上升到理性。

(2) 找到生活的原型。加法交换律和乘法交换律的实质是加数（因数）交换位置，结果不变，这种数学思想在生活中到处存在。这两节课教师首先引导学生用辨证的眼光观察身边的现象，渗透变与不变的辩证唯物主义的观点。然后利用生活中的实例，同桌两位同学交换位置，结果不变，进而引导学生产生疑问——这种交换位置结果不变的现象在数学中有没有呢？你能举出一个或几个例子来说明吗？这样利用捕捉到的“生活现象”引入新知，使学生对数学有一种亲近感，感到数学与生活同在，并不神秘，同时也激起学生探索的兴趣。

(3) 改进材料的呈现方式。教材只是提供了教学的基本内容、基本思路，教师应在尊重教材的基础上，根据学生的实际对教材内容进行有目的的选择、补充和调整。这两节课在处理教学材料时，改变了把课本当作“圣经”的现象，让学生参与教学材料的提供与组织，给学生创设了一个创新和实践的环境，既激发了学生的学习动机和探究欲望，又使学生获得了成功的体验。

四、算理与算法的有效结合

【目标分析】《标准》中指出，要让学生经历与他人交流各自算法的过程。这里的交流，要注意引导学生理解算理掌握算法。计算方法是一个逐渐领悟的过程，教师要在算理直观与算法抽象之间架设一座桥梁，让学生在充分体验中逐步完成动作思维到形象思维，再到抽象思维的发展过程。

（一）关注生成，捕捉资源

——“中括号”的教学

执教：北京第二实验小学　华应龙

1. 导入新课

师：孩子们，请看我写了什么？（板书：1　2　3）

生：1，2，3。

师：谁不认识？可以说我写了 3 个数，也可以说我写了 3 个数字。

生：自然数。

生：阿拉伯数字。

师：阿拉伯数字是哪个国家的人发明的？

生：印度人发明的。

师：有没有不同意的呢？

师：是印度人发明的，但为什么人们都认为是阿拉伯人发明的？（生解释，略）

师：说得真好，是印度人发明的，传到了阿拉伯就被叫成阿拉伯数字了，看来每一个简单的符号背后都有一个不简单的故事。

2. 游戏中创造

（填上适当的数学符号，使等式成立，板书：18　2　3　6＝18）

师：哪位同学把题目读一下？

生：填上适当的数学符号使等式成立。

师：会做吗？想一想。

生：18÷2＋3＋6＝18。

师：行吗？哪位同学和他合作再算一下？

生：18÷2＋3＋6＝18。

师：好，一炮打响。

生：18＋2×3－6＝18。

生：18×2÷3＋6＝18。（板书：18　2　3　6＝81）

师：（等待）虽然这时没有声音，就像我刚才说的，这会儿空山不见人……

生：18÷2×（3＋6）＝81。

师：对吗？我们一起算一下，还是这个式子，要它等于1怎么办？（板书：18　2　3　6＝1）

生：18÷2÷（3＋6）＝1。

师：这里我们用了小括号，小括号有什么用？

生：要先做小括号里的计算。

师：对了！我们除以9已经不是3了，小括号里面的算式要先算出来。

生：小括号是改变顺序的。

师：对，小括号是在改变运算顺序，那么再想一想除了把刚才的除号改成乘号，还有没有其他做法？（生讨论）

师：如果不改变符号，而是填上适当的符号使得等式成立，能不能自己想出个办法来？（等片刻）

生：18÷［2×（3＋6）］＝1。

师：还有不同的意见吗？同意他的做法吗？这是个什么东西呢？（指中括号）

生：中括号。

师：有什么用呢？为什么要用中括号？

生：改变运算顺序。

师：为什么要用上它，还有别的方法吗？因为已经有了小括号，再改变运算顺序，就要用中括号。里面有了小括号，为了区别它，就加了中括号。做个比喻，小括号就相当于我们的衬衣，而中括号相当于我们笔挺的西装，有谁见过穿件衬衣又穿一件衬衣呢？

师：在式子里既有小括号又有中括号，该怎么办呢？

生：先做小括号里的，再做中括号里的。

师：中括号里的做完了呢？

……

师：你们能不能写一个更漂亮的中括号呢？我也写一个，我们比一比，看谁写得漂亮！同桌交流一下，相互欣赏一下，看看谁写得漂亮？

3. 讨论中理解

师：刚才我们明白了要改变运算顺序，不单单可以用小括号，还可以用中括号。我这有道题你们不但要用小括号，还要用中括号，(90÷10+5×2)。

师：这道题的运算顺序是怎样的？（生答，略）[90÷（10+5）×2] 呢？

生：先算小括号里面的。

师：这个同学特别认真，刚才回答问题时，她停顿了一下，我想是在思考一个我们容易混淆的问题。

4. 尝试中规范

师：刚才我们都能正确计算这些题目了，都会算了，算完以后你们想说什么？从上往下看看黑板上的算式，你们发现什么了？

生：运算的符号没有变，但是第一题是小括号，第二题是中括号。

师：还有不同的地方吗？

生：我发现把括号去掉都一样。

师：我们发现有的有小括号，有的有中括号，你们说其实是什么不一样？

生：运算顺序不一样。

生：步骤比较多，虽然可以口算，但是要有步骤有层次地进行计算该怎么办？

生：用脱式计算。

师：请看这道题42×［169－（78＋35）］，脱式计算怎么算？请同学自己试一下。（生列脱式，师展示学生作品并请同学评价）

作品1：42×［169－（78＋35）］

　　＝78＋35

　　＝169－113

　　＝56×42

　　＝2352

师：怎么样？谁来评价？

生：脱式计算要错开。

师：也就是等号要写到脱式的外面。评价别人的时候，先看别人的优点。

生：字写得很工整。

师：字写得很好，老师判这样的作业很舒服，结果对不对？

生：结果是对的。

师：那哪里不好？

生：第一个算式和第一个式子中，脱式过程不相等。

生：但是有优点，先做哪一步很清楚。

师：在那么多的同学发现他的不足的时候，他从中看到了他的优点。是的，这样的式子的确能表达先做什么，结果也是对的，但是等号要表示上下两个式子是相等的。有个数学家说得好，用两条相等并且平行的线表示相等是再好不过的了。

作品2：42×［169－（78＋35）］

　　＝42×［169－113］

　　＝42×56

　　＝2352

师：这个作品哪位来评价？

生：少了一步，简单了。

师：算对了，但要有层次有步骤地把它表示出来。

作品3：42×［169－（78＋35）］

　　＝42×［169－113］

=42×56

=2352

师：小组交流一下，再评价。

生：脱式的第二步应该是小括号，不应该是中括号。

师：同学们都看到了他对的地方，有不同意见的是到底是写中括号，还是写小括号。

生：写小括号。

师：同意写小括号的和同意写中括号的说出自己的理由。

生：直接拖下来就好。

师：我们在数学上规定就写中括号，这样不容易错。

5. 质疑中发展

师：我们来看下面这些题。

［（36+24）÷15］+18

320÷［5×（26−18）］

24×［19−（2×6）］

师：可以把哪些括号去掉？

生：第一个可以去掉中括号。

生：第二个不可以去掉。

生：第三个可以去掉小括号，中括号变成小括号。

师：看样子我们的数学也像歌里唱的一样，该出手时就出手。简洁永远是数学的追求！是不是有了中括号就行了呢？还要有大括号，在我们的数学上只到大括号，在计算机中是只有小括号没有其他括号的！

【感悟启发】过去讲中括号是通过应用题来引出的，在表示数量关系时，单用小括号解决不了问题了，就要用到中括号。虽然现在不讲应用题了，但中括号仍然是很重要的基础知识。旧的知识点，如何创造性地教是非常重要的。本课让学生探索什么是中括号的方式就是一种创新。课堂上教师之所以能够引发出学生的创造性，是因为给了学生一定的生成空间。在本课教学中，教师非常关注学生在课堂上的生成性资源。比如，华老师展示的学生的几幅作品都是非常具有典型性的。学生资源不是教师可以随手利用的，是需要教师深入接触学生，具有捕捉典型问题的功力的。有关情感等育人行为是自然而然地在课堂上进行的，是在课前备不到的，它需要教师有很强的生成能力。而这，正是我们需要从名师身上学习的。

（二）巧设障碍，架设桥梁

——“异分母分数加减法”的教学

执教：湖北省宜昌市伍家岗小学　谢莉

师：异分母分数的加减法怎样计算呢？我们任选一题，就选$\frac{1}{8}+\frac{1}{2}$吧，猜猜得多少？

生1：我猜得$\frac{1}{10}$。

师：你真勇敢，是第一个敢于猜测的同学。

生2：我猜得$\frac{1}{5}$。

生3：我猜得$\frac{5}{8}$。

师：到底谁猜对了呢？请同学们拿出准备的学具，两人一组来摆一摆、画一画、折一折、剪一剪、算一算、说一说，看到底谁猜对了。

（生两人一组开始探究，师巡视指导，随机评价：这个小组的同学很会分工协作，一样大的圆片一人拿一个，一个同学画出表示$\frac{1}{2}$的圆片，一个同学画出表示$\frac{1}{8}$的圆片，然后又把表示$\frac{1}{2}$的圆片平均分成了4份，这是为什么呀？看这个小组的同学在相互说自己的想法，多认真呀！……）

师：哪个小组愿意上台来谈谈你们的想法？

小组1：（边板书算法边说）$\frac{1}{8}=\frac{1}{8}$，$\frac{1}{4}$（2×4）$=\frac{4}{8}$，$\frac{1}{8}+\frac{4}{8}=\frac{5}{8}$。

计算时，我们先找出分母2和8的最小公倍数8，然后进行通分，这样$\frac{1}{8}=\frac{1}{8}$，$\frac{1}{2}=\frac{4}{8}$，分母相同了，就可以直接相加了，$\frac{1}{8}+\frac{4}{8}=\frac{5}{8}$。

（边演示边说）我们是这样想的，把圆片平均分成两份，其中的一份表示$\frac{1}{2}$，把同样大小的圆片平均分成8份，其中的一份表示$\frac{1}{8}$，把它们加在一起，看不出来是多少，我们就把表示$\frac{1}{2}$的圆片平均分成4份，这样$\frac{1}{2}$就变成了$\frac{4}{8}$，这样就能够直接相加了，$\frac{1}{8}$是1个$\frac{1}{8}$，$\frac{4}{8}$是4个$\frac{1}{8}$，1个$\frac{1}{8}$加4个$\frac{1}{8}$就是5个$\frac{1}{8}$，就等于$\frac{5}{8}$，所以我们认为生3猜对了。

师：思维敏捷，非常善于表达，长大一定比老师强，其他同学有什么想跟他们说吗？

小组2：我认为我们小组可以比他们讲得更清楚。

师：这么有自信呀，好吧，这个机会给你们了。

小组2：（边演示边说）我们是这样想的：把圆片平均分成两份，其中的一份表示$\frac{1}{2}$，把同样大小的圆片平均分成4份，其中的一份表示$\frac{1}{8}$，$\frac{1}{2}$和$\frac{1}{8}$的分数单位不同，不能直接相加，我们就把表示$\frac{1}{2}$的圆片平均分成8份，这样$\frac{1}{2}$就变成了$\frac{4}{8}$，分数单位相同了，就可以分母不变，分子直接加起来，$\frac{1}{8}+\frac{4}{8}=\frac{5}{8}$，所以$\frac{1}{8}+\frac{1}{2}=\frac{5}{8}$。

师：难怪这么自信，说得多好呀，我们为她鼓掌，还有什么要向这个小组的同学说的？

小组3：我们的想法和他们一样，但写法不同，我觉得他们写得乱了一点。

师：那请你们在黑板上写出来吧。

生：（边写边说）$\frac{1}{8}+\frac{1}{2}=\frac{1}{8}+\frac{4}{8}=\frac{5}{8}$。$\frac{1}{8}$和$\frac{1}{2}$分数单位不同，不能直接相加，我们就找出分母2和8的最小公倍数8做新的分母进行通分，这样，$\frac{1}{8}$还是$\frac{1}{8}$，$\frac{1}{8}$就变成了$\frac{4}{8}$，$\frac{1}{8}+\frac{4}{8}=\frac{5}{8}$。

师：同学们认为哪种写法更简单明了呢？

生：我觉得第二种方法更加清晰，一目了然。

师：老师也认为第二种方法更简单明了一些，建议同学们在以后的练习中就用第二种方法书写，同意吗？（生赞同）

师：这几个小组的同学们的想法多好呀，生3确实猜对了，看来你很有猜想能力哟！同学们能用刚才自己探索出来的方法计算出$\frac{1}{2}-\frac{3}{8}$的结果吗？

（生独立计算，反馈计算方法，师指导学生总结计算方法）

【感悟启发】在本案例中，教师通过引导学生进行猜测，得出了关于异分母分数相加的做法。教学中，教师引导学生结合分小棒的过程，想一想“先算什么？后算什么？最后算什么？”这种表达方式看上去有些“笨拙”，但却给学生的语言提供了支撑材料，符合中年级学生的心理特点和认知水平；口算方法的引入把数学知识、规律的习得融于适合学生实际的探究活动中，在与同伴交流的开放时间和空间里，学生自主地建构了感悟算理的桥梁，逐步体验到由直观算理到抽象算法的过渡衔接，从而达到对算理的深层理解和对算法的切实把握。总之，在教具展示、学具操作等直观刺激下，学生通过数形结合的方式对算理和算法的理解可谓比较清晰了。

【小结】算理与算法是计算教学中应重视的两个关键，它们是相互联系、有机统一的整体。算理是对算法的解释，算法是对行为的规定。教学中让学生理解算理是必需的，因为理解算理是算法建构的前提。理解算理可以通过结合对情境图的观察，结合动手操作的直观感知，或结合学生在探索过程中的交流等方式来进行。通常学生并不是理解算理之后马上就能形成算法，算法的形成是一个缓慢的过程，需要学生花费一定的时间深化对算理的理解。同时，算法的形成也是一个自主发展的过程，需要学生在理解算理的基础上，自主地生成。

对学生而言，理解算理、构建算法注定是一个艰难跋涉的过程。在这一过程中，教师首先要适时架桥铺路，而不能跨越“中间地带”。算理与算法之间有个缓冲的“中间地带”，在这个“中间地带”架桥铺路，沟通直观具体与抽象概括之间的联系，则能促进学生更好地建构算法。跨越这个“中间地带”则不利于学生在理解算理的基础上提取算法。

其次，要让学生“来回穿行”，丰富体验，而不能“替蝶破茧”，简缩过程。在算理与算法的“缓冲区”，要提供充分的时间和空间让学生“来回穿行”，丰富体验，加深认识。如果简缩这一过程，学生原有的理解与抽象的算法之间会出现断层，算法建构与已有经验就无法建立一种实质性的联系。

最后，要尊重学生，因势利导，而不能硬性嵌入。在算理与算法连接时，要充分尊重学生的理解和选择，适时因势利导，组织学生进行比较、交流、反思等。

五、算法多样与算法优化

【目标分析】算法多样化是问题解决策略多样化的一种重要体现，对培养学生的创新意识与创新思维是十分必要的。因此，要提倡算法多样化，鼓励学生独立思考，用自己的方法解决问题。把学生的思维框在书中答案中，绝对是违反算法多样化的目标，但如果认为不加选择地让学生愿意选哪种就选哪种，这说明教师对算法多样化的理解也是肤浅的、片面的。因此，在教学中教师要注意引导学生处理好算法多样化与算法优化的关系。

（一）关注差异，主动建构

——“小树有多少棵”的教学

执教：北京市中关村第四小学　刘可钦

师：这是六年级的大姐姐为我们画的3捆小树。（将图片挂在黑板上）

生：老师，这不像小树。（有一个学生发言）

师：是呀！我也觉得不是很像小树。不过，我们把它当作小树就可以了。

师：每捆20棵。（板书20棵）你们想到了什么？

生：一共有60棵。

生：有3捆小树，每捆20棵，一共有60棵。

师：同意吗？

生：同意。

师：都说有60棵，但是60是怎样算出来的呢？请同学们把自己的想法写在纸上，写得快的同学我们请他写到黑板上。

（一会儿，陆续有几个孩子上台写了自己的算法：$3\times20=60$，$20+20+20=60$，$4\times5+4\times5+4\times5=60$，$2\times3\times10=60$）

师：现在请这几位同学说说自己的想法，其他同学请认真听，同意的就点点头，不同意的话可以向他们提问。你们谁先来？

生：（主动站在讲台前）我是用3×20就等于60。

师：有要提问的吗？（生没有反应，显然对刘老师这种畅所欲言的教学方式还不太适应，一双双迷茫的眼睛望着他。于是，教师不得不让发言的孩子再叙述一遍，这时，有三五个孩子举手了）

生：你没有讲出3表示什么，20表示什么。

生：3 表示有 3 捆，20 表示每捆有 20 棵，3 捆有多少棵是 3 个 20。3×20 不好算，就先算 3×2，因为 3×2=6，所以……（比较长的停顿）3×20 后面要加一个 0，就等于 60。（边讲边用手指示）

师：刚才他用了一个“因为……所以……”来说明，有谁听明白了？（有好多孩子举手）好，你来复述一遍吧。（刚才的小男孩又复述了一遍，师相机板书 20×3=60，其他同学没有异议，于是第二个学生讲解）

生：（用手指着 20+20+20=60）因为每捆 20 棵，有 3 捆就是 20 加 20 加 20，等于 60 棵。

生：你是对的，但是这样太麻烦了。（一个孩子马上站起来发言）

生：这和前面的差不多，一个是乘法，一个是加法，乘法的还要简便一些。如果有 10 捆小树你就用 10 个 20 加起来吗？（其他同学也纷纷表示赞同）

师：（俯下身对着讲解的孩子）你应该说什么？（那孩子立刻显得尴尬、局促起来，不知如何是好）

师：你的对吗？

生：（非常小声）当然对啦！但是我的太麻烦了，没有这个简单（指着乘法算式）。

师：是呀，当然是对的啦！（边说边画了一个红勾）只是不简便。好，快感谢大家对你的帮助。

[学生在老师的指导下向全班同学鞠躬敬礼（以前没有这种意识，反复做了三次才成功）后很体面地回到了自己的座位]

生 1：我是用 4×5+4×5+4×5 也等于 60。

生：你更麻烦了，你把 20 分成了 4×5……（口欲言而未能，思路不清晰，讲话抓不住要害）

师：有谁明白他的问话了？（没有同学呼应）

生：我来问，请问你的 4 和 5 是怎么来的？

生 1：四五二十，就是 4×5 等于 20……（说着说着，明显的底气不足了）

生：（又一个孩子站起来，理直气壮的）请问你的 4 表示什么，5 又表示什么？这几个数字各代表什么意义？（被问的学生看了看黑板，又用手指了指算式，想要说什么，却没有说出口，于是抓抓脑袋，看了看老师）

师：孩子，说吧，怎么想就怎么说。（生不好意思地笑了笑，闭嘴无言）

师：哎，这个同学真会问，问得他不知怎么回答了。题目中并没有 4 和 5，解题要根据题意来，要有根据，不能这样凑数，你应该怎么办？[生吐了吐舌头，在

教师的提醒下马上弯腰（模仿上一位同学的样子）给同学们敬礼回座位了］

生：我的是2×3×10=60。

生：2和10是哪里来的？2表示什么？10又表示什么？

生：因为20×3不好算，所以先算2×3等于6。

生：那你不是和××（第一种）一样吗？

生：哦！（吐了吐舌头，马上敬礼回座位了）

师：我们来瞧瞧，刚才……（突然冒出了一个声音打断了老师的话）

生：老师，我这么做对不对？6×10=60。（还没等老师说完，一生马上站了起来）

生：嗨！你这不就是2×3×10吗？和第一种一样。

师：我们来看看，这些方法可以归纳为几种……（师生讨论，略）

师：同学们，刚才我们把这些方法归纳为3种，你最喜欢哪一种呢？如果要你来解答的话，你觉得哪一种最简便，别人看起来最清楚？

（停顿一会儿后，学生都有了自己的选择，纷纷举起了手）

师：好，请用手势表示出你选择的方法。（生用手指表示自己的选择）选哪种的都有，行，现在就用你喜欢的方法来试一试。（师把例题中的3捆换成了4捆，求4捆小树有多少棵，约10秒后学生陆续举手）

生：我是用20+20+20+20=80。（师根据学生的回答相机板书）

生：4×20=80。

生：4×2×10=80。

生：3×20+20=80。

［生经过分析讨论将上述4种方法归纳为3种，加法、乘法和根据例题得到的算法（3×20+20=80），师接着统计用各种方法的人数，发现用第二种方法（乘法）的人最多，随后组织学生说选择乘法的理由］

生：因为它简便。

生：乘法最清楚和简便，别人一眼就能看明白。

【感悟启发】在本案例中，教师利用计算3捆小树的棵数的具体情境，引导学生在活动中探索一位数乘整十、整百、整千数的口算方法。与过去教材相比，新教材更体现了数学化的过程，充分体现了从学生已有的生活经验出发的课程理念；更加关注了学生的知识背景及个性差异；鼓励学生独立思考，提出不同的计算方法，体验算法的多样化；为学生提供充分的从事数学活动的机会，力求使学生自己主动建构知识。刘老师借用孩子的语言巧妙地将关键点加以强化，而不是靠教师的简单说教来重复，既有利于学生的理解，又让他们在不知不觉中受到启发。他们直接或间接地得到一种信任感，这种感受将促使他们更加主动地思考问题……教师不再是课堂教学的主宰，取而代之的是学生的高度投入和积极思索，是学生的自主交流和表达。学生在相互的对话、交流、质疑、碰撞中构建新知，获得了一种迅速成长的力量。在课堂上，他们不是“小孩子”，他们头脑中的许多想法都在膨胀，他们在这个“莫名其妙”的力量的作用下，不知不觉地大胆起来，脚步迈向了最前沿，最终他们占领了课堂的主阵地，真正成了课堂的主人。

（二）拓展内涵，引导优化

——“小数加减混合运算”的教学

执教：东北师范大学附属小学　王敏

1. 探索新知，互动生成

(1) 结合实际问题，理解小数连加的计算方法。

（课件演示）（画外音）大家好，我是王琳。每个周末我都会在做完作业后，去看望爷爷和奶奶。这是从我家到奶奶家的路线图。

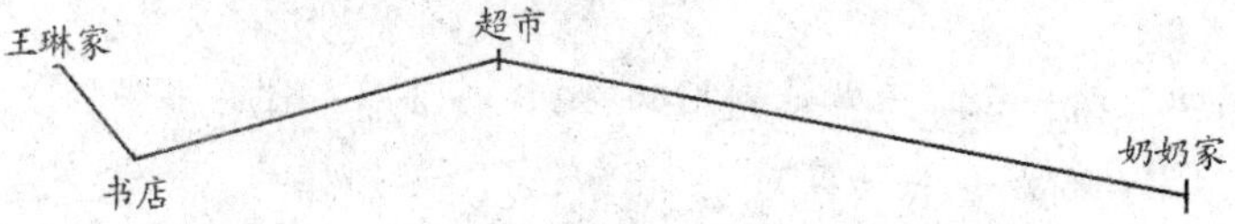

师：看到这幅图，你们猜一猜，王琳在去奶奶家的路上可能做些什么呢？结合这幅图，你们想提出什么数学问题？

（生提出：路程的问题，时间的问题，买书的问题，买食品的问题……）

（根据王琳家到书店的路程为0.8千米，让学生估计从书店到超市、从超市到奶奶家的路程大概有多远；生猜测：从书店到超市的路程大概有2个0.8千米那么多，从超市到奶奶家的路程相当于前面两段路程的总和）

师：（课件出示数据）同学们猜得可真准！现在我们能求出从王琳家到奶奶家有多远吗？请同学们在练习本上试着做一做。（生板演：0.8+1.6+2.4）

师：说一说你是怎么计算的？

生：先算前两个数的和，再和后一个数相加，从左向右依次计算的。

师：看来这和我们以前学过的整数加减法的运算顺序相同。

（展示学生不同的算法，并让学生说说自己的想法）

生：（用竖式计算）我运算的顺序也是从左向右依次计算的。

生：（利用加法结合律计算）我想这样能够凑整，使计算更加简便。

师：那么看来整数的加法运算定律在小数中也同样适用。

（2）结合实际问题，让学生理解小数连减和加减混合运算的方法。

师：我们接着来听王琳的介绍。

（课件演示）（画外音）在上周日我去奶奶家时，妈妈给了我50元钱。我打算在书店买几本自己喜欢的书，计划不超过30元钱，然后再到超市给爷爷奶奶买两样好吃的。

师：王琳真是好学又孝顺的好孩子，让我们跟随她的脚步去书店看看吧！（课件演示：王琳进入书店，走近少儿畅销书架，看到4本书）

21.50元

15.60元

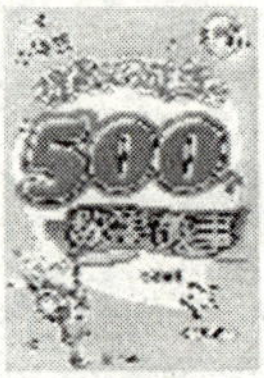

14.80元

12.20元

师：同学们猜一猜，王琳计划用30元钱，可以买什么书呢？

（生根据书的价格进行估算）

师：同学们真了不起，实际上王琳买的是《马小跳玩数学》和《500个数学故事》。现在你们来算一算，王琳计划30元买书，还剩多少钱呢？

（生板书：30－12.20－14.80，按照从左往右的顺序算，这和整数计算的顺序也是相同的）

师：谁有不同的算法？

[生展示：30－（12.20＋14.80），因为后两个数能够凑整，计算起来简便]

师：这种方法我们也在整数计算里学习过。

师：王老师很喜欢这两本书，（课件显示：《自然百科》21.50元，《500个数学故事》14.80元）如果我要买这两本书30元钱够吗？还差多少钱呢？

（生板演：21.50＋14.80－30，按从左向右的顺序来计算）

（3）提炼深化，总结规律。

师：通过刚才的计算，谁来说一说小数加减混合运算怎样进行计算呢？

（生小组讨论后汇报：不带小括号的从左向右计算，带小括号的先算小括号里的，能简算的可以简算，小数加减混合运算顺序与整数相同，整数的加法运算定律在小数运算中也同样适用）

2. 巩固练习，形成能力

（1）解决超市中的数学问题。

师：我们再来看看王琳在超市遇到了什么数学问题。

[课件出示：王琳在路过超市时，买了两样奶奶爱吃的，（蛋挞 8.40 元、酸奶 10.00 元）付了 20 元钱，请同学算算应该找回多少钱]（生独立完成，然后汇报）

（2）解决游戏中的数学问题。

射击成绩统计表

	第一次/环	第二次/环	第三次/环	总分
妹妹	8.5	8.0	9.5	
弟弟	8.8	9.7	9.2	
王琳	9.0	9.5		

①弟弟和妹妹谁的总分高？

（有的学生直接计算，有的学生使用观察比较的方法）

②王琳要想获胜，第三次至少要得多少分？

（有的学生先算出总分，然后再算出第三次的分数；有的学生直接根据前两个数据比较直接得出王琳第三次只要比弟弟多 0.1 分，即 9.3 分即可）

师：看来有些同学在解决问题之前真正做到了认真观察，动脑思考。

（3）解决奥运中的数学问题。

（课件出示：这是 2004 年雅典奥运会上，我国选手杜丽与俄罗斯选手加尔金娜在决赛关键时刻的比分情况：在决赛中，打过 7 枪后，杜丽比加尔金娜少 1.4 环，排名第二）

（下面是两人最后三枪的得分情况）

最后三枪的得分情况

加尔金娜	10 环	10.6 环	9.7 环
杜丽	10.8 环	10.8 环	10.6 环

①估计一下谁的最后总环数高？

生：杜丽。因为可以大概估计出杜丽最后三环的分数比加尔金娜不止多1.4 环。

②杜丽比加尔金娜总环数高了多少环？

生：0.5 环。

师：2004 年，杜丽在雅典奥运会上为我国赢得了一枚金牌，为我们中国人争了光！2008 年北京奥运会已经进入倒计时，我们真心地希望杜丽能够不负众望，再夺金牌。老师也希望在座的同学们能够好好学习，锻炼身体，也许将来你们也能像杜丽一样成为奥运冠军，为国争光。

【感悟启发】在本案例中，教师比较好地处理了算法多样化与优化的关系，对于“0.8+1.6+2.4”这个算式，有的学生说：“我是先算 0.8+1.6，算出的和再与 2.4 相加。”教师引导学生解释这一算法的过程，实际上就是“从左向右依次计算的”。那么，当有的学生汇报用竖式计算时，很多学生就发现这种算法的运算顺序也是“从左向右依次计算的”，只是书写形式不同而已。可见，教师在加以引导后，学生能够自觉进行归纳，这也就加深了对两种算法的理解。还有的学生运用了加法结合律，先算 1.6+2.4，再加上 0.8。这时教师进一步引导学生把小数运算与整数运算建立联系，让学生意识到整数的运算定律在小数中也同样适用，沟通了小数运算与整数运算的联系，让学生的思维得到了进一步提升，让学生不仅了解了算法的多样性，更理解了算法的合理性。这样学生对算法的认识就不仅仅停留在教师提供的常用算法或自己喜欢的算法上，而是在算法多样化的过程中，获得思维上的发展。在计算教学中，对于学生提出的多种算法，教师要及时引导学生关注，引导学生对不同算法进行归纳、提升，从而让学生发现各种算法之间的内在联系。这一过程应该在全体学生充分经历探究算法优化的过程后，通过学生的自主交流来实现。

【小结】教师在设计教学环节时，不能为了“算法多样化”而“多样化”，如果只是让学生把各种算法罗列出来，“胡子眉毛一把抓”，那么学生对于每种算法的理解也只是浮于形式上的不同。引导学生处理好算法多样化与优化的关系，是提高课堂效率、培养学生运算能力的一项重要工作，王老师的课无疑给了我们许多启示。

1. 算法多样化和一题多解有着本质上的区别。一题多解关注的是学生个体的发展，常常表现为少数优等生的专利；算法多样化关注的是群体意义上的每一个学生个体的发展，它不要求每个学生都用几种方法解决同一问题，优等生可以用多个方法，也可以只用一个方法，后进生也可以只用一种方法。这样，由于学生人人参与，都可以用自己的方法解决问题，使得每个学生都能够体验成功，树立学习的信心，并且，由于学生群体呈现出的多样化方法，为学生的合作交流创造了条件，有利于培养学生的合作意识。

2. 优化的主体是学生。教师应该明确，优化的过程是一个促进学生学会反思、自我完善的过程。教师应把选择判断的主动权还给学生，引导学生进行分析、讨论、比较，让学生在用自己的算法和别人的算法计算时，认识到差距，产生修正自我的内需，从而“悟”出属于自己的最佳方法。教师要注意在评价算法时，不要讲“优点”，而要讲“特点”，把优点让学生自己去感悟，为学生多留一点思考的空间，使得所有学生都能在原有基础上得到发展，这才达到了优化算法的目的。

3. 教师要明确“优化”并不是统一于一种算法。对于优化，教师应鼓励、引导，但莫强求，应该把优化的过程作为一个引导学生主动寻找更好方法的过程，尊重学生的选择。如果有学生通过优化掌握更好的算法，教师应及时给予肯定和鼓励。至于有的学生在优化过程中暂时不能找到最佳方法，教师也不要急于求成，只要学生参与这个优化的过程，其情感态度、数学思考能力就都能得到培养，而这些对于学习比较困难的学生又是最重要的。

叶澜教授说：“没有聚焦的发散是没有价值的，聚焦的目的是为了促进学生发展。”因此，教师应正确理解算法多样化的内涵，从而进行有效地教学，让每个学生的运算能力都能得到较好的发展。

六、“算”“用”结合

【目标分析】《标准》将“解决问题”作为四个总体目标之一，不再设“应用题”教学单元，而且没有出现“应用题”这一名称。这样的做法不是弱化学生解决问题的能力的培养，而是强调在数学教育教学的全过程都要把培养学生解决问题能力放在重要位置。计算教学在新教材中仍占有很大的分量。因此，教师要注意把计算教学与解决问题能力的培养有机结合起来（简称“算用结合”），这才能更好地落实《标准》精神。可以说，“算用结合”既是新课程改革的教学理念，又是新教材编排的最明显特点。因此，“算用结合”既应是教师长期坚持的教学理念，又应该在每一节计算教学中得到有效落实。

（一）借助模型解决问题

——“表内乘法（一）”的教学

执教：浙江临海小学　叶婉红

片段一：巩固深化，形成技能

1. 算一算

3×3＋2＝　　　　3×5＋2＝　　　　2×3－1＝

5×5－3＝　　　　2×5＋1＝　　　　4×4－2＝

（在学生口算以上算式后，教师引导学生结合乘法口诀进一步理解算理，边读，边说出最后结果）

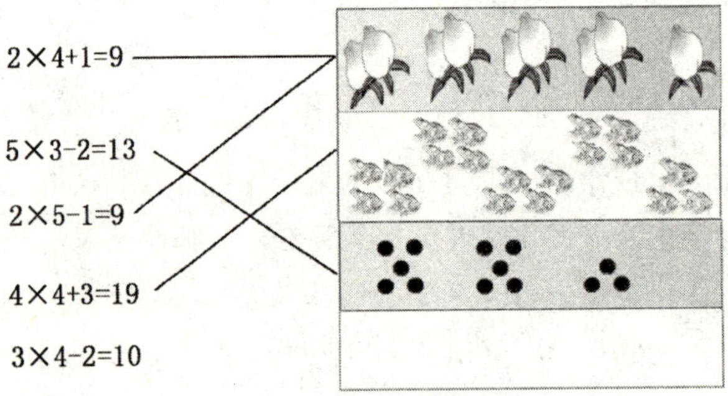

如，“2×5＋1＝11”读出：二五一十，再加1等于11。

“4×4－2＝14”读出：四四十六，再减去2等于14。

2. 算一算，连一连

要求学生先算一算下面左边的5道算式，反馈时教师仍然引导学生结合乘法口诀，读出计算过程和结果；然后让学生根据算式的意思与图进行连线（见上图）；再组织学生反馈。评价时教师有意识地针对第二幅图，要求学生再说出“4×5－1”；针对第三幅图说出“5×2＋3”。最后一个算式“3×4－2”找不到相应的图，教师要趁机让学生针对这个算式，自己画出相应的点子图。

片段二：情境想象，加深理解

（教师以讲故事的形式，呈现下面的情境和算式）

师：一天，熊妈妈在瓜地里摘了一些西瓜，整齐地摆在地里，小熊和小朋友们一样也学了今天的知识，看到地里的西瓜一下子写出了3个算式（边说边出示如下图），你们看到小熊写的这3个算式，能知道熊妈妈摘了几个西瓜吗？

生：熊妈妈摘了12个西瓜。

师：为什么？

生：因为，3×3+3=12，3×5−3=12，3×4=12。

师：你们知道熊妈妈是怎样摆放这12个西瓜的吗？（生想象着说出了几种摆放情况后，师再出示如上图的情境图）熊妈妈这样摆放，小熊写出这样的3个算式，你们又想对小熊说些什么呢？

生：小熊，你只要写“3×4=12”就可以了。

师：为什么呢？

生：“3×3+3”表示“3个3再加一个3，就是4个3”；“3×5−3”表示“5个3再减去一个3，也是4个3”。

师：对呀！直接看出是“几个几”就不用乘加或乘减来计算了。

师：（继续讲故事）第二天熊妈妈又去摘西瓜，又一排一排地摆在地里，小熊看到地里的西瓜，又一下子写下了2个算式（见右图）。你们知道熊妈妈第二天摘了几个西瓜吗？

生：（计算后）熊妈妈摘了17个西瓜。

师：这17个西瓜你们能根据小熊的算式猜一猜熊妈妈是怎样摆放的吗？你们能把自己的猜想画一画吗？（要求学生用小圆圈表示一个西瓜）

（生独立画图表示后，师选出了以下几种典型的画法作反馈评价）

生1：

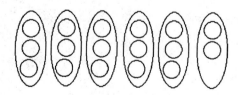

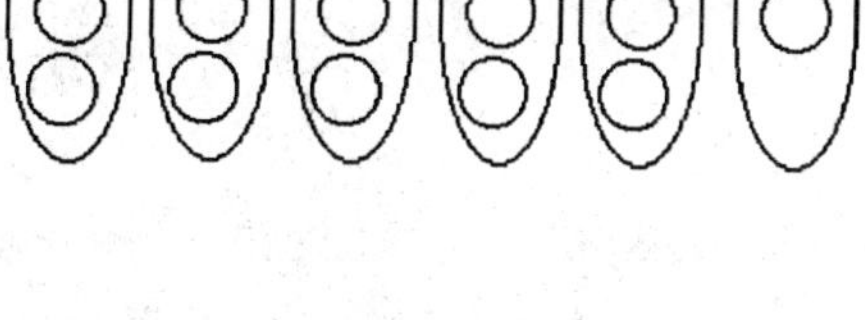

生2，生3：（见右下图）

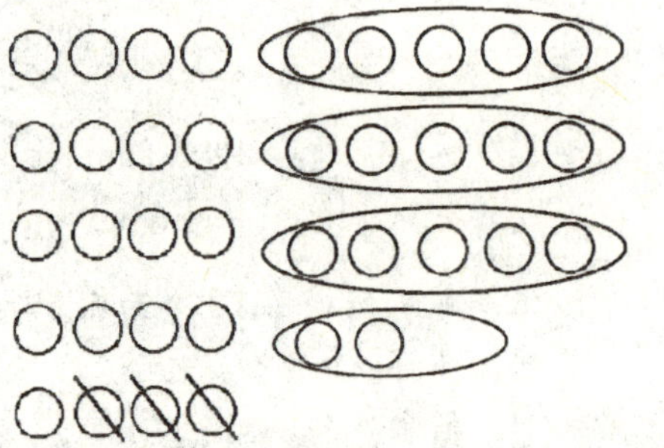

师：（继续讲故事）第三天，熊妈妈又去地里摘了13个西瓜，你们想一想熊妈妈会把这13个西瓜在地里怎样摆放呢？请根据你们的想象写出相应的算式。

（生先独立思考，写算式，接着教师组织学生说出自己的想象）

生：我想每排摆4个，摆3排后，再摆1个，算式是：3×4+1=13。

生：我是每排摆5个，摆2排后，再摆3个，算式是：2×5+3=13。

（生继续汇报出算式：2×6+1，3×5-2，4×4-3）

【感悟启发】在这一教学片段中，教师采用讲故事的方法，把几种练习形式贯穿成一个整体，使学生颇有兴趣地、积极地投入了想象之中。练习的第一层次是教师巧妙地把12个西瓜，根据同一种摆放方式写出3个算式，让学生计算后想象这“12”个西瓜应该怎样摆放；再让学生观察图形，说出“3个3多一个3”和“5个3少一个3”与“4个3”的联系。在第二层次的练习中，教师让学生再次针对算式想象图形，并以画一画的方式表达。在第三层次，教师让学生针对数据“13”，又一次想象图形，并以算式来表示。这样的练习过程是帮助学生在头脑中建立数学模型，并自觉地解释数学模型的过程，是紧紧围绕本节课知识点做出开放性想象的过程。它使算式与实际图形自然地进行了联系，使“算”与“用”达到了自然地结合。

（二）以用引算，以算激用

——“四则运算”的教学

执教：浙江临海临师附小　杨灵君

片段一：谈话引入情境，呈现知识起点

师：你们喜欢书吗？书给我们带来了什么好处呢？（出示下面的情境图）

你们看这幅图，能了解到哪些信息？想提出什么问题？（图中关键的信息是：一套《格林童话》3本共36元；一套《十万个为什么》2本，每本15元）

（生说出了图中直接的数学信息后，还说到了相关的数学问题，即每本《格林童话》要多少钱，买2套《格林童话》要多少钱，买一套《十万个为什

么》要多少钱）（师随手写出以上问题的算式：“36÷3，36×2，15×2”）

一套3本共36元
一套2本，每本15元
100元买2套《格林童话》够了吗？

注：同一套书每本价格相同

师：现在我把你们提出的算式增改成下面的3个算式：“①36÷3×2，②36×2+15，③15×2+36”，你们能对照图中情境说出这些算式分别解决图中的什么问题吗？（生略加思考交流后，分别汇报出各个算式所对应的问题：第①个算式是求“买2本《格林童话》要多少钱”；第②个算式是求“买2套《格林童话》和一本《十万个为什么》要多少钱”；第③个算式是求“买一套《十万个为什么》和一套《格林童话》要多少钱”）

师：这些算式应该怎样算呢？（师根据生回答，板书递等式的过程）

片段二：丰富算用材料，理解运算顺序

师：刚才大家能根据老师扩充的算式，找到了相应的数学问题，下面华华来书店购书时碰到一个数学问题（如上图），你们能解答吗？“100元钱买2套《格林童话》够了吗？”

生：（马上回答）够了。

师：为什么？（生基本上都能分步口算得出结果）你们能不能写出综合算式，算出结果呢？

（生经过尝试，基本上能写出算式和计算过程）

　100－36×2

＝100－72

＝28（元）

师：谁能对照情境图说一说为什么在这个算式里要先算乘法“36×2”？

（生从实际应用的意义，说出了为什么先算“36×2”的道理）

师：你们帮助华华解决了问题，下面强强和妮妮也来买书，你们还能帮助他们解决问题吗？

（生针对问题“强强买一套《格林童话》和一套《十万个为什么》要多少钱”列式计算）

36＋15×2

＝36＋30

＝66（元）

（教师引导学生将“36＋15×2”与上面的算式“15×2＋36”进行比较，使学生知道这两个算式求的是同一个问题，并结合实例理解“15×2”无论在前还是在后都要先计算的道理）

（生针对问题“妮妮买一本《格林童话》和一套《十万个为什么》共要多少钱”列式计算）

36÷3＋15×2

＝12＋30

＝42（元）

（再次让学生针对算式和问题情境，质疑运算顺序：关于“36÷3＋15×2”，针对为什么可以把“36÷3”与“15×2”同步脱式计算进行质疑，使学生初步地概括出：在没有括号的四则运算中，先算乘除法，再算加减法）

（接着教师又出示算式“36÷3＋45÷5”与“36＋15×2＋45”，先让学生独立计算，学生按初步概括的运算顺序基本上能正确地计算）

（教师再次出示情境图，并向学生提出根据以上两个算式和情境图的信息，说出每个算式是解决什么问题的问题，这时学生感到了困难）

师：这“36÷3”是买一本《格林童话》，而“45÷5”又是表示什么意思呢？这45是不是表示3本《十万个为什么》，但又要除以5，这又是什么意思呢？……（对于“36＋15×2＋45”的算式，学生也只能作出一部分的解释）

师：看来图上的信息不够了，我给大家添一个信息。（出示下面的图）

注：同一套书每本价格相同

（当增添的信息“一套《科学图画书》5本共45元”出现时，学生兴奋地一起喊出“哇！原来是这样的。”接着学生很快地回答了以上两个算式所要解决的问题，即第一个算式是求“买一本《格林童话》和一本《科学图画书》要多少钱”，第二个算式是求“这三种书各买一套共要多少钱”)

师：现在黑板上共有8个两步或三步的四则运算式子，你们能否根据刚才的计算说一说它们的运算顺序是怎样的？（生再次概括运算顺序）

【感悟启发】片段一的教学，将两步以上的算式的计算作为本课四则运算的学习起点，教师在引入时没有直接出示算式来复习计算方法，而是先让学生通过观察情境图提炼数学问题，教师再对算式作扩展性呈现，从中激发学生根据算式寻求数学问题的兴趣。虽然这里是起引入作用的一个小环节，但却让学生经历了以用引算、以算激用的过程，为本课探究新的四则运算打下了基础。片段二的教学中，教师首先利用情境图出示数学问题，让学生列出综合算式，使其再次以用引算，并及时组织学生针对情境图与算式质疑运算顺序。接着再提出新的算式让学生计算，目的是对前一环节刚感悟到的运算顺序进行巩固，教师在此巧妙地创设了问题情境，让学生针对算式和情境图寻找数学问题，当学生感到困难之时，再增添图上的信息，这是一次恰到好处的以算激用。这样多次变换情境和算式，使“算”与“用”得以紧密交融，既加深了学生对四则运算的运算法则的理解，又提高了他们分析问题和解决问题的能力。

【小结】在计算教学中，要有效地实现计算教学与解决问题相结合，就要注意以下几点：

1. 分析教学内容，把握“算”与“用”的结合点

新课程实验教材没有单独编排应用题教学，大部分解决问题的内容结合在数与计算、空间与图形、统计等知识的学习之中。怎样进行算用结合教学，是现在新课程教学改革中的重要课题之一。目前，一部分教师感到困惑的是在计算教学中，何时去落实数量关系，何时进行解决问题思路的训练。因此，要教好算用结合，必须认真分析教学内容，认清本课是以计算为重点，还是以解决问题为重点，把握算用结合的度。如以上“四则运算”的教学，当然要以掌握没有括号的四则运算的运算顺序为重点，但学生在理解运算法则时，必须要在解决问题的实例分析中进行。在实例分析的过程中让学生掌握一定的分析方法，从而提高解决问题的能力，也是本课重要的教学目标之一。

2. 把握动态生成，促使“算”与“用”的和谐交融

“和谐课堂”的主要标志之一，是看教学过程是否动态生成。在本课教学中要看“算”与“用”的结合是否和谐，尤其是对运算顺序是否理解，需要学生通过实例加以解释。此外，要达到“和谐课堂”，教师还需要在课堂上对问题随机

把握。如在以上的教学中，当学生从“用”中写出算式时，教师提出“你们能针对问题情境解释算式的运算顺序吗?”当教师引出算式时，又问“你们能根据算式和情境图寻求问题吗?”而当学生难以说出问题时，教师及时增添情境图中的信息；当学生针对有关问题列出相应算式时，教师又及时引导学生比较异同，并再次让学生针对算式变换，思考应用题条件与问题的变化。这些都是在动态的过程中完成的，环环紧扣，真正达到了“算”与“用”的和谐交融。

第三节　代数初步

一、用字母表示数

【目标分析】在具体情境中会用字母表示数。在小学的时候，用字母表示数学生感觉不容易，是比较抽象的。因为这是他们第一次接触关于代数方面的知识，相当于从对一个具体的数的认识上升到用一个字母来表示数，所以，教师在教学中要用一些具体的情境去引出用字母表示数这个问题，并要注意引导学生探索用字母表示数的过程，发展他们的抽象概括能力。

层层递进，主动建构

——“用字母表示数”的教学

执教：江苏省启东市第一实验小学　季国栋

1. 唤起经验，主动建构

(1) 表示特定意思的字母缩写。

师：为了化复杂为简单，生活中常常用字母的缩写表示一些特定的标志。(课件呈现：KFC、CCTV5……) 你们能举出一些类似的例子吗？(生举例)

(2) 利用4张扑克牌，算“24点”游戏。

(课件呈现：6，7，A，10)

生：6+7+1+10=24。

生：(10−7+1) ×6=24。

师：你们算得真快，可这里没有1呀？

生：A就是1。

(3) 出示数列：2，4，6，m，10……

师：m表示多少呢？

生：m表示8。

师：在算“24点”游戏中，在有规律的数列中，字母表示的都是特定的

数。(板书：特定的数)

2. 层层递进，逐步建构

(1) 经历用字母表示数的抽象概括过程。

①课件演示用小棒摆三角形，学生用式子表示摆不同个数的三角形所用小棒的根数。

师：摆1个三角形需要几根小棒?

生：3根。

师：可以这样列式：1×3。如果摆2个这样的三角形需要几根小棒，怎样列式？如果摆3个呢？会写吗？4个呢？……请把式子写在学习纸上的“书写天地”中。(生书写、汇报，师板书)

②让学生在写式子的过程中，认识到用算式来表示摆三角形小棒根数的局限性。

师：一个式子可以表示摆的一种情况，谁能用更多的式子表示摆不同个数三角形时所用小棒的根数?(生开始写式子，写着写着，相继停笔)

师：为什么不写啦?

生：这样写下去，永远写不完。

生：可以写许多式子，写不完。

③寻求解决策略：用一个式子概括所有式子。

师：大家能不能想个办法，用一个式子概括所有的式子呢?

生：$a\times3$，a表示三角形的个数。

师：你创造了用字母来概括的方法，老师为你感到骄傲，还有其他想法吗?

生：……$\times3$，用“……”表示许多三角形的个数。

生：我$\times3$，用“我”表示三角形的个数。

生：$a\times b$，a表示三角形的个数，b表示3。

生：b表示的一定是3，就应该直接写3，写成$a\times3$。

师：同学们想出了许多种表示三角形个数的办法，有用字母的，有用标点符号的，还有用汉字的，为了便于理解和应用，在数学中我们选择用字母来表示。

④发现。

师：除了用a表示三角形的个数，还可以用其他字母吗?

生：可以写成 $b\times3$。

生：也可以写成 $n\times3$。

生：写成 $x\times3$。

师：可以用不同的字母表示三角形的个数，这时的字母可以表示几呢？

生：可以表示 5。

生：可以表示 1，2，3，4，5，6，7 等。

生：可以表示自然数。

师：看来，这里的字母所表示的数不再是特定的数了，而是变化的数。（板书：变化的数）刚才有同学说这个字母所表示的是自然数，那它不可以表示什么数？

生：不可以表示小数，因为三角形的个数如果是小数，那就不完整，不是三角形了。

生：同样也不能表示分数。

⑤小结并板书课题。

师：用字母不仅可以表示特定的数，更重要、更优越的是用字母还可以表示变化的数。这就是我们今天要了解的新知识——用字母表示数。（板书课题）

（2）初步理解含有字母的式子既表示结果，也表示数量关系。

①出示魔盒，体会规律。

师：老师今天给大家带来了一个魔盒，它的神奇之处在于一个数通过它就会变成另一个数。谁来试一试，先说个数。

生：7。（课件演示：7 从魔盒的左边进入，从右边出来 17）

生：12。（课件演示：12 从魔盒左边进入，从右边出来 22）

生：15。

师：大家猜一下，出来的可能是几呢？

生：25。

师：猜测是科学发现的前奏，我们看他猜得对不对？（课件演示：15 从魔盒左边进入，从右边出来 25）

师：你们已经迈出了精彩的一步，魔盒的秘密是什么？

生：出来的数比进入的数大 10。

师：那么，我们再举例验证一下。（许多同学举手想说）

师：这么多同学都想说，能想个办法概括表示吗？

生：用 a 表示所有进入的数。

生：那么，$a+10$ 表示的就是出来的数。

②将字母作为数学对象，理解意义。

师：那我们打开魔盒看看（课件演示：打开魔盒，呈现 $a+10$）。$a+10$ 不仅表示出来的数，还可以表示出来的数与进入的数之间有怎样的关系呢？

生：$a+10$ 不仅表示出来的数，还可以表示出来的数比进入的数多 10。

③字母取值，口头求出含有字母的式子的值。

师：如果 a 等于 20，$a+10$ 等于多少？

生：30。

④体会数学研究的是千变万化中不变的关系。

师：在这里我们不难发现，进入魔盒的数是变化的，出来的数也是变化的，然而“$a+10$”所表示的关系却是不变的。正如开普勒所说，数学就是研究千变万化中不变的关系。

(3) 用规定的字母表示计算公式。

①关于正方形周长与面积的计算公式。

（生板书并交流）

师：这里的 a 表示的是什么？

生：正方形的边长。

师：那么，这里的 a 除了可以表示非零自然数外，还可以表示哪些数？

生：可以表示小数。

生：还可以表示分数。

师：刚才表示三角形的字母只能表示自然数，看来，在不同情况下，字母所表示的数的范围是不一样的。

②关于含有字母的乘法式子的简写。

（生自学，汇报并板书）

师：在含有字母的乘法式子中，数与字母相乘，或是字母与字母相乘，乘号可以简写成“·”，也可以省略不写。数与字母相乘时，数要写在字母之前。

(4) 练习。

①下面的说法对吗？

$a+5$ 可以写成 $5a$；$1\times b$ 可以写成 b；$b\times c$ 可以写成 $b\cdot c$，也可以写成 bc；$b\times b$ 可以写成 $2b$。

②省略乘号，写出下面的式子。

$4\times b=$　　$x\times 5=$　　$a\times c=$　　$1\times x=$　　$x\cdot x=$　　$y\times 6=$

3. 拓展应用，完善建构

(1) 快乐广场。

出示某广场平面图，图中标出篮球公园、智慧小屋、少儿天地3个场所的位置及各场所之间的距离（有用字母表示的，有用数表示的）。

用含有字母的式子表示两地之间的距离：从广场门口分别到篮球公园、智慧小屋、少儿天地需要走多少路？

(2) 篮球公园。

结合姚明在NBA打球的有关数据，让学生在括号里填上含有字母的式子。

(3) 智慧小屋。

一张壁画上面是5个相同的足球，下面是式子$5a$。请学生寻找生活中可以用数学模型"$5a$"表示的事物，进一步感受用字母表示数的概括性和抽象性。

(4) 少儿天地。

编儿歌：数青蛙。

一只青蛙一张嘴，两只眼睛四条腿；两只青蛙两张嘴，四只眼睛八条腿……

4. 总结反思，拓展延伸

(1) 让学生说一说这节课的主要收获以及感觉遗憾的地方。

(2) 课件播放短片，简单介绍用字母表示数的发展过程。

【感悟启发】"用字母表示数"是一个丰富而又难懂的概念，远非我们想象的那样简单。人类从用符号表示"特定的数"，发展到有意识地、系统地用字母表示数，经历了1200多年。如果说个体的成长往往会以某种形式重复人类发展的历程，那么学生对字母表示数的理解或多或少也要经历类似的跌跌撞撞的过程，才能在比较抽象的水平上形成对新的数学对象"一般的数"与它的符号表示的认识。因此，教学从下面三个维度层层推进：一是让学生亲历用字母表示数的抽象概括的过程；二是让学生理解含有字母的式子既表示结果，也表示关系；三是用代数语言表示数学关系，让学生体会数学的符号化思想。

固然，抽象概括的过程与对代数语言的认识有难度，但从教学的情况来看，学生还是较容易理解的，只是对含有字母的式子既表示结果，又表示关系的理解很困难。带着这样的困惑，笔者对学生进行了几次问卷调查，结果发现，学生不能自觉将字母作为数学对象，更不能将字母视为广义的数，认为已知的只是字母，列成的式子不是结果，无法解决问题，有的同学则忽略字母的存在。显然，这是学生在认识上的断层，是从算术思想到代数思想的转变需要经历的一次飞跃。好的数学教学情境不仅能够激发学生的学习兴趣，而且能够为学生的学习提供思考的平台，激活学生的思维，有效地帮助学生理解数学知识。因此，教师借助先进的教学手段，利用神奇的魔盒，结合问题的引导，有效地帮助学生架设了认知的桥梁。

【小结】根据学生的学习水平与心理发展特点，在用字母表示数的教学中要注意：

1. 创设情境，注重感悟。教学时，要注意联系生活实际创设情境，比如，案例中从开始的字母标志，到练习中的快乐广场、行走路线以及姚明身高和投篮的相关数据，现实性很强；注意联系新旧知识创设情境，从数列中字母表示特定的数，到练习中智慧小屋的壁画，“数学味”很浓；注意创设趣味情境，从神奇的魔盒，到儿歌“数青蛙”，激发学生探索新知的愿望。

2. 关注生成，着眼发展。教学的交往互动，是师生之间、生生之间相互交流、相互沟通、相互启发、相互补充的共同活动，是一个动态的、复杂的过程，具有许多的不确定性。课堂中，学生在亲历用字母表示数的抽象过程后，产生的想法是多样的；面对魔盒中的“$a+10$”，学生的认识是不同的；“$5a$”与情境的联系也是多样的。这些都需要教师遵循学生发展的需要，发挥教学机智，灵活调整教学活动。

二、解方程

【目标分析】关于解方程，《标准》的要求是这样的：能解简单的方程（如$3x+2=5$，$2x-x=3$）。在教学中要注意通过天平游戏，探索等式两边都加上（或减去）同一个数，等式仍然成立。引导学生利用发现的等式性质，解简单的方程。这样，教学与初中的有关知识就连接了起来，体现了知识的一致性和统一性。要注意不要任意拔高要求，对《标准》中不出现的方程不要求学生掌握。

验证猜想，依据性质

——“解方程”的教学

执教：江西省萍乡市莲花县城乡小学　贺建蓉

1. 情境导入，引导猜想

师：（课件演示）熊妈妈生了双胞胎小熊，今天是小熊兄弟的生日，熊妈妈给他们买了个大蛋糕，还买了一瓶饮料，为了给兄弟俩平分这瓶饮料，熊妈妈借来了一架天平，大家可要仔细看好了，熊妈妈是怎么分的。

（大屏幕演示：熊妈妈在天平两边各放了一个相同的有刻度的杯子，先后向两个杯子中倒入100mL饮料，天平平衡，饮料还有剩余）

师：两只小熊分得的饮料一样多吗？各为多少？天平两边的关系可以用一个什么样的式子表示？（生回答后师板书：100＝100）

师：两只小熊嚷嚷着不够，熊妈妈又给他们把剩余的饮料分了。

（课件演示：熊妈妈把剩余的饮料分完了，两只杯子的刻度都是125mL，天平平衡）

师：你们能不能把熊妈妈添加饮料的过程用一个式子表示出来？

（生回答后师板书：100＋25＝100＋25）

师：两只小熊一看饮料分光了，妈妈却没有了，觉得很不好意思，哥哥先从自己的杯子里倒出40mL给妈妈，弟弟也急忙倒出40mL。

（课件演示：倒出饮料后，两个杯子里的饮料刻度显示为85mL）

师：现在我们怎么用式子表示倒出饮料的过程？

（生回答后师板书：125－40＝125－40，观察3个天平图及对应的等式）

师：通过观察，你们发现了什么？

（综合学生的发言，引导学生提出猜想：等式的两边同时加上或同时减去一个相同的数，结果还是等式）

师：既然同学们提出了这样的猜想，接下来我们就分小组用天平来验证这个猜想是否正确。

2. 小组合作，验证猜想

（1）学生操作，教师巡视指导。

学生4人一组，用天平、砝码、一个100克的杯子，一个重x克的木块代替水，参照（人教版教材五年级上册）第57页的图示进行实验并记录实验过程中有关的等式。

(2) 实验结束后学生交流汇报，教师板书等式。

杯子和木头的重量和 250 克的砝码一样重，天平平衡：$100+x=250$。

一边拿下 100 克的杯子，一边拿下 100 克的砝码，天平还是平衡：$100+x-100=250-100$。剩下的木头和砝码平衡：$x=150$。

把杯子和砝码又都放回去，天平平衡：$x+100=150+100$。

直接拿下杯子，并且从另一边拿下和杯子一样重的砝码，天平平衡，木头和剩下的砝码平衡，木头的重量为：$250-100=150$。

(3) 举出生活中的例子。

例如，买菜多加一些，跷跷板……

3. 共同探讨，学解方程

师：同学们，刚才你们在自己动手的过程中发现木头重多少克了吗？（生纷纷说出答案）对了，$x=150$ 就是方程 $100+x=250$ 的解。请同学们用自己的话说一说什么叫做方程的解。（板书：使方程左右两边相等的未知数的值，叫做方程的解）

师：你们还能举例说明吗？现在请大家一起交流交流你们刚才是怎样求出木块的重量 $x=150$ 的。（生自由发言）

师：像刚才我们求出这个方程的解的过程叫做解方程。今天我们就一起来探讨怎样利用等式的性质解方程。（板书：解方程）（出示第 58 页例 1 图）

师：请大家根据图示列出方程。（$x+3=9$ 或 $3+x=9$）

师：你们能解出这道方程吗？同桌之间互相说一说再全班交流。

生：方程两边都减去 3。

师：为什么要减去 3，而不减去 1 或减去 2 呢？

（生回答后师指出：要求出未知数的值就要想办法使方程的左边只剩下 x）

（师示范书写格式，边写边讲解：方程就像一根打了结的绳子，我们要先把这个结解开，所以解方程要先写一个“解”字，然后利用等式的性质，方程的两边都减去 3，得到 $x=6$，等号对齐就显得很美观，就像一根拉直的绳子）

（板书：$x+3=9$

解：$x+3-3=9-3$

$x=6$）

师：$x=6$ 是不是正确的答案呢？我们还需要检验一下，怎样检验呢？

师：（边讲边提问，边书写检验过程）把 $x=6$ 代入原方程，方程左边等于什么？和右边相等吗？所以 $x=6$ 是方程的解。

师：同桌之间互相说一说解方程 $x-34=12$ 的过程和检验的过程。

4. 课堂练习，拓展运用

（1）完成第 57 页“做一做”。

（2）第 59 页第 1 题看图列方程并解答。

$x+1.2=4$

师：为什么方程两边要减去 1.2？

$3x=8.4$

师：怎样使方程左边只剩下 x？

（3）学生独立完成第 59 页第 2 题前 3 道，教师巡回检查及时纠正错误，学生再选一道交流思考和检验的过程。

5. 课堂总结，交流收获

【感悟启发】猜想是学生学习数学的一种重要方式，本次教学通过创设情境“用天平分饮料”让学生在结合已有知识和经验的基础上经历等式的变化过程，不仅使其体会到数学来源于生活，还为猜想等式的性质奠定了良好的基础。学生一旦作出了猜想，就会迫不及待地想去验证自己的猜想是否正确，从而主动地去探索新知。

在第二个环节中，学生通过自己动手用天平称一称，验证自己的猜想，以一种自主探究的方式进一步认识了等式的性质，为后面学习解方程奠定了良好的基础。“举出生活中的例子”体现了数学来源于生活，学到的数学知识也要应用到生活中去的理念，让学生体会到数学就在自己的身边。这样的设计不但极大地激发了学生的学习兴趣，还有利于培养学生的自主探究能力和创新能力。

学生在上一个环节的合作操作中，已经对解方程有了一定的认识，能够大概地说出解方程的过程和依据，再一次让同学之间说一说并全班交流体现了本节课的学习重点“理解并利用等式的性质解方程”，而“为什么要减去 3”的问题则突破了本节课的难点。在这个环节中，教师还有针对性地指导了书写的规范性和检验的过程。师生之间的共同探讨，显示了一种平等的师生关系。

在练习中，学生加深了对“方程的解”的认识，抓住了利用等式的性质这一依据去解方程。不同层次的练习照顾了学生之间学习水平的差异，并对等式的性质进行了拓展，有利于发散学生的思维。最后，交流学习的收获促使学生形成积极的学习心理。

【小结】在解简易方程时，学生面对出现的错误有三种反应：一是把错题扔在一边，重新再做；二是重新计算最后一步的计算结果；三是从头查起，找到错误原因再改，但所用的时间较长。三种反应代表了三种学习品质。第一种学生显然不具备良好的学习习惯，面对问题采取回避的方式，怀着侥幸的心理去碰运气，如果做对了，就过去了，做不对，重新再来。这种学生往往不停地重复着同一个错误，而不思悔改。这种学生用消极、被动的心态面对学习，因而学习成绩不佳，问题多多。第二种学生虽然比第一种学生有进步，能够查找自己的问题，但不求甚解，使问题得不到根本解决，说明学习态度存在偏差，导致学习效果差。第三种学生比较善于反思，能够从根本上注意解决问题，具备积极的学习态度，但在方法上还需要教师给予指导。面对学生的这三种学习状态，教师应把握契机，纠正他们错误的学习态度，培养他们良好的学习品质，并将这种品质延伸到学生的学习和生活的各个层面。

三、正比例、反比例

【目标分析】关于正比例与反比例，《标准》是这样要求的：通过具体问题认识成正比例的量或成反比例的量；能根据给出的有正比例关系的数据在方格纸上画图，并根据其中一个量的值估计另一个量的值；能找出生活中成正比例或成反比例量的实例，并进行交流。正比例、反比例关系是重要的数量关系，它渗透了初步的函数思想，又为学生学习中学数学的正、反比例函数奠定基础，所以是六年级数学教学的一个重点。但由于这部分内容比较抽象、难懂，历来都是学生怕学、教师怕教的内容。

丰富感知，渗透变量

——“反比例的意义”的教学

执教：东北师范大学附属小学　李建国

1. 谈话引入，体会反比例的意义

师：你们上一年级的时候多大？

生：六七岁。

师：记得我七八岁时，有时向爸爸妈妈要钱买好吃的，小孩嘴馋啊！爸爸妈妈就给我1角钱，那时候物价便宜，1角钱可以买10块糖，或者买两根冰棍。我就算计，1角钱可以吃10块糖，却只能吃到两根冰棍，于是我就买了10块糖吃。如今想想这件事还觉得好笑，同时又想到了一个数学问题：就那么一点钱，买的东西越多，说明这种东西越便宜；买的越少，说明这种东西越贵。你们经历过这种事情吗？这节课我们就一起说说这一类的事情。

2. 事例解读，理解反比例的意义

(1) 事例一：换零钱。

(介绍新版人民币的一些特点)

师：人民币整元整元的面值都有哪些？如果用100元换些零钱，面值是10元的，要换10张，如果换其他面值的，各换多少张？(幻灯片出示表格)

面值（元）	1	2	5	10	20	50
张数（张）				10		

师：请大家寻找规律：

①把表格补充完整。

②观察表格，同桌或前后桌的同学互相说一说、讲一讲表中有哪两种量？一行一行地看，发现了什么？再一列一列地看，又发现什么？

③你们是怎样看到总钱不变的？用表中提供的数据说明。

(板书：$1\times100=100$，$2\times50=100$，$5\times20=100$，$10\times10=100$，$20\times5=100$，$50\times2=100$)

④(小结)面值变化，换的张数也随着变化，面值扩大，换的张数反而缩小了，但是总钱数不变。

(2) 事例二：上学与上班。

①谈话。

师：老师还想问问你们，早上你们上学、爸爸妈妈上班都乘坐哪些交通工具？(生有的坐班车，有的开私家车，有的坐公交车，有的骑摩托车……)无论上学或上班，我们最担心迟到，所以很关注时间(用手指指手表)，同时，还要关注交通工具的快慢，也就是车速。速度和时间是不是两种相关联的量？

生：是。

师：你们知道李老师上班乘坐哪种交通工具吗？(生猜)我驾驶的是两轮的，由本人驱动的bicycle。本周我特别留意了骑车的速度与时间。请看表格

（幻灯片出示）。

速度（米）	144	180	200	225	150
时间（分）	25				24

②算一算。

师：根据表格提供的数据，用计算器算算我从周二到周四路上用的时间分别是多少？

生：20 分，18 分，16 分。

③观察发现。

师：我骑车快慢是由哪种量决定的？一行一行地看你们发现了什么？一列一列地看呢？

生：速度不相同，时间也不相同。速度变化，时间也随着变化，但是路程不变。

④寻找规律。

师：你们是怎样看到路程不变的？用表中的数据说明。

生：144×25=3600，180×20=3600，200×18=3600，225×16=3600，150×24=3600。（师随之板书）

师：虽然每天骑车的速度和时间在变化，但路程是不变的，也就是速度×时间=路程，路程都是 3600 米，固定不变，数学上叫做“一定”。速度×时间=路程（一定），速度和时间就叫做成反比例的量，它们之间的关系叫做反比例关系。想一想，成反比例的两种量有什么特点呢？（生发言，然后再读反比例的意义）

（师板书：两种相关联的量，一种量变化，另一种量也随着变化，如果这两种量中相对应的两个数的乘积一定，这两种量就叫做成反比例的量，它们的关系叫做反比例关系）

师：刚才换零钱时，面值和张数成反比例吗？

［生发言，说清成反比例的原因，师板书：面值×张数=总钱数（一定）］

（3）事例三：军旅双日游。

①谈话。

师：本学期，我们年级搞了一次社会实践活动，还记得吗？咱们一起回顾一下军旅双日游发生的事。

②思考问题：说说吃午饭时打饭的人数与次数成不成反比例。

每次打饭的人数（人）	1	2	5	10	25	50
次数（次）	50	25	10	5	2	1

[让学生说清成反比例的理由，师板书：每次打饭的人数×次数＝班级总人数（一定）]

③总结。

师：前面说过的3个事例都有两种相关联的量，并且两种相关联的量中相对应的两个数的乘积总是一定的。如果用字母x和y表示两种相关联的量，用k表示它们的乘积（一定），反比例关系可以怎样写？

[生尝试汇报后，师板书，$x\times y=\mathrm{k}$（一定）]

师：判断两种相关联的量是不是成反比例，就看这两种量中相对应的两个数的乘积是否一定。

④提问。

师：在前面的3个事例中，哪种量是x，哪种量是y，k是谁呢？

（生发言，略）

（4）生活中的反比例。

师：成反比例的事例在我们的生活中是随处可见的，请同学们再看：4个人看同一本《神话故事书》，小兰每天看多少页？小刚看了几天？每天看的页数和看的天数成反比例吗？为什么？（生答，略）

学生	小红	小明	小兰	小刚
每天看的页数（页）	10	15		24
看的天数（天）	12	8	6	

师：这节课我们学习了什么知识？你们有什么收获？（生谈自己的收获）

【感悟启发】成反比例的量是对小学阶段学习的数量关系的概括与总结，也是初中学习反比例函数的铺垫，可以说这部分内容起着承上启下的作用。

反比例的意义是让学生学起来很难，学过之后又非常容易遗忘的内容，这是因为：①反比例很抽象，只要满足“$x\times y=\mathrm{k}$（一定）”的两种相关联的量就成反比例关系，学生需要对两种量先进行分析判断，思维含量高。②反比例的事例生活中有，但并不常用。③学生对反比例的意义记忆的成分多，理解与应用远远不够，更不会举一反三。

在这个案例中，教者对教材进行了重组，使学习的内容既贴近学生的生活，引起学生学习的兴趣，又能使其理解并掌握反比例的意义。

首先从谈话引入，教师讲了自己小时候花钱买东西的事情：用1角钱买糖果，买的糖果越多，说明糖果越便宜；买的糖果越少，说明糖果越贵。这里既渗透了反比例的意义，又拉近了与学生生活经验的距离，从而为学生学习反比例知识做了铺垫，然后列举生活中的两个事例，探索并概括规律，总结反比例的意义，让学生学会用字母表示反比例关系：$x\times y=\mathrm{k}$（一定）。

总的来说，人民币是学生很熟悉的事物，用人民币作学习材料，既便于操作，又容易发现规律，直观易懂。事例二是关于教师的事，学生往往很关注教师，用事例二作学习材料，容易吸引学生的注意力，便于发现“速度×时间＝路程（一定）”这个规律。事例三是学生自己身上发生的事，是他们亲身经历过的。通过现实生活中能吸引学生注意力、学生有过深刻印象的事去教学生反比例既是教学的出发点，也是教学的归宿。

【小结】对于“正比例与反比例”的知识，许多数学老师认为，以后生活中不一定用到函数，所以对此不是很重视，但是，变量的思想在每个人的生活中都是至关重要的，而函数教学是培养变量思想的最佳途径。教学函数，使变量的思想在学生头脑中根深蒂固，是我们的教学追求。学科教育可能不会对学生未来选择职业产生直接影响，但是，他们从中学会了读书，学会了思考，形成了对科学文化深深的依恋，教育就变成了一个人的终身需要。

各种版本的教材都淡化了正反比例的形式化的定义式的表述，通过大量的例子以及图形给学生丰富的感知经验。在这部分的教学中，教师主要渗透函数思想，先学习变化的量，使学生感受变量之间的关系。在此基础上再研究变量中成正比例的量和成反比例的量，利用正反比例图像帮助学生理解正反比例的意义，为学生在中学进一步学习这方面的内容打下基础。比如，教学“正比例”时，可以先出示坐标系说明如何描点连线画出正比例关系图像，再通过问题体会正比例图像的特点。学生有了学习正比例意义的基础，反比例意义的教学应更加体现学生的主体性，除了让学生发现成反比例的量之间的关系，也可以让学生仿照正比例的意义，尝试归纳反比例的意义。教学时，可以让学生找一找生活中有哪些成反比例的量，也可以举出一些数量关系，让学生判断是否成反比例，并说说理由，以巩固对反比例意义的认识。

四、探索规律

【目标分析】“探索规律”是新课程小学数学教材“数与代数”领域内容的

一部分，有关探索规律的内容是新教材新增的内容，也是数学课程教材改革的一个新变化。《标准》从一个新的视角定位“探索规律”，并对学生的探求模式、发现规律提出新的要求。这部分内容被独立出来，其实也只是相对独立，因为它还是要依托“数与代数”“空间与图形”“统计与概率”“实践与综合应用”等领域的基础知识和基本技能。《标准》把“探索规律”作为内容结构的一个重要方面，第一学段要求：发现给定的事物中隐含的简单规律；第二学段要求：探求给定的事物中隐含的规律或变化趋势，教师在教学中要注意把握教学要求。

问题为线，探索规律

——“找规律”的教学

执教：湖北仙桃毛嘴小学　丁玉

1. 游戏中感知规律

（做游戏猜颜色。师出示各种颜色的磁铁，随意拿一个让学生猜，小朋友举各种颜色牌表示自己心中想的颜色，然后师按红、绿、红、绿、红、绿……逐一展示，绝大部分学生猜中了）

师：你是怎么猜的？

生：是有规律的。

（师引出课题——找规律，并板书）

2. 探究中发现规律

［用挂图出示课本（人教版教材一年级下）88 页的主题图：学校在举行联欢会］

师：仔细观察这幅图，你们看到了什么？

生：有彩旗、灯笼、花朵和小朋友。

生：灯笼的颜色有紫色的和蓝色的，并且是按紫色、蓝色、紫色、蓝色……的顺序排列的。

生：我发现不只是灯笼排列有顺序，其他的也是有顺序地排列的，我想这就是这节课要学的规律吧！（众生赞同地点头，师也笑了）

师：是的，这是这节课学习的规律中的一种。同桌互相说说，图中什么东西的排列有规律，这规律是怎样的？

3. 模仿中理解规律

师：刚才，我们利用主题图来学习，发现图中的一些规律。老师这里有一些材料，同学们能用这些图形摆出一条规律来吗？（材料有红色圆、绿色三角形、蓝色正方形等）（生在桌上摆，并在黑板上展示，互相评价、提问和介绍摆的规律）

师：（指着图：○△□○△□○△□）请小朋友思考一下，谁能提出一个问题，一个需要小朋友们认真想才能想出答案的问题？

生：第18个是什么？

生：蓝色的正方形。

生：红色的圆。

生：绿色的三角形。

师：到底谁的答案对呢？不能乱猜，用什么办法证明答案对或不对？4人一个小组讨论一下。

组长：我们的答案是蓝色的正方形，我们是一个一个地数，数出来的。

组长：我们的答案也是蓝色的正方形，我们是这样想的，每一组都是按圆、三角形、正方形排列的，第18个正好是跟每一组的第3个一样。

组长：我们组发现：这排图形的规律是几个一组，一组一组地反复出现。

4. 生活中寻找规律

师：我们生活中有哪些现象也是这样反复出现的呢？

生：我们的座位是按男、女、男、女安排的，是有规律的。

生：红绿灯是有规律的。

生：一年有春、夏、秋、冬，四季是有规律的。

生：歌曲的节奏有规律。

……

5. 运用中体现规律

师：生活中很多地方应用了规律，一位师傅在铺地砖，你们看他铺的地砖有规律吗？（出示图：有红砖与绿砖两种，只铺一行是没有规律的，学生仔细观察片刻，得出结论）

生（齐）：没有规律。

师：应用这节课的知识，你们能帮师傅把地砖铺得美观一些吗？

（生向他人介绍作品中的规律，互相欣赏，体验应用规律创造美）

【感悟启发】本案例成功之处在于充分体现数学教学是数学活动的教学这一理念，激发学习兴趣，注重学生主动参与，让学生在数学活动中学习，在活动中思考。在案例中，教师设计了让学生猜一猜磁铁颜色的游戏，有意思地按规律呈现，让学生在猜测中意会，积累感性经验，从而初步感知规律。这一环节以学生喜爱的游戏形式激发学生参与，同时仅要求猜一猜结果，学生凭直觉作出判断，人人能够参与，有利于面向全体学生，给学生的学习提供了思考、尝试的机会，使其在猜想中感知到规律的存在，帮助理解知识。找规律的内容具有活动性和探究性，既具有挑战性，又具有趣味性，不能用“对或错”来简单地判断，而是要听学生介绍找得有无道理，这也就要求学生在自主探索的基础上，充分与同学展开交流活动，注意倾听其他同学讲得有无道理，联系原有的数学知识结构作出判断，不断地、及时地优化自己的数学知识，在合作交流中获得发展。

数学来源于生活，又高于生活，应用于生活。因此，数学教学要紧密联系学生的生活实际。这个案例从主题图——学生熟悉的学校举行联欢会的具体情境引入，让学生体会到现实生活中的有规律的排列原来都包含数学问题，有利于他们产生学习和探索数学规律的动机；在学生掌握初步的规律之后，让学生从自己的身边着手，寻找生活中的规律现象，在举例中初步感受数学的奇妙和无所不在，从而对数学产生亲切感。案例中“运用中体现规律”这一环节，把所学的数学知识应用到生活中，解决生活中的数学问题，体会数学的美和作用，以激发学生进一步学习数学的需要，促使学生主动地学习数学。

【小结】在“探索规律”内容的教学中，要注意以下几个问题：

1. 引导学生学会有序思维

从教材的知识呈现方式来看，我们可以发现，教材中探索规律的内容在增强，每次教材向学生提供观察、思考与猜测的机会时，便会更多地提问学生诸如“你发现了什么”这样的问题，提示学生注意探索其规律，逐渐增强学生探索规律的意识。然而，探索规律作为小学数学知识结构新的部分，也需要教师有系统的眼光，构建一个适合学生学习的序列。在新课程的实施过程中，孤立地看某些规律探索比较难，但从实际教学效果却发现学生掌握得比较理想，这就是探索规律系统编排、有序训练所带来的积极影响。

2. 重视动手、动口与动脑的有机结合

倡导学生动手操作和动口表达，是当前新课程倡导的学习方式，因为借助动手操作，利用直观可培养学生的思维；利用数学语言交流，可增强学生的数学表达能力。而对于具体的课堂教学而言，并不是学生动手操作得越多越好，动口表达的机会越多越好，在动手和动口的背后，最关键是看学生是否已经动脑。理智的教学不应把表面的“动”、热闹的“动”，解释为数学在实现“做中学”。只有把外化的行为与内在的思维活动结合在一起，才是有效的数学学习活动。

3. 留给学生探索的时间与空间

从在一个单位时间设计一个教学活动的角度看，教材的编写和课堂教学的设计都是“选择的艺术”。教学目标的多元，也促使教师教学时更注重效率。没有充足的时间和空间做保障，有效的学习只能是空谈。因此，在教学探索规律的内容时，要留给学生更多的学习时间与空间，让学生在交流中分享发现规律的乐趣。

4. 倡导技术的支持

新课程重视新技术的应用。《标准》在第二学段明确要求所有学生应学会使用计算器处理复杂数据，并利用计算器探索规律，解决更为广泛的现实问题。将计算器引进数学学习中的利弊，理论的阐述总是支持较多，但难有实证性的研究让更多的人信服，从而投入实践。然而，利用计算器探索规律，得到了普遍的认同。因为，在探索规律的教学过程中，不仅仅是为了巩固学生的计算能力，重点在于让学生探索出计算背后的本质规律。

第二章

空间与图形

第一节　图形的认识

一、线与角

【目标分析】关于线与角部分，具体教学目标主要包括：认识平面图形中的角，了解角的各部分的名称；会辨认直角、锐角、钝角、周角、平角，并能直观区分角的大小关系；认识并能区分直线、线段和射线；了解两点确定一条直线；体会两点间所有连线线段最短，知道两点间的距离；了解直线、线段、射线和角在现实生活中的应用，体会它们的价值；经历观察、操作、分类、比较活动，发展观察能力，形成初步的空间观念。

（一）巧用学具，形象思维

——“角的度量”的教学

执教：北京第二实验小学　华应龙

1. 引入，产生量角的必要

（出示3个滑梯，角度不同，图略）

师：想滑哪个？

生：第3个，因为刺激。（第3个角度很大）

生：第1个矮一些，最后一个最高。

师：还有不同吗？

生：角有不同。

师：对，这些角有大有小。

师：那么滑滑梯的角度到底多大才合适呢？我们就需要量出角的大小。

生：可以用量角器量。

师：会量的举手。尝试用量角器量一量角2（第2个滑梯的角）多大。

（生独立尝试，方法不是很准确）

2. 认识量角器

师：我们先不去研究这个角到底有多少度，看到这个量角器这么复杂你们有什么问题吗？

生：两圈数字到底看哪圈数字？

生：角是尖尖的直直的，量角器怎么是圆圆的？

师：还有其他问题吗？（生思考）

生：外面一圈是干什么用的？

生：为什么左边是外圈大，右边是内圈大？

师：我们来讨论第二个同学的问题，量角器是用来量角的，能在量角器上找到角吗？

生：不能，因为那里虽然有一条是直的，但另外一条是弯的。

师：角是两条射线……

生：这里是一个直角（指向量角器的90度）。

师：同意吗？那么这个角的顶点在哪儿？我们可以用一个词来表达。

生：中心。

师：对，这个点我们就叫量角器的中心，这一条边是0，我们就叫它0度刻度线，另外一条呢？

生：90度刻度线。

师：90度还有个简单的写法——90°，这样简洁，来写一写。在纸量角器上画出一个90°的角。想一想，顶点在哪里？画长画短有关系吗？在第二个纸量角器上画一个60°的角，尽可能与同学画得不一样。

（展示两个作品——左右两边的角）

师：相同的60°，为什么大家画出来的不一样？

生：位置不一样。

生：边画的地方不同。

生：边长不同。

生：两条边所夹的角的方向不同。

师：对，也就是开口方向不同。我们还发现这个是外圈60°，而另一个是内圈60°。现在你们知道内圈和外圈有什么用了吗？

生：左边就读内圈，右边就读外圈。

师：说得真好，其实我们也可以不用去记左边右边，这里有一条0刻度线。我们知道0就是……对，就是表示开始，我们只要记住从0这里开始就可以了。在第3个纸量角器上画上1°的角。

生：这太难了。

师：太难了是吗？这里有没有标出1°呢？其实从边开始的一小格就是1°的角。能找到多少个1°的角？（生回答）

师：对，全世界都规定把一个半圆平均分成180°，每一份就是1°。感觉到1°的角很小很小对吧？在第4个纸量角器上画一个157°的角。

[师展示学生的作品：作品1：正确（简评）；作品2：一个23°的角]

生：这个角接近140°，不是接近160°。

生：应该从0°刻度线开始画，而他从180°开始画了。

师：有收获吗？有些问题是不是解决了？

3. 运用量角器

师：观察刚才画的4个角，有什么相同的地方吗？

生：顶点相同，还有一条相同的横线。

生：都是从0°刻度线开始画起。

师：你们从量角器中能看到什么？

生：看到180个1°的角。

生：有18个10°的角。

生：有14个蓝色的数字。

生：看到了两个直角。

师：我们已经有了一双数学的眼睛，有些同学画了就看到，不画就看不到。量一量角2是80°还是100°？（生同桌交流量法，后反馈）

生：要对准顶点，对准0刻度线。

师：那这个有什么问题吗？

生：没对准顶点。（生在认真校正）

师：那谁能说说量角的过程呢？

生：先对准顶点。

生：我有补充，应该看另一条边有多少度。

师：其实就是把量角器上角和要量的角重合在一起。

4. 练习

师：看看角3，比一比和角2一样大吗？去量一量。

生：一样大。

师：我们又证明了角的大小和边的长短无关。

师：量一量角 4（钝角），角 5，角 6（开口方向不一样）。

（师用简笔画出足球门、正在放的风筝）

师：说明射门角度的精准和风筝高度怎么量。

【感悟启发】本课是北师大版《义务教育课程标准实验教科书小学数学》四年级上册第 26～28 页“11～20 度角的度量”。许多教师教“角的度量”时，一节课下来，教师教得累，学生学得苦，而不少学生还不会量角，量角器都不知道怎么摆放。陶行知先生说：“先生的责任不在教，而在教学，而在教学生学。”“事怎样做就怎样学，怎样学就怎样教；教的法子要根据学的法子，学的法子要根据做的法子。”在上述案例中，华老师根据量角器的用法，不仅教学生认识量角器，还让学生理解了量角的本质。一句贴近学生“量角其实就是把量角器上的角重叠在要量的角上”的话一语点破量角的本质，为学生的量角操作提供表象支持，促进学生更顺畅地理解知识。这一课，情境创设（滑滑梯）和量角的生活应用（射门、放风筝）都不是华老师独有的，也不是他首创的，但华老师却能在他的课中很好地运用，他还通过让学生在“纸”的量角器上画角来沟通角和量角器的关系。学习都是建立在学生已有的知识经验之上，都是在学生主动探究中一步步完成的，华老师不是教知识，而是培养学生的数学素养，让孩子们一步步触及数学的灵魂。

（二）直观教学，感知本质

——“认识线段”的教学

执教：江苏淮安市实验小学　王乃红

1. 创设情境，导入新知

师：小朋友们，森林里的小动物们正在进行拔河比赛，我们去看看好吗？

生：好！

师：看，这是谁跟谁进行比赛？（多媒体显示小动物们拔河的场面）

生：这是小兔队跟小猫队、小狗队跟小猴队进行比赛。

师：你们是怎么看出来的？

生：小狗队和小猴队正在进行比赛，因为它们的绳子是直直的，只有两队用力拉，绳子才会是直的。

生：小兔队和小猫队的绳子是弯的，说明它们还没开始比赛。

师：说得真好！小狗和小猴两队之间这段直直的绳子就是我们今天要认识的新朋友——“线段”，大家愿意去研究它吗？（板书课题：认识线段）

2. 操作体验，探究新知

（1）操作体验，感知线段特征。

①感知线段的“直”。

师：小朋友们，看看你们桌子上的毛线是什么形状的？

生：弯的。

生：有点直，不是很直。

师：你们能想出方法，使它变得像小动物们正在拔河的绳子一样直吗？（生动手操作）谁来说说你是怎么使毛线变直的？

生：我们是两人合作拉的，即一人拉着毛线一头，毛线就直了。

生：我们是两只手抓着线的两头拉直的。

生：我是抓着毛线的一头把它提起来的。

师：哪种做法能使毛线变得很直呢？大家试一试，也可以在小组里讨论。谁来说一说？

生：两头都用手捏着用力拉的线很直。

师：说得很好。我们把这位同学两手之间的一条线叫做线段。

师：想一想，线段是什么样的？

生：直直的。（板书：直直的）

②感知线段的“端点”。

师：我们用手捏住毛线的两头拉紧后就得到了线段，两手捏住的地方，即线的两头就是线段的端点。（板书：端点）那么，线段有几个端点呢？

生：线段有两个端点。（板书：两个；同桌互指对方手中线段的两个端点）

③总结线段的特点。

师：同学们，现在你们知道线段有什么特点了吗？

生：线段是直直的，有两个端点。

（2）逐步引导，构建线段模型。

师：小朋友们，你们看老师手上拉的毛线是不是线段？

（师演示：横着拉、竖着拉、斜着拉）

……

【感悟启发】本课是苏教版《义务教育课程标准实验教科书小学数学》二年级上册第46～47页的“认识线段”。这是一节抽象的概念课，数学中的“起始概念”一般比较难教，如果不让学生利用生活经验去理解，很难达到预设的教学目标。王老师以儿童熟悉的动画情境为切入点，引出学习内容，不仅拉近了数学和生活的距离，而且引起了学生对线段的注意。通过“绳子是弯的还是直的，来判断是否开始比赛了”，把线段的本质属性融在情境里，学生兴趣盎然，很自然地进入了学习状态。在感知线段的开始时，王老师注重直观教学，通过动手拉毛线的活动，使学生在“曲”和“直”的比较中，初步认识线段“直”的特点，引导学生将操作活动中“两手捏住的地方”和“端点”形象地联系起来，化解了对概念“端点”的理解难度。在此基础上，教师再让学生用自己的语言描述线段的特征，学生通过观察、比较等活动，已经进行了积极思考，很容易就自主地构建起对线段的概念特征的认识了。

【小结】线段与角是比较抽象的概念，在落实此部分内容的教学目标时，要注意以下几个问题：

1. 利用学生已有的学习平面图形的知识经验，结合具体情境“找角”和“找线”，经历角和线的抽象过程。借助直观描述的方式说明线段的特征，让学生初步感知线段是“直”的，线段可以量出长度。

2. 借助三角板，通过丰富的变式，进行比较和分类，直观地认识各种角；抓住线段的特征，一方面辨认它们有无端点、有几个端点，另一方面要抓住其“有限长”的本质特征。

二、垂直与平行

【目标分析】关于垂直与平行这一部分，具体目标主要包括：联系实际生活情境，体会直线的相交与不相交；在情境中发现互相平行的两条直线的特点，能初步判断两条直线是否平行；知道两条相交直线确定一个点；能在老师的指导下探索和掌握用直尺、三角板画平行线的步骤和方法；经历观察、操作、想象的过程，形成平行线的表象，产生进一步学习和探索图形位置关系的兴趣，发展空间观念。

运用变式，深化认识

——“平行”的教学

执教：江苏启东市教育局教研室　蔡宏圣

师：孩子们，在我们的学习生活中经常遇到这样的情形（课件演示：两支铅笔从铅笔盒里掉在地上），发生了什么事情？

生：铅笔掉了下来。

师：请大家观察掉在地上的两支铅笔的位置，在今天的数学课上，老师相应地画成这样的两条直线（板书：两条直线），可以吗？（课件出示相应位置的两条直线）。

生（齐）：可以。

师：两支铅笔掉在地上，还可能是什么样子？你们也能像老师一样，把它们的位置关系画下来吗？动手之前，老师提几个要求：用水彩笔和直尺画在老师给大家的点子纸上；各种画法尽可能地不一样；给定的时间里，比比谁的画法多。（生交流，师用实物展示台展示一个同学的画法）

师：我们以这个同学的画法为例，一起来分析一下。老师刚才提了要求，各种画法尽量不一样。现在这几种画法中，真的就没有相同的画法吗？

（有的同学马上举起了手，有的同学直接喊了起来：不是）

师：哪几种画法是相同的？为什么？

生：第一种和第四种的画法是一样的，因为它们都有重合在一起的地方。

师：行。老师懂你的意思，就是两条直线有一个点是重合在一起的，也就是说，两条直线——

生：交叉在一起。

生：相交。

师：很好。刚才有同学说了一个很好的词：相交。（板书：相交）

（师在黑板上画形成“角”形状的两条直线，引导学生辨析它们是否相交）

师：（手指第三种画法）那这两条直线相交吗？

生（异口同声）：不相交。

师：（板书：不相交）我们的眼睛还没有看到相交那是肯定的，但不知把表示铅笔的线段所在的这两条直线画得长一些，是什么结果？

（有的同学情不自禁地用手沿着那两条直线比划着）

生：画长一些，会相交的。

师：从哪里看出来的？

生：那条直线斜过来了。

生：那条直线靠过来了。

师：哦，老师懂大家的意思。原来两条直线之间有这么宽（指着第三组直线的下半部分），现在这条直线向这条直线靠过来了，两条直线间靠得越来越近了，按照这个趋势，它们肯定会相交。哪个同学上台，用测量数据把大家刚才观察的结果表示出来？（生上台，用尺比划着直线，要测量两条直线的长度）

师：哪个同学来帮他，大致测量一下这两条直线间的宽度有什么变化？

（又上来一个学生，顺利测量了两条直线间的宽度）

师：看上去不相交的两条直线，画长一些实际上是相交的。照这样看来，这第二组的两条直线也是相交的。

生（多数）：不是。

师：怎么不是啊？哪个同学用测量的数据来说服我。

（生上台测量两条直线间的宽度，并说明：宽度没有变，两条直线一直隔着那么远，不会相交）

师：经过一番分析，看来画在点子纸上的两条直线或者相交，或者不相交。和你的同桌说说，你刚才的各种画法中，哪几组直线是相交的，哪几组直线是不相交的。（同桌间交流）

孩子们，数学与生活就是这样密不可分。刚才，我们借助掉在地上的两支铅笔，了解了画在一张白纸上的两条直线间的关系，一种是相交，另一种是不相交。数学上，我们把这样不相交的两条直线叫做相互平行。（板书：互相平行）其中一条直线叫做另一条直线的平行线。我们周围的世界就是图形和线条的世界。你们能从下面的图片中找出相互平行的直线吗？

[用课件出示图片：游泳池的隔离带、秋千的吊绳、地砖（两两平行的四条直线），利用“地砖图”，引导学生先找平行线，再找相交线]

师：加大难度。你们能在运动前后的图形中找到相互平行的直线吗？

（课件出示：三角形的小旗，先让小旗绕着小旗尖旋转，让学生找旋转前后的小旗是否有相互平行的直线）

师：一个物体运动，除了旋转，还可以怎样？

生：平移。

（顺着学生的回答，课件演示小旗“平移，这时，小旗晃动着移动”）

生：那不是平移，平移要一动不动地移。

师：哦，一动不动！也就是在移动过程中不能有晃动。那徒手让小旗“一动不动”地移动还真不容易。老师给要移动的小旗，像火车那样给它造一个轨道，这样移动就不会有晃动了。（课件演示：直尺靠上了小旗的旗杆，小旗沿着直尺移动）现在，你们能从平移前后的图形中找到平行线吗？（生边指边答）

师：我们是通过掉下的铅笔，认识了画在同一张白纸上的两条直线之间的关系。让我们还是回到这个话题上吧，如果掉下的铅笔一支掉在地上，一支掉在凳子上，那两支铅笔所在的直线还相交吗？（课件演示这样的情境）

生：不会。

师：为什么？

生：一支铅笔在上面，一支铅笔在下面。画长些，上面的还是在上面，下面的还是在下面。（一边说一边比划着）

师：嗯，真有想象力。有些同学可能还没明白，没关系。看到两支铅笔现在的位置关系，老师不由得想到了立交桥（课件出示一幅立交桥的图片），有些汽车在地面上行驶，有些汽车在立交桥面上行驶，这正如同一支铅笔掉在地上，一支掉在凳子上。好，我们现在做个模拟实验，用一个手指演示下面路面上汽车的行驶路线，另一个手指演示上面路面上汽车的行驶路线，从不同的方向开来，结果会怎样？（生用手指演示）

师：现在要到交叉路口了，两辆汽车行驶的路线为什么不相交？

生：一个在上面，一个在下面。

生：它们不在一起。

师：这样从数学的角度很自然地引出了一个话题，像这样的两条直线不相交（课件出示：上下交错的两个色块，每个色块中有一条直线，表示异面的直线），是因为——

生：一条直线在上面，一条直线在下面。

师：对，用数学上的说法，叫做“不在同一平面内”。那相互平行的两条直线不相交，难道也是因为不在同一平面内吗？（课件出示前面几幅图中的平行线，并用一个色块作背景）

生：不是，它们是在一起的。

师：看来，判断两条直线是不是平行线，还有一个很重要的前提条件，那就是首先要判断两条直线是不是在“同一平面内”（板书：同一平面内）。

（根据教室里的情况，引导学生判断异面的直线是否平行，并说说为什么）

师：学到这里，大家对同一平面上两条直线之间的关系理解得很透彻了。但学习数学不仅要会观察、善思考，而且还要能动手做。你们能画平行线吗？实际上，很多同学在课的一开始，就已经会画不相交的两条直线了，只不过那时还不知道那叫平行线。下面的操作，老师提高要求：一边画，一边总结画平行线你用了哪几步？（生试画，绝大多数学生徒手移动直尺，有几个学生用两把尺比划着）

师：说说，你们是怎样画一组平行线的？

生：先画一条直线，然后再画一条。

师：（随生回答，板书：画一条直线再画一条直线，手指板书）那你们在这两步之间就没有做什么吗？

生：把尺这样。（生边说边移动尺）

师：哪个同学帮助他表达？

生：移动。

生：平移。

师：（随学生回答，板书：移）唉，老师刚才听到有同学这样说：要平移！那非要平移吗？为什么？

生：不平移的话，直线就会画斜的。

师：那怎么才能保证直尺是平移？

生：我会。（生上台演示：先用直尺画了一条直线，然后用另一把直尺靠在这把尺的上面，并沿着直线延长的方向移动，最后沿着这把移动直尺的另一条边画了另一条直线）

师：第一个来尝试平移的，迈出了伟大的第一步。不过，对他的平移，你们有什么想说的吗？（生皱着眉，琢磨着）

生：他那个尺放在那里不动，靠着尺在上面画一条直线，再在下面画一条直线，也可以的。

师：对，这个同学讲到点子上了。看来搞清移动哪把直尺还是很重要的，大家看，画的第一条直线是横平的，那和它平行的另一条直线或者在它上面，或者在它下面，也就是说要把画直线的尺上下平移，哪个同学给这把直尺找到平移的轨道了？（生上台正确地演示）

师：很好，要在画直线时直尺移动的方向上造轨道。现在，大家能用这样的方法画平行线吗？（生尝试，并交流还有什么为难之处，或者要注意的地方）

师：课的最后一起来个“智力大冲浪”，敢不敢？

[出示并完成练习：想想、摆摆、填填（也可以摆摆、画画，想想，填填）

第 1 根小棒和第 2 根小棒平行，第 3 根小棒和第 2 根小棒平行，那第 1 根和第 3 根小棒（　）。

第 1 根小棒和第 2 根小棒平行，第 3 根小棒和第 2 根小棒相交，那第 1 根和第 3 根小棒（　）。

先摆一组平行线，再在不同方向上又摆一组平行线，可能会摆成（　）图形，摆成的这些图形有什么共同之处，不能摆出哪些四边形？]

【感悟启发】本课是苏教版《义务教育课程标准实验教科书小学数学》四年级上第 39～40 页的“平行”。教材从两条直线的相交、不相交，引出平行的定义。学生的学习活动要以理解这两种位置关系为重点，在理解的基础上，用各种方法画出互相平行、互相垂直的直线，并通过这些活动，体会平行线和垂直线的一些特性。学生可能会对“同一平面”以及“两条直线的两种位置关系”的理解存在一定困难。在上述的教学活动中，蔡老师采用了变式和反例，在知识与知识间架起了多座桥梁，转化了引导的方向和问题——“探索两条直线之间的宽度”“在旋转、平移前后的图形中找平行线”“怎样给移动的三角板造‘轨道’”，使得学生在原有的知识经验上组织起恰当的认知结构，先同中求异，再异中趋同，认识起图形来反而变得轻松快乐。教师还引导学生认识到用三角板画平行线时，要保证两条直线间的宽度不变，三角板就要平移，徒手平移就要有“轨道”。这样，画平行线的技能就转化为了怎样给移动的三角板造“轨道”，为培养学生画图技能提供有力的支撑。

让小学生根据概括的特征来判别图形，是以思维为主的间接的认识水平，比直观认识水平还高一级，原本这样的认识图形活动对于小学生来说是不容易的。但是，蔡老师用两根铅笔表示两条直线在同一平面上位置的变化过程：重合——任意相交——垂直——暂不相交——平行，利用几何要素的运动变化引导学生发现各种图形之间的异同，有利于他们辩证地了解图形之间的关系，在提高学生观察的精确性方面是颇有价值的。

【小结】平行的概念相对于小学生来说，是比较抽象的，学生很难在现实生活中观察到它的全貌，它存在于人们的想象之中。教师在教学时，除了要把教学目标定得合适一些外，还应该留意以下几个问题：

可适当运用变式突出“平行”的本质属性，不宜用一些抽象的表述让学生判断、辨析。可组织学生画平行线，加深对其概念本质特征的认识，但不宜要求学生完整地表述画的步骤和方法，也不宜将画平行线作为考查要求。教师可让学生通过观察实际场景，抽象出体现两条直线位置关系的直观图形，根据两条直线是否相交进行分类，揭示平行的含义，更需要通过举例，加深学生对概念的理解。可充分利用现实生活中与直线、线段、射线和角有关的现象，引导学生观察并应用相关知识描述实际生活中相应的事实和现象。画图有利于发展学生对几何形体的再创性想象，促进学生对几何形体的掌握，可以引导学生用直尺、三角板画平行线。

三、平面图形

【目标分析】关于平面图形这一部分，具体教学目标主要包括：认识长方形、正方形、三角形、平行四边形、圆等简单图形，体会“面在体上”；了解这些平面图形在生活中的普遍存在，初步感受数学与实际生活的联系；能用自己的语言描述长方形、正方形、平行四边形、梯形的特征；能够按要求在方格纸上画长方形和正方形；认识直角三角形、锐角三角形、钝角三角形以及等腰三角形、等边三角形的特点，并能正确区分；感受三角形的稳定性特征；探索、发现三角形任意两边之和大于第三边的特征；了解三角形的内角和等于180°，并能解决一些简单问题；认识三角形的底和高，知道三角形的底和高实际是一组互相垂直的线段；认识平行四边形、梯形各部分的名称；了解梯形、平行四边形与长方形、正方形的关系；掌握圆的基本特征，认识半径、直径；理解半径与直径的关系；会用圆规画指定大小的圆，体会圆心和半径的作用；会用长方形、正方形、三角形、平行四边形或圆拼图；会欣赏用基本图形构成的美丽图案，体会图形排列的规律，培养审美意识；在学习活动中积累对数学的兴趣，获得初步的研究图形的经验，建立初步的空间观念，培养动手操作能力。

（一）明确方向，有效探索

——“三角形分类”的教学

执教：辽宁省本溪市明山区东胜小学　孙云

1. 课题引入

师：同学们，生活中你们在哪里见过三角形？

生：在好多地方都见过，比方说三角板、红领巾。

生：还有一些不容易看见的三角形，比如，它隐藏在一个正方形之内，把正方形斜着对折就会变成三角形。

师：老师也发现了一些藏着三角形的景物图片，我们一起来找找看。

（投影出示一些带有三角形景物的图片，生用手比划发现的三角形）

师：看到这么多三角形，你们有什么感觉？

生：我有点迷糊，怎么有这么多的三角形？

生：我有点吃惊，我以前想象到的三角形比这要少很多很多！

生：三角形的种类可真多啊！

师：有这么多不同种类的三角形，这节课我们就来给三角形分类。（板书课题：三角形分类）

2. 引发思考

师：老师选择了一些屏幕上出现的三角形放在材料袋里，请同学们给它们分分类，在操作之前我们来看看提示（投影出示）：

A. 你准备按什么标准来进行分类？

B. 可以把它们分成几类？

C. 每类三角形都有什么特点？

请同学们先自己思考一下，然后再小组讨论讨论，接着进行分类。

3. 动手操作

（学生以小组为单位进行分类，教师参与到学生的分类活动中）

师：老师发现有的小组很快就分好了，你们还能再尝试用别的方法来分类吗？（生尝试按照不同的分类方法进行分类）

4. 讨论分类

师：现在哪一组同学愿意为大家展示一下呢？先告诉大家你们是按什么标准来分类的。

生：我们组是按角分的。

师：共分成几类？

生：分了三类。

师：为了便于说明，请把你们组的分类结果贴到黑板上来好吗？

（生将手中的三角形按角分类贴到黑板上，师板书：按角分）

师：还有别的分类标准吗？

生：我们是按边分的。

师：分成几类？请把你们组的分类结果也贴到黑板上。

（另一组学生将手中的三角形按边分类贴到黑板上，师板书：按边分）

师：下面的同学，除了按角分和按边分还有别的标准吗？

生：没有了。

师：请下面的同学认真观察，看看他们和你们分得一样吗？按角分的同学能不能说说你们这样分类的理由或想法？

生：只要有一个角是直角的就分到一起，有一个角是钝角的分到一起，三个角都是锐角的分到一起。

师：其他按角分的同学，觉得他们理由充分吗？

生：充分。

师：按边分的同学，说说你们是怎样思考的。

生：我们是按照三条边相不相等来分的。这一行三条边都相等就分到一类，只有两条边相等的分到第二类，三条边都不相等的分到最后一类。

【感悟启发】本课是北师大版《义务教育课程标准实验教科书小学数学》四年级下册第 27～29 页的“三角形分类”。理清三角形的分类标准对学生来说是一个难点。上述教学案例中，教师没有直接引导学生进行两种分类——“按角分”和“按边分”，而是在学生分类操作之前设计了三点提示，这三点提示指向性强，为学生自主探索指明了方向，减少了学生在自主探究过程中的盲目。这三点提示又恰到好处，有效地解决了让学生自己制订标准去分类这一难点。在提出要给三角形分类后，教师先让学生思考分类的标准，然后把时间放在动手操作上。有了探究的方向与时间，学生就能聚焦于问题的研究，充分表达自己的想法，相互补充，在思维碰撞中提高自我。《标准》所倡导的“生本”思想，也正如孙老师这样，让学生亲历“做数学”的过程。

（二）观察比较，形象认识

——“四边形”的教学

执教：福建省厦门实验小学　刘胜峰

1. 联系生活，引出课题

师：同学们，从这幅照片里，找出你们认识的图形。（出示学校正门厅的照片）

生：我找到展板上的照片是长方形。

生：我发现展板顶上有梯形。

生：玻璃上有三角形和八边形。

……

师：这张照片只是拍到学校的一个角落，大家就找出这么多的图形，如果按这样推算下去，整个校园里藏着的图形数也数不完。这节课我们就来认识这些图形中的一种——四边形。(板书课题)

2. 讨论交流，发现特征

师：每个小组都有一个信封，大家抽出是四边形的图形。

生：是四边形的有10号，11号，14号。

生：4号也是四边形。

师：为什么说4号也是四边形?

生：四边形，就是有4条边，4个角。(师板书：4条边，4个角)

师：其他同学有不同意见吗?

生：7号图形，也有4条边，为什么不选呢?

生：它的边是弯的，没有4个角，而四边形是4条边和4个角。

师：告诉同学们，哪个不属于“角”?

生：(指着不是角的地方) 有一个顶点和一条直边、一条弯边，这个不是角。

生：我有一个问题，为什么12号有四条直直的边，而它不是呢?

生：我们说的四边形是一个图形，是一个平面。

师：四边形是一个平面图形。(板书)

生：这个正方体可能有6个面。

师：它的每个面是——

生：正方形，有6个四边形。

师：从刚才同学的讨论中，我们知道这些四边形有什么特点呢?

生：有4条边，4个角。

3. 辨析练习，加深对图形特征的理解

(1) 辨析月牙形图形。

师：请用手势来判断它是不是四边形。

生：它的边是弯的。

生：它没有4个角，只有2个角。

(2) 辨析特殊四边形。

师：判断这个是不是四边形……为什么它不是四边形？

生：它没有4条边，没有4个角，其中1条边是弯的。

生：我认为是四边形，它有4个角，其中1个角不像我们学过的角，但它也是角。

生：我认为它是四边形，它有4条边。（师课件演示4条边，生一起数）

师：这个角是钝角，也是一种角。

4. 举例发现，感受知识与生活的联系

师：咱们教室里有四边形吗？大家一起来找一找教室里有哪些物体表面的形状是四边形。

生：这个桌面是四边形，这是它的边，这是它的角。（边说边指）

生：门框是四边形。

……

生：我发现投影布上的投像是梯形，和它们不一样的四边形。

师：你观察得真仔细，真了不起。不仅教室里有四边形，其实生活中有很多四边形，拿出你们课前收集的生活中的图片，和你最近的小伙伴说一说，有哪些物体的表面形状是四边形。（生交流）

5. 应用知识，发展能力

(1) 分类练习。

师：四边形的家族里有很多成员，你们知道它们都叫什么名字吗？

生：长方形、正方形。

生：我知道这个四边形叫梯形。

……

师：这些图形都有4条边和4个角，是四边形，但它们的边和角都有自己的特色。那么小组里每个成员选一个图形，说说它的特点，然后在小组里交流，最后再选一个代表来发言。

生：我说长方形和正方形，长方形对边相等，四个角都是直角；正方形每条边都一样长，4个角也是直角。

生：梯形，上下不一样长，左右一样长。

生：菱形4条边都一样长，有锐角和钝角。

生：平行四边形，上下一样长，左右一样长，有锐角和钝角。

师：你们观察得都很仔细，请你们把这些图形分一分类，看哪些四边形能分一组，小组合作，比一比哪个组分类的方法多。

生1：我把正方形和长方形放在一起，菱形、平行四边形、梯形放一起。因为长方形和正方形都是4个直角，而其他图形都有钝角和锐角。

师：那你是按什么标准来分的？

生：角。

生：我按照形状来分，把正方形、长方形、菱形放一起，梯形自己一个，平行四边形自己一个，因为正方形、长方形、菱形都是两次对称的，梯形只有一次对称，平行四边形不管怎样折都不能对称。

师：那你就是根据对称不对称来分。

生：我把正方形和菱形放一起，把平行四边形和长方形放一起，梯形自己一个。因为正方形和菱形的边都一样长；平行四边形跟长方形都是上下边一样长，左右边一样长；梯形上下不一样长，左右一样长。

师：你这样分，是按照什么标准呢？同学们你们知道吗？

生：按照边来分的。

(2) 猜猜图形的演变。

(用课件演示正方形、长方形、平行四边形、梯形、菱形、任意四边形的演变，让学生边看边猜一猜下一次将会变成什么图形)

师：这些四边形，有着很有趣的关系，如果老师拿把剪刀从正方形的中间剪一条，你们猜会出现什么图形呢？

生：长方形。

……

(3) 剪一剪。

师：大家来剪一个自己喜欢的四边形，不过在剪前，要先想想怎么剪。

生：我可以先用笔和尺子画好再剪。

生：我可以用折的方法来剪。

……

【感悟启发】本课是人教版《义务教育课程标准实验教科书小学数学》三年级上册第34～36页的“四边形”。几何初步知识中关于几何图形的特征、性质，对于小学生来讲，相对比较抽象。在以往的知识当中，学生只对各种图形有所认识，而对什么是四边形还不是很清楚，三年级的学生对事物的观察、比较能力较弱，要正确地说出四边形的分类标准也是不容易的。因此，刘老师根据学生的年龄特点，拟定三个教学目标：初步感知四边形的特点，能区分和辨认四边形；通过多种活动，培养学生观察比较和概括抽象的能力以及动手操作能力；感受生活中的四边形无处不在，进一步激发学生的学习兴趣。

学生生活的世界和所接触的事物大都和空间与图形有关，他们的生活经验是发展空间观念的宝贵资源。在课堂教学活动中，刘老师一开始就让学生观察本学校的正门厅照片，找出自己认识的图形，接着提供丰富的直观材料，让学生通过观察、比较，抽象出四边形的共同特点，使学生对四边形有鲜明、生动和形象的认识，从而也进一步认识了长方形、正方形。在学生感性认识的基础上，刘老师创设了有效的合作交流平台，学生有充分的时间和空间表达自己对不同四边形的理解，同伴之间能够互帮互助，取长补短，针对问题可以展开辩论，在辩论中生成新的知识。刘老师面对学生高度热情地质疑追问，“12 号图也有四条边，为什么你不选它呢”“它没有角”“它的边是弯的”“为什么 13 号有角，也有直边，你不选呢”……不是惊慌失措，也不是赶忙将话题强行引到自己预定的教学思路，而是让每一位“问者和答者”都畅达而平和地表达自己的观点，理性而辩证地看待别人的观点，在比较中修正自己的认识。刘老师依据问题与学习目标的相关程度，依据问题对学生的影响程度灵活地组织学生讨论交流，把学生的差异认识变成课堂教学最有价值的教育资源。

【小结】平面图形的教学，内容多而细，教学时要注意以下几个问题：

1. 多给学生具体直观的认识素材，多让学生经历操作的过程。通过摸、看、描（印）等，得到几何体上的面，让学生经历在具体情境中抽象出平面图形的过程，使学生体会到“面在体上”；通过图形对比、分类等活动，帮助学生直观认识长方形、正方形和圆、三角形等几种最常见的平面图形；通过拼、摆、画等，使学生直观感受各种图形的特征；通过量、折、拼等方法探索长方形、正方形的边和角的特征，帮助学生积累数学活动的经验；通过选一选、摆一摆、想一想、议一议等活动，引导学生观察、比较、分析三角形 3 条边的关系；通过动手尝试画圆，在操作中提高操作工具（圆规）的熟练程度，体会圆规两脚在画圆时的作用，体会圆心和半径的作用……

2. 让学生联系生活中的实例，列举面是长方形、正方形、圆、三角形、平行四边形等平面图形的物体，了解三角形的稳定性在实际生活中的广泛应用。一方面了解这些图形在日常生活中的应用，体会到数学的应用价值；另一方面激发学生的学习积极性，培养在生活中观察和探究数学现象的意识和能力。

3. 在教学图形的分类时要注意捕捉学生的不同划分标准，充分利用课堂资源进行有效引导；尽可能让学生经历“问题——猜测——验证——结论”的探究过程，根据实例，让学生明确每个图形的具体特征，鼓励学生用自己的语言概括图形的特征。

4. 遵循“感知——操作——表象”的认知建构规律，可设计一些开放性的操作活动和开放的、有梯度的习题，让学生经历观察、猜测、操作（量、折）等活动，了解半径与直径之间的关系等知识。

5. 通过“图片欣赏”“动手设计”等活动，进一步了解图形的变化规律，感受几何图形的美、数学的美。

四、立体图形

【目标分析】关于立体图形部分，具体教学目标主要包括：能认识长方体、正方体、圆柱、球，知道这些简单几何体的名称并能加以识别；知道长方体、正方体、圆柱、圆锥各部分的名称，了解其基本特征；知道长方体、正方体、圆柱的展开图，初步体会“点、线、面、体”之间的关系；学会物品分类，初步建立分类的思想；经历研究图形的过程，积累研究图形的方法和经验；形成初步的观察、想象和语言表达能力，形成初步的主动探索精神和合作交流意识。

（一）脑中有图，见图联形

——“展开与折叠”的教学

执教：中国人民大学附属小学　钱守旺

1. 回顾特征

师：请同学们对照自己手中的纸盒说一说长方体和正方体的特征。

生：长方体和正方体都有 6 个面，8 个顶点，12 条棱。

生：它们的对面都相等。

生：长方体的 12 条棱长，可以分成 3 组，每一组中有 4 条相等。正方体的 12 条棱长都相等。

生：正方体的 6 个面都相等。

生：长方体的长、宽、高相交于一个顶点。

2. 认识长方体的展开图

（教师让学生把手中的长方体纸盒剪开，去掉多余部分，观察展开后的形

状，指出这就是长方体纸盒的展开图）

评析：日常生活中的包装盒一般两端都是可以打开的，这样的盒子学生剪起来比较容易，出现的结果基本上属于“一四一”的排列形式，学生容易理解。

师：请大家把长方体纸盒的展开图还原、展开、再还原、再展开，这样反复做几次。（生根据师的语言描述进行操作）

假如有一个摄像机把你刚才的操作过程拍摄下来，闭上眼睛想象一下，会是怎样的？

生：可以成为动漫片了。

生：有几个图形是固定连在一起的。

3. 认识正方体的展开图

（学生拿出课前教师发的正方体纸盒）

师：大家想象一下，把这个正方体纸盒展开，6个面的排列会是什么样的？（生想象）

生：6个面都相等。

生：6个面不可能一字排开。

生：有可能是两个面在左右边，像翅膀一样。

师：请你们用6个小正方形摆一摆。（生用小正方形摆出图形）

评析：让学生用6个小正方形摆一摆，而不是在本子上直接画出来，一是可以降低学习的难度，二是便于学生随着自己思路的变化对图形进行灵活调整。

（教师让学生把小正方体纸盒剪开验证自己的猜想是否正确，让他们展示自己的展开图，并进行适当的归类，学生汇报自己的研究成果——由于剪的方法不同，展开图的形状也不同）

师：关于正方体的展开图，你们有什么问题要问吗？

生：展开前与展开后有什么关系呢？

生：正方体的展开图到底有几种情况呢？

生：为什么要展开？

……

（师播放课件介绍不同的正方体展开图，生发现正方体展开图内在的规律——“一四一”的排列方式）

评析：学生先看图想象，然后通过操作学具进行验证，再组织学生交流，进行必要的方法指导。

4. 巩固练习

(1) 下面图形中，哪些是正方体的展开图？[（新世纪版五年级下册）第16页“做一做”第1题]

（生先看图进行思考、想象，并把结果写下来，师组织全班同学交流）

生：第③、④、⑥是正方体的展开图。

师：怎么才能确定我们的选择是正确的呢？

生：验证看看。

师：那请大家利用手中的学具摆一摆，验证看看。（生利用手中的学具进行验证）

(2) 下面哪些图形沿虚线折叠后能围成长方体？（第16页“做一做”第2题）

(3) 下面是一个正方体的展开图，请你指出与1号、2号、3号面相对的各是几号面。（第17页“练一练”第1题）

5. 拓展提高

师：在下图中找出5个小方格，并将它们涂上颜色，使这5个小方格可以折成一个没有盖的小正方体。（师出示5×3的方格图，生在正方体上画）

师：有一个正方体，上面有一只小虫子，B点有一些蜂蜜，小虫子要想吃到蜂蜜，你们能帮助它设计一条最短路线吗？（生发言后，师指出，既然“平面内两点之间直线最短”，我们可以把正方体展开再寻找两点之间的距离）

（生独立完成后，师展示学生作品，请学生讲一讲自己是怎样想的）

【感悟启发】本课是新世纪版《义务教育课程标准实验教科书小学数学》五年级下册第16～17页的“展开与折叠”。在教学中，遇到正方体和长方体的展开图时，许多教师总是觉得不知道怎样把自己头脑中出现的形体描述给学生听，而学生也无法想象一幅展开图能否围成正方体或长方体。在上面案例中，教师组织学生回顾长方体和正方体的特征——认识长方体纸盒的展开图——在脑子里想象长方体纸盒展开与折叠的过程——探究正方体纸盒的展开图——巩固练习。学生有了一定数量的直观材料积累，按照直观——表象——抽象的步骤推进，更加符合学生的认知特点和思维特点。

近年来的实验研究表明，小学生的数学思维是逐步发展的，低年级学生更多的是具体形象思维占据主导地位。随着年龄的增长，知识的积累，到了中年级，学生的具体形象思维和抽象逻辑思维都在发展，但是抽象逻辑思维发展起着主导作用，发展得更加迅速，所占的比重更大，意义更加深远。正因如此，中高年级学生才逐步学会区分概念中本质的内容和非本质的内容，主要的内容和次要的内容，学会掌握初步的科学定义。然而，即使到了五六年级，学生仍然不能像成人那样完全依托抽象的数学概念进行思维，他们往往要以具体的表象作为认识的支柱，思维仍具有很大成分的具体形象性。认识长方体与正方体的展开图，这部分内容对学生的空间观念要求比较高，有些学生会感到困难。在上述教学中，钱老师首先通过把长方体、正方体盒子剪开得到平面图形的活动，引导学生直观认识长方体和正方体的展开图，处理好具体与抽象的关系，有利于学生思维的发展。其次，他利用“摆正方形”这个可操作材料，让学生体会展开图与长方体、正方体的联系，辅助学生从具体上升到抽象。钱老师还借助图像直观、语言直观等，帮助学生形成直观形象，鼓励学生想象，在教学过程中注意做到“脑中有图”“见图联形”，帮助学生提高协调处理具体与抽象的思维能力，提高思维的深度。

（二）给足空间，做中探究

——“长方体的认识”的教学

执教：江苏常州钟楼区教研室　卫建政

1. 摸出来的精彩

师：这节课老师给大家带来一个魔袋，里面有很多的物体。你们能从中摆出一个长方体吗？（生上台摆）对吗？你们想不想摆？在你们身边都有一个魔袋，请你们组内的成员都摸摸，要求摸出长方体。（生动手摸，一会儿，不少学生摸到长方体了）

师：不错，摸得还真快，感觉还真灵。请同学们把摸到的长方体的物体高高举起。你们能不能把你的感觉或是成功的经验，给大家说一说？

生：我感觉它的6个面都是长方形，对边都是相等的。

生：我摸的时候，有8个角。

生：我还有发现，有4面是窄的，有2面是宽的。

师：同学们分别是从面、角、边来感觉，所以一摸就成功。他们摸的时候这些感觉，换句话说，就是抓住了长方体的某些特征。那长方体有哪些特征呢？通过这节课的学习，大家就明白了。

2. 做出来的精彩

师：我给大家准备一些材料，用这些材料加上你们的巧手，你们就可以做出一个或是两个长方体，要做得又快又好。制作材料有方形纸板、萝卜、养料小棒、插口、刀、刀板、透明胶等。制作时，小组合作，边观察，边制作，边读书，边修正，并讨论组织汇报的语言，力求准确精彩。展示时，介绍制作所用的材料、方法及你们的发现。(生动手操作)

3. 说出来的精彩

师：刚才同学做得非常非常投入，你们一定想把你们的成果展示出来。

生：用萝卜切出一个长方体。

师：做出这个长方体至少要切几刀?

生：切6刀。

师：切6刀是因为长方体有——

生：6个面。

师：是不是6刀一定能切出一个长方体呢?

生：不能，因为切歪时，需要修正。

师：做得很好，说得也很好，边做边思考。

师：除了切的，还有其他的吗?

生：我们用插的方法，插出一个长方体。我们用12根小棒，8个插口。

师：12根小棒是3种颜色，每一种颜色的小棒长度都相等，用插的方法研究时这12根小棒不是任意12根小棒，分为3组，这3组的长度分别相等。

生：我们用6个长方形纸片贴成一个立体的长方体。

师：用6个长方形围成一个长方体? 6个长方形一定会围成一个长方体吗? 其他同学呢? 说说看。

生：我觉得对边的两条线段要都平行且相等的话，对面也可平行地贴上去。

师：用6个长方形围成一个长方体，对这6个长方形有特殊的要求。三对长方形，一对是两个。这两个长方形是怎样的呢?

生：完全一样，也就是完全相等。

师：三组完全相等的长方形就一定能围成长方体吗?(出示插的长方体)

师：在长方体中，这些小棒叫做什么?

生：叫做边。

生：我觉得说的是棱。

师：说说你对棱的认识。

生：3个棱就组成一个角。

生：两个面相交的边就是棱。（指一指棱）

师：我们可以将4组相等的棱也叫做相对的棱，有8个插口，叫做——

生：角。

师：在数学中，这叫顶点。在你做的长方体中指一条棱，说一说它是由哪两个面组成的。（生动手摸一摸）

4.“画”出来的精彩

师：（出示光盘盒）它是一个长方体。用数学的方法研究它的话，相交于一点的三条棱，又叫长、宽、高。（标出长、宽、高，移一下这个图形，将长缩短成与宽一样长，变成了另一个长方体）

师：它还是长方体？

生：是。

师：说说你们为什么说它是长方体？

生：因为它与长方体一样，也有6个面，还有其他条件与长方体都一样。只是它的长与宽一样，是一个特殊的长方体。

师：它的6个面有些特殊，怎么特殊？

生：在6个面中，有2个正方形。

师：这种是长方体中比较特殊的情况。把高缩短，缩得与长一样长，现在的图形还是长方体吗？

生：是。

生：不是。

师：说说看。

生：它6个面都是正方形，它应该是正方体。

生：可是我觉得，正方形是一种特殊长方形，所以我认为正方体也是一种特殊的长方体。

师：这个图形真像同学所说，它是一个长方体。长方体与正方体有什么关系，下节课我们一起来研究。（出示一个绕转的长方体）

师：如果这么放，它与生活中的什么物体很相似？

生：像块砖。

生：像铅笔盒。

生：像讲台。

生：像一台空调。

师：如果这样放，又可以把它想象成——

生：一扇门。

生：大楼。

生：一台冰箱。

师：如果展开我们丰富的想象，你把它想成什么，它就是什么。同学们想过这个问题吗？

5. 玩出来的精彩

（教师准备了一些长方体的盒子，一些乒乓球，让学生比赛看谁把这些物品堆得最高，堆得最多；学生在堆长方体盒子的过程中出现了不同情况，有的把最大的面相叠，有的把最小的面相叠）

师：你们认为怎样叠放最稳定又可以堆得多？

（生讨论，认为用最大的面叠放最稳定，可以堆得多；生在堆乒乓球时遇到困难）

师：如果把这些球堆起来，有办法吗？

生：我认为上面再叠一层。

生：把乒乓球放盒子里面就可以了。

生：可以把长方体盒子的高再变长，可以多装一些球。

……

师：今天这堂课研究了长方体。用今天学习的知识，下课自己再研究一下好吗？

【感悟启发】本课是苏教版《义务教育课程标准实验教科书小学数学》五年级下册第 3～4 页“长方体的认识”。在上述案例中，卫老师组织学生“摸——做——说——画——玩”，摸长方体的活动充分激活了学生的感知，把学生的日常生活经验与对长方体的零星认识有机地结合在一起，为新知识的学习搭建了一个有效的平台；做长方体的过程实际就是把学生的直观感知、生活经验充分糅合，在做中观察、模仿、探究、发现，是一个把实物、模型、表象三者有机结合的建构过程；学生说面、边、顶点、棱的概念与特征，在教师机智的提问引导下，不仅发现了它们的本质特征，还了解了它们之间的联系与区别，这又是一个从内部语言向外部语言的转化，由感性认识上升为理性认识的过程。当学生经历了实物——模型——图形——变式的认识过程后，教师又让学生“画”（想象）、“玩”（堆物体），在图形位置变化、特征增加的变化中，丰富了对长方体的认识。

【小结】认识立体图形的教学，应遵循先整体后局部、先直观后抽象的原则，充分利用立体图形实物、模型、图片等资源，先通过直观感知，再抽象有关特征，然后应用有关知识解决实际问题，使学生整体认识立体图形及其相互之间的关系，初步掌握学习方法。教学时要注意以下几个问题：

1. 呈现给学生认识的素材应包含日常生活中常见的物体，既联系生活，又可引导学生认识实际物体与立体图形的联系，从而逐步过渡到立体图形的认识，建立初步的空间观念。

2. 加强直观演示，充分利用教材资源，引导学生操作、观察、想象、判断，把展开图与立体图形联系起来思考交流，把握图形的相对位置关系，逐步发展空间观念。让学生对几何体实物“看一看”“摸一摸”，猜想展开图的形状，并操作和验证猜想，直观感受几何体展开图的形状。多提供操作机会，让学生通过“滚一滚”“推一推”“搭一搭”“摸一摸”“画一画”等活动，用表格记录、整理几何体的基本特征，并用自己的语言描述它们的异同点，明确它们的联系与区别，加深认识。

3. 充分调动学生已有的对立体图形特征认识的经验，认识新的几何体的特征；引导学生通过经历研究图形的过程，积累研究图形的方法和经验，发展学生的思维能力；引导学生总结交流学习的过程与方法，积累学生的数学活动经验。

4. 让学生经历由平面图形经过旋转形成几何体的过程。可让学生准备相关的平面图形的图片，进行水平旋转，通过操作直观认识“从面到体”的形成过程，培养其空间想象能力。

第二节　图形与测量

一、长度单位

【目标分析】关于长度单位这一部分，具体教学目标主要包括：了解测量方法的多样性，初步体会建立统一测量单位的必要性，知道长度单位的作用；体会千米、米、厘米的含义，理解分米、毫米，初步感受数学与生活的联系，初步培养观察、操作和推理能力；知道常用的长度单位间的关系，会进行长度单位间的简单换算，会恰当地选择使用长度单位；学会用尺子量和画线段的长度（限整厘米），会用尺子测量物体的长度（限整厘米）；初步学会估计与测量物体的长度，在估计、测量活动中培养估测意识。

（一）优化结构，把握重点

——“厘米的认识”的教学

执教：河南省濮阳市实验小学　张丽霞

1. 创设情境，体会统一长度单位的必要性

师：同学们，你们喜欢听故事吗？

生：喜欢。

师：今天老师就满足你们的心愿！请看大屏幕。（播放动画：从前，有个叫阿福的人，他想做一件新上衣，于是，来到一家裁缝店。师傅说：“欢迎，欢迎，我来给你量一量，徒弟，你来记！一拃、两拃、三拃，身长三拃；袖长……”量完之后，师傅有事要出门，就让徒弟来做。徒弟边做边量：身长三拃，一拃、两拃、三拃……过了两天，阿福高高兴兴地来取新上衣，穿上一看：“啊！这衣服太小了！”师傅连忙走过来，量了量阿福的新上衣，然后对徒弟说：“告诉你身长三拃，怎么做成了两拃？”徒弟怎么也想不明白：这是怎么回事呢？）

师：是呀！这究竟是怎么回事呢？把你想的说给同桌听。

生：徒弟没有认真做。

生：徒弟没有用尺子量。

生：师傅的手大，徒弟的手小。

师：同学们真会动脑筋！我们看书上的同学是怎么说的。

（出示女孩说的话，生齐读，他俩的拃不一样长）

师：看来她和我们的想法是一致的。再看小男孩是怎么说的，一起读男孩的话——用同一个人的拃量就好了。

师：读后你们知道了什么？

生：用师傅的拃量师傅做，用徒弟的拃量徒弟做，就好了。

师：是呀，这样做阿福就能穿上合适的新衣服了。

2. 自主学习，合作交流

(1) 认识尺子。

①初步感知。

师：小博士又告诉我们什么呢？请看（出示小博士的图案和文字：测量物体的长度通常用尺子）

师：一起读！通过读，你们知道了什么？

生：测量物体的长度通常用尺子。

师：这儿就有一幅放大的尺子图。（出示尺子图）认真观察：尺子上都有什么？（小组内说一说）

②小组汇报交流，梳理总结。

生：有数。

师：有哪些数？一起读。

生：0，1，2，3，4，5，6，7，8……

生：有许多长、短不一样的线。

师：对！这些长、短不一样的小竖线，都是刻度线。这条刻度线下面写着0，它表示0刻度，你们认为0刻度在尺子上表示什么？

生：表示0厘米。

生：表示从0开始量。

师：对！0在尺子上表示起点。（板书：0刻度——起点）

生：尺子上还有两个英文字母cm。

师：请继续看大屏幕，一起读。

师：通过读你们知道了什么？

生：测量较短物体的长度一般用厘米作单位，厘米可以用字母cm表示。

师：说得真完整！对，厘米可以用字母cm表示。（板书：厘米 cm）今天我们就来学习“厘米的认识”。（板书课题）

（2）认识1厘米，建立1厘米的长度观念。

①认识1厘米。

师：那1厘米有多长呢？（板书：1厘米，出示图）从哪儿到哪儿是1厘米呢？谁能指给大家看？（找两生到前面去指）

生：从0到1是1厘米。

生：从5到6是1厘米。

师：下面请你们从学具中拿出一把尺子，边指边说从几到几也是1厘米？

生：从2到3是1厘米。

生：从10到11是1厘米。

生：从7到8是1厘米。

师：把你们找到的一起说给老师听。（生说）同学们真了不起！发现尺子上每一大格的长度都是1厘米。

②体验1厘米的长度，建立1厘米的长度观念。

师：请你们从学具盒里找到长度是1厘米的小棒，举起来让大家看。

师：这根小棒的长度是几厘米？一起说。

生：1厘米。

师：看来大家都找对了，那就伸出一个胜利的手势，向自己表示祝贺吧！

师：你们能用手势表示出1厘米有多长吗？试一试！举起来让老师看！请放下！同学们真能干！表示得都很接近！

师：小电脑又给我们提出了什么问题呢？齐读。小电脑要我们干什么？

生：让我们找出生活中哪些物体的长度大约是1厘米。

师：真是会审题的孩子！我们先看小明有什么发现？一起读，小明发现了什么？

生：他食指的宽度大约是1厘米。

师：认真观察这幅图，（出示小明在尺子上比的图）小明是怎样知道他食指的宽度大约是1厘米的？

生：他是在尺子上比的。

师：谁还有补充吗？

生：他食指的宽度在0和1之间。

师：真是会观察的孩子！把掌声送给他！你食指的宽度大约是几厘米呢？请在尺子上比比看！

生（齐）：1厘米。

师：生活中哪些物体的长度大约是1厘米呢？同桌先互相说一说。

生：钉子长1厘米。

师：图钉的长度大约是1厘米。

生：小蚂蚁的长度大约是1厘米。（还有许多小手高举着）

师：把你们找到的一起大声说给老师听！（生说）

师：同学们真了不起！不仅会听课，而且还善于观察！其实生活中有很多物体的长度都大约是1厘米。

（出示图片，师解说：透明胶的宽度大约是1厘米、计算器上按键的长度大约是1厘米、有的橡皮的厚度大约是1厘米）

(3) 认识几厘米。

师：我们已经认识了1厘米，从哪儿到哪儿是2厘米呢？自己在尺子上找一找。

生：从0到2是2厘米。

生：从5到7是2厘米。

生：从8到10是2厘米。

师：同学们找得非常好！除了找出1厘米和2厘米，在尺子上你们还能找到几厘米呢？和你们的同桌交流一下吧。

生：我找到了4厘米，从0到4是4厘米。

生：我找到了5厘米，从0到5是5厘米。

师：通过刚才的学习，我们已经认识了尺子，老师带来了关于尺子的小资料，我们一起来欣赏一下吧！（播放配音小资料：古时候，我国是用市尺作为长度单位，英国用英尺作为长度单位。长度单位不一样，买卖物品时就出现不同的意见，造成了交易的不方便。为了便于交流，世界上规定了统一的长度单位，并且做成了米尺。因此，世界各国统一用米尺来量物体的长度。同学们，我们用的直尺就是米尺的一部分。）

师：同学们，我们用的直尺是什么尺子的一部分？

生：米尺。

(4) 用尺子量。

①自主阅读，感悟测量方法。

师：下面我们就来学习怎样用尺子量物品的长度。（板书：测量）先看一道题，齐读要求，这道题要让我们干什么？

生：让我们测量纸条的长度。

师：纸条在哪儿呢？谁能上来指一指？（指名一生上台指）

师：怎样量呢？我们看书上的老师是怎么说的？一起读。

（出示老师说的话：把尺的0刻度对准纸条的左端，再看纸条的右端对着几）

师：老师说了什么？小组内同学互相说一说。想一想，测量纸条的长度时，要先干什么？

生：要把纸条的左端对准尺子的0刻度。

师：说得真完整！谁能像他一样再说一遍？

生：要把纸条的左端对准尺子的0刻度。

师：（指着）请看，尺子的0刻度对准纸条的左端了吗？

生（齐）：对准了。

师：再干什么呢？

生：看纸条的右端对着几。

师：看纸条的右端对着几？知道纸条有多长了吗？

生：5厘米。

②学儿歌，促理解。

师：关于测量，老师还有一首动听的儿歌呢！竖起小耳朵认真听吧！（出示配乐儿歌：小朋友要牢记，食指宽1厘米；用直尺量物体，左端要和0对齐，右端指向刻度几，物体就是几厘米）

③动手测量。

师：现在你们想不想量一量？请你们从学具盒里任选一根小棒量出它的长度。

生：我量的是5厘米。

师：他选的是绿色的小棒，也是选绿色的举手，你们量的是几厘米？

生：5厘米。

师：谁和他选的不一样？

生：我量的是8厘米。

师：他选的是蓝色的小棒，也是选蓝色的举手，你们量的和他一样吗？

生：一样。

师：谁和他俩选的都不一样？

生：我选的是红色的小棒，长1厘米。

师：和她选的颜色一样，量的结果也一样的举手。（生举手）

师：同学们真能干！量得都很准！

3. 课堂总结

师：同学们，今天我们学习了什么内容？一起说。

生：厘米的认识。

师：你们都学会了什么？

生：我知道0刻度在尺子上表示起点。

生：我学会了用尺子测量物体的长度。

生：我知道了厘米可以用字母cm表示。

师：同学们都是会学习的孩子！我们还知道了1厘米有多长。那你们认为自己学得怎么样啊？（生纷纷举手）一起大声说！

生：非常好！

师：老师相信大家都是最棒的！

4. 自主练习，拓展应用

（1）夺金牌。

师：下面福娃宝宝有个问题要考考你们，看谁反应最快。北京在2008年8月8日举办了一场全世界的体育盛会，是什么？

生：奥运会！

师：今天老师把奥运会的奖牌带来了，请看（课件出示），一起大声说出它们的名字吧！

生（齐）：金牌、银牌、铜牌。

师：每块奖牌后面都藏着一道题，如果你们能把题做对，就能取得一枚奖牌，现在你们想挑战哪枚奖牌？

生（兴奋）：金牌！

师：那好！我们就挑战金牌！小明正不高兴呢！他遇到什么难题了？认真听！（课件出示下面的题目：小明正要量小棒，他的尺子在1厘米处断了）

生：再买一把新尺子。

师：你能根据生活经验解决问题，非常好！现在小明就用这把断尺子来量，该怎么办呢？

生：可以从 2 开始量。

师：这位同学真会思考！把掌声送给他！

师：（出示这种情况）请看，小棒的左端对着几？

生：小棒的左端对着 2。

师：右端对着几？

生：右端对着 14。

师：小棒的长度是几厘米？

生：14 厘米。

生：13 厘米。

生：12 厘米。

师：小棒的长度究竟是几厘米？为什么？同桌互相说一说。

生：12 厘米。

师：你是怎么知道的？

生：从 2 开始量的就要从 14 厘米里面去掉 2 厘米。

师：所以小棒的长度是几厘米？

生（齐）：12 厘米。

师：谁还有不同的方法也能知道小棒的长度是 12 厘米？

生：数大格。

师：同学们帮小明解决了问题，小明正在高兴地对我们笑呢！（出示小明笑的画面）刚才这道题想法对的举手！从学具盒里拿出一枚金牌放在正前方，恭喜你们！为自己欢呼一声吧！

（2）夺银牌。

师：现在你们想摘取哪枚奖牌？

生：银牌。

师：一只可爱的小猴也在量物品呢！请看，小猴要让我们干什么？

生：让看一看它量的长度对不对。

师：我们先来看它量的第一件物品，一起读。

生：错。

师：同意的举手！再看它量的第二件物品，一起读！（生读，铅笔长 5 厘米）

生 1：对！

师：有不同意见吗？

生 2：错！

师：说说你是怎样想的。

生 2：铅笔的左端没有对准 0 刻度。

师：谁有不同意见？

生 3：从 1 开始量也可以！铅笔的长度就是 5 厘米。

师：小猴这道题虽然测量的方法有变化，但它得到的结果是对的，这种测量物体的方法也是可以的。再看它量的第三件物品，一起读。（生读，小棒长 7 厘米）

师：一起说。

生：错！

师：应该是几厘米？

生（齐）：9 厘米。

师：刚才 3 道题都做对的举手！请拿出一枚银牌！祝贺你们！

(3) 夺铜牌。

师：现在还剩一枚铜牌，还想得到它吗？[出示题目：师傅的一拃是（ ）厘米]

生：18 厘米。

师：继续看大屏幕 [徒弟的一拃是（ ）厘米]，一起读。

生：12 厘米。

师：怪不得徒弟把阿福的衣服做小了呢！同学们，请伸出你们的一拃，举起来，估计一下，你们的一拃大约有多长？

生：11 厘米。

生：13 厘米。

生：12 厘米。

师：到底有多长？请你们量一量。

生：12 厘米。

生：11 厘米。

师：刚才估计得很接近的举手！恭喜你们！每人取得一枚铜牌！你们还想了解身体上其他的小秘密吗？请看大屏幕（播放视频：我们的身高大约 130 厘米；我们的一庹（tuo，指成人两臂左右水平直伸时两手之间的距离）长大约 120 厘米；我们的脚长大约 20 厘米；我们的手长大约 15 厘米；我们的一步长大约 30 厘米……）

师：刚才得到 3 枚奖牌的请举手！真棒！为自己鼓鼓掌吧！

5. 课外研究

师：同学们，今天我们认识了尺子，其实生活中有各种各样的尺子，如卷尺、软尺，课下就请你们调查一下，生活中还有什么样的尺子？每种尺子有什么用途？

【感悟启发】本课是青岛版《义务教育课程标准实验教科书小学数学》一年级下册第七单元“厘米的认识”。面对长度单位的教学，我们的基本教学过程主要由3个环节组成：一是度量概念的形成，二是度量方法的比较，三是度量单位的形成。其中度量概念形成的环节是教学的基础部分，度量单位形成的环节则是教学的核心部分，而度量方法比较的环节一方面是为了进一步清晰和强化前一环节形成的概念，另一方面是为后一环节中间接比较的标准统一做好方法上的铺垫。因此，度量方法比较的环节在教学中只是起承上启下的衔接和过渡作用，它不是度量概念教学的核心任务。在上述案例中，张老师生动地讲述了一个故事，让一年级的小朋友们在生动有趣的情境中发现问题，引导他们从中体会到统一计量单位的必要性，放手让学生观察刻度尺，借助学生的不同想法完成了这个教学目标。教师在建立学生1厘米的长度观念中，共安排了6次活动：找大屏幕尺子上的1厘米、找自己尺子上的1厘米、找出长度是1厘米的小棒、用手势比出1厘米、找生活中的1厘米、欣赏生活中的1厘米。在这些活动中，学生借助小棒、手指宽等实物感知长度概念，强化思维表象，突出了活动的重点。张老师还充分利用尺子，让学生认识几厘米，并掌握用尺子测量物体的方法，有效提高了学生的测量能力。

（二）推理验证，掌握方法

——“测量的估计”的教学

执教：浙江省杭州市青蓝教育集团　蔡武娟

1. 复习长度单位

师：在长度单位这个家族中，咱们已经认识了哪些？

生：我们已经认识了千米、米、分米、厘米、毫米。

师：1毫米有多长？谁能比划一下？（一生比划）那么1厘米，1分米，1米呢？（众生依次比划）

2. 创设问题情境

（提供材料：4条不同长度的彩带：120厘米，90厘米，70厘米，30厘

米，一个礼盒）

师：小朋友，开学到现在，大家都在争做助教级的小小数学家！蔡老师想给每一位评上的同学发一份奖品，已经包装好了，只是还想在上面用一根彩带美化一下，你们看就是这样。（出示课件，生了解信息）

师：现在有4种不同长度的彩带，不考虑颜色，你们认为选择哪一根比较合适？

生：我想选择第二根。

生：我想选择第三根。

生：第一根太短了，第四根太长了，我认为第二根或第三根都可以。

师：大家认识统一了，这根太短，而那根又太长，那么剩下的这两根究竟哪一根更合适呢？

师：再给你们一点提示：假如这个盒子的宽是10厘米，高是5厘米也就是厚5厘米，蝴蝶结是40厘米，现在你们获得了什么新的信息？（课件演示）

生：我知道了这根带子的长是70厘米。

师：你是怎么知道的？

生：10＋10＋5＋5＋40＝70（厘米）。

师：谁听懂了？

生：他的意思就是宽是10厘米的有两条，高是5厘米的也有两条，再加上蝴蝶结40厘米就是70厘米。

师：知道需要70厘米长的带子，那么，哪根带子是70厘米左右的，这节课让我们来做做估计小能手吧！（出示课题）

3. 探究估计的方法

（1）出示估计建议。

师：先来看看估计小建议吧！

（出示：请独立思考估计方法，并进行估计，然后在组内交流“你是怎样估计的”，准备全班交流）

（2）学生分组活动，教师巡视后，与特别需要辅导的同学共同探讨。

（3）组织交流、评价，教师根据学生的估计方法适时板书。

组1：我们小组有两种方法，第一种方法是先对折几次，估计一小段的长度，再算一算。

师：你们认为一小段比较容易估。

生：第二种方法是我的一拃大约是一分米，用自己的手去量一量共有多少拃。

师：用你的手作尺子，真方便。

组 2：我的食指的长大约是 5 厘米，用食指去量一量。

组 3：我们还有补充：1 米大约有这样长（一边说一边演示），这根绳子与 1 米进行比较，大约是 70 厘米。

组 4：我们组一位小朋友的尺子是 20 厘米，我们估计这根带子大约有 4 把尺子不到一点点，所以我们估计有 70 厘米。

师：是呀！对自己的尺子有多长再清楚不过了，以它为标准真是好办法。

组 4：我个人还有一个办法：我们家一个钟的长是 30 厘米，这根丝带大约有两个钟多一点，所以我估计它有 70 厘米。

师：你对你们家的钟有很深的印象？（生点点头）真没想到，你们想出了这么多不同的估计方法，有的通过对折先估计一小段，有的利用自身的尺子，有的与一米进行比较，有一点你们都想到了，就是要选好一个自己心目中的标准，再来进行比较估计，对吗？（板书：选好标准）让我们实际测量验证一下吧！（一生上台测量）

4. 实践活动

（1）自由选择合作伙伴，选择物品进行估计并填写一份估计学习单。

师：这些方法挺管用，在实际生活中，当不需要精确测量一个物体的长度时，我们就可以采用估计的方法得出物体的长度、宽度、高度，那么，你们现在最想估计你们旁边或者周围的什么物体呢？

生：想估计桌子的长。

生：估计凳子的高。

生：估计黑板的周长。

生：老师手上的粉笔。

生：黑板的厚度。

生：窗帘的长。（师有选择地板书）

师：接下来可以自由选择伙伴。

（生任意选择黑板上的 3 个项目进行估一估、记一记）

物品名称	大约有多长

(2) 组织交流、评价，并给个别同学颁发“估计小能手”的标志。

生：我与××小朋友合作，我们估计桌子的长大约有1米，柜式空调的高大约有2米，估计凳子的高大约有5分米。

师：你们是怎样估计的？

生：前两个是用眼睛看的，第三个是与刚才70厘米长的带子比较的。

生：我们也估计了桌子的长大约有1米，我们还估计了这个多功能厅大约有3米高，桌子的宽大约3分米。

师：(用米尺量一量验证后）还真的差不多呢！

生：我们估计黑板的厚度大约5毫米，落地窗帘的长大约也是3米，窗框的宽大约1米。

师：对于他们的估计结果，哪一个你们需要验证一下？

生（多数）：黑板的厚度。

师：(用学生尺量一量验证后）你们也估计得比较准，真了不起！

生：我们还估计了一支新粉笔的长度大约是6厘米。

师：有估计粉笔的吗？

生：我们估计粉笔的长度大约是7厘米。

生：我们估计粉笔的长度大约是5厘米多。

生：我们估计粉笔的长度大约是5厘米。

(师指名用尺量，是5厘米，为估计5厘米的学生及其同伴颁发“估计小能手”的标志）

师：谁还想做“估计小能手”？(众生情绪高涨）

(3) 组织分层练习。

师：让我们用自己喜欢的方式表示并找出以下长度：3毫米，7厘米，2分米，3米。(出示活动建议：自由选择——听音乐活动——准备交流）

生：我找到了3毫米左右的是钉子和光盘盒子的厚度。

生：那个花盆的高大约是2分米。

生：我们这个多功能厅的高大约有3米。

生：我和两个小伙伴手拉手围一圈大约有3米长。

生：我剪了一根2分米长的绳子。

生：落地窗帘的长是3米。

生：老师奖给我的"估计小能手"的标志大约是7厘米。

生：我画了一条7厘米长的线段。

师：你不用尺就能画7厘米长的线段，还有谁会？（众生画，并用尺量，师依次给找的或画的比较接近精确值的同学颁发"估计小能手"的标志）

师：我也找到了一个（自然地走了6步），是多少呀？

生：我知道老师走了3米。

生：是的，是的，因为蔡老师是沿着桌子走，走了3张桌子（布置教学场景时用桌子围了一块教学区域），每张桌子大约有1米长，那么就是3米。

生：老师走了6步大约是3米，那么4步是2米，2步是1米，1步是50厘米也就是5分米。

师：是的，我的步长大约是50厘米，你们的步长是多少呢？

（众生自然地在课桌边跨了一步又作了估计）

生（矮个子）：有30多厘米吧。

生（中等个子）：我的步长40厘米左右。

生（班级最高的）：跟蔡老师差不多。

师：看来不同的个子，他们的步长也是不一样的，而且咱们还可以用自己的步长估计比较远的一段距离。

5. 总结反思

师：时间过得很快，该要下课了，咱们来填填收获卡吧！请你们用手势表示。（课件出示：我的收获卡）

（1）今天你学得开心吗？●●●（　）●●（　）●（　）

（2）这节课，你积极参与了吗？▲▲▲（　）▲▲（　）▲（　）

（3）你是几星级"估计小能手"？★★★（　）★★（　）★（　）

（教师给三星级"估计小能手"颁发奖励标志）

师：看了大家的自我评价，我还想听听这节课给你们印象最深的是什么？

生：我能估计一些长度了。

生：我学到了估计的一些方法。

生：用自己的步长可以估计较长的距离。

生：我是三星级"估计小能手"。

师：你们还有什么遗憾吗?

生：时间太短了。

生：我估计得还不够准。

生：我还没有深入地研究估计。

师：我最大的收获是再次能和喜欢思考、积极探索的同学交流、对话，知道了估计的方法有很多；我的遗憾是还有一些同学没有回答过问题，没有展示自己的成果，让我们把遗憾在下一次补上吧！

【感悟启发】本课是人教版《义务教育课程标准实验教科书小学数学》三年级上册第45页。估测是测量的一个重要组成部分，在日常生活中有着十分广泛的应用。《数学课程标准》在课程目标中提出要让学生获得初步的测量（包括估测）技能，在内容目标中提出要让学生能估计一些物体的长度，并进行测量。扎实的基础知识是学生有根据的有效估计的前提，一个概念不清、基础知识都不掌握的人是难以进行有根据地估计的。在上述教学活动中，蔡老师首先通过组织学生比划1毫米，1厘米，1分米，1米，唤起学生回顾曾经学习过的知识，进一步明晰常用的长度单位，为学习新知识做好铺垫。接着指导学生探究、交流了估计70厘米彩带长度的方法，学生先根据自己的数学直觉，用自己的思维方式自由地思考，对物体的长度做出猜想。教师在课堂中不断地提出问题，引导学生不断地猜想、验证，使学生经历了一个有序思考的过程——仅有猜想是不够的，猜想必须得到验证，才能形成结论。在验证的活动中，教师没有空洞地说教，而是把重要的数学思想方法潜移默化地渗透给了每个学生，抓住一切机会突出枚举、反例、归纳、演绎推理证明等验证的方法，这些方法都是在培养学生的逻辑推理能力，都是实实在在地发展学生的思考能力。从案例中可以看出，学生探究出来的方法非常符合学生的数学认知现实。课的最后，教师让学生填写个性化的收获卡，采用这样的总结，目的是通过评优的方式让学生去回味学习的过程，在选择表现行为的等级时，又再次获得参与学习的方法，给学习的结果增加筹码。

【小结】为了更好地落实长度单位的教学目标，教学活动中要注意以下几个问题：

1. 让学生以不同的工具为标准测量同一物体的长度。由于标准不同，量得的结果可能不同，从而引发认知冲突，通过组织讨论，让学生体会统一长度单位的必要性，在活动中帮助学生理解长度单位的含义。

2. 可以通过实际测量导入长度单位“毫米”“分米”，可以通过观察尺子上的刻度引出长度单位“厘米”“米”，可以联系生活实际导入长度单位“千米”。让学生通过观察、估计、测量、讨论等，感知不同的长度单位，形成较为清晰的表象。可以组织“量一量”“比一比”“说一说”等活动，让学生了解不同长度单位之间的关系，并会进行简单的换算。

3. 开展选择使用合适长度单位的训练，让学生在比较和使用中加深认识。引导学生用 1 毫米，1 厘米，1 分米，1 米，1 千米的长度单位作标准，进行直观判断和思考，形成初步的空间观念。

4. 用尺子量或画整厘米的线段时，应借助直观的演示。注意 0 刻度的认识，可从刻度 0 开始数，也可从其他合适的刻度开始数。结合解决实际问题，观察被测物体有几个计量单位，并加强对学生测量方法的指导。

5. 估计、测量活动应贯穿于整个测量中，可以借助熟悉的物体，运用适当的方式估测物体的长度。可估测自己的一拃、一步、一庹和熟悉的物体大约各有多长，培养学生的估测能力。估测物体长度时，可视情况让学生简要说明自己的思考过程。实际测量后，可让学生比较实际测量与估计的结果，检验估计的合理性。

二、周长

【目标分析】关于周长这一部分，具体教学目标主要包括：认识周长的含义，能指出并测量具体图形的周长；探索并掌握长方形、正方形、圆的周长的计算方法；理解圆周率的意义；应用长方形、正方形、圆的周长公式解决相关的实际问题；体会现实生活里的数学，发展对数学的兴趣。

（一）边做边想，合情推理

——“圆的周长”的教学

执教：江苏省金湖实验小学　吴汝萍

师：我们已经会求正方形、长方形的周长，正方形、长方形的周长与什么有关？有怎样的关系？

生：正方形的周长与边长有关，是边长的 4 倍。

生：长方形的周长与长加宽的和有关，是长与宽和的 2 倍。

师：这节课我们来研究圆的周长。为了确定研究的方向，我们先猜测一下，圆的周长可能与什么有关呢？（生都猜测圆的周长与半径或直径有关）

师：大家都猜测圆的周长与圆的半径或直径有关，为什么呢？

生：直径的长度决定了圆的大小，直径越长，圆就越大，圆的周长也就越长。

师：那我们就先研究圆的周长与直径之间的关系，大家想怎么研究？

生：想办法量出圆的周长和直径，算出圆的周长与直径的差，看看差是不是固定的。

师：这位同学想研究圆的周长与直径的差是不是一个固定值，你们还想怎么研究？

生：正方形的周长是边长的 4 倍，也许圆的周长与直径之间也存在着倍数关系，所以我想量出一些圆的周长与直径，分别用周长除以直径，看看商是不是固定的值，如果商是固定的值，说明圆的周长与直径之间就有倍数关系。

师：圆的周长是条曲线，测量很不方便，如果能研究出圆的周长与直径之间的关系，就能得到圆的周长计算公式，我们就可以利用公式计算出圆的周长，那就方便多了。我国古代数学著作《周髀算经》中有“周三径一”的记载。你们知道“周三径一”的意思吗？

生：直径是 1 份，周长是 3 份。

生：周长是直径长度的 3 倍。

师：你们都认为这个“径”是指直径，而且都认为周长是直径长度的 3 倍，为什么不认为周长是半径长度的 3 倍？

生：从图 1 中可以看出，周长应该是直径长度的 3 倍，不可能是半径长度的 3 倍。

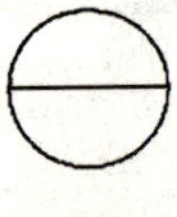
图 1

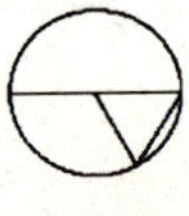
图 2

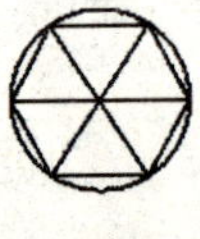
图 3

师：那圆的周长是不是就是直径的 3 倍呢？你们看老师在圆内画一个等边三角形（如图 2），这样的等边三角形在这个圆里到底有多少个呢？

生：有 6 个。（师随即在圆里画出另外 5 个等边三角形，如图 3）

师：现在你们觉得周长正好是直径长度的 3 倍吗？

生：不正好。曲线要比直线长，所以周长要比直径长度的 3 倍还要多一点。

师：这个 3 倍多一些的数到底是多少呢？要想获得比较准确的数据，选择什么样的材料以及什么样的方法非常重要。现在，我们要研究圆的周长与直径的关系，需要找一个圆测量出它的直径和周长，你们想选择什么样的材料，怎样有效测出圆的直径和周长？

生：我选择一元硬币，用尺量出它的直径，再将硬币从直尺上的零刻度线开始滚动一周，这样就能知道一元硬币的周长。

生：我用硬纸板做了一个直径是4厘米的圆，用丝带沿这个圆裹一圈，圆的周长就是所裹丝带的长度，用尺量一下丝带的长度，就知道了这个直径4厘米的圆的周长。

生：这个透明胶带就是一个圆，直径可以直接用尺量出来，量它的周长也容易。只要将胶带撕下一圈，拉直后量一下它的长度，就是这个圆的周长。

师：要想研究圆的周长与直径是否存在某种关系，只研究一个圆行不行？为什么？

生：不行，要多研究几个圆，这样才好比较，才能证明是不是规律。

师：说得非常有道理，一定得多研究几个圆才行。

生：每个同学只要研究一个圆就可以了，因为全班有这么多同学，也就是研究了好多的圆，只要把大家的结论汇总就能得出相关的结论。

师：看来相互合作可以省不少事情，这就是人多智慧多，人多力量大。为了得到准确的数据，请大家尽可能多测量几次。

（学生测出来后，教师请学生一一填在表格中，再让学生用计算器算一下圆的周长除以直径的商以及圆的周长减去直径的差）

圆形物体	直径（厘米）	周长（厘米）	周长÷直径	周长－直径（厘米）
一元硬币	2.5	8.2	3.28	5.7
圆瓶盖	3.6	11.5	3.19	7.9
圆纸板	4	16.1	4.03	12.1
透明胶带	6.3	19.9	3.16	13.6
双面胶带	8.3	26.3	3.17	18
圆纽扣	1.6	4.7	2.94	3.1
透明胶带	5.2	16.3	3.13	11.1
圆铁片	3.2	10.6	3.21	7.4

师：观察表中的数据，你们发现了什么？

生：圆的周长与直径的差没有什么明显关系，但圆的周长与直径的商好像很接近。

生：不管大圆还是小圆，大部分的商都是3倍多一点，只有两个不是。

师：只有两个不是，你们猜想到了什么？

生：商应该都是3倍多一点，可能是这两个同学的数据测量错了。

师：我们大家一起帮他们重新测量一下。

（原先学生是借助丝带测量直径4厘米圆的周长，因为拉的松紧程度不同，所以差异较大，重新测量后，周长是12.8厘米，周长除以直径的商是3.2，差是8.8厘米）

师：看到这个数据，你们又猜想到了什么？

生：我猜想纽扣的周长也测量得不准，商应该也是3倍多一点。

生：圆的周长除以直径的商不是整倍数，但都是3倍多一点。

师：根据这些数据，估计一下，圆的周长除以它直径的商大约是3倍多多少？

生：我猜想圆的周长除以它直径的商大概在3.2左右。

师：大家的猜想很有道理。你们听说过圆周率吗？关于圆周率，你们知道些什么？

生：圆周率就是π，约等于3.14，平时我们计算时，就取π等于3.14。

生：圆周率是祖冲之发现的。

师：你们知道圆周率具体是什么意思吗？（大多数学生摇了摇头）

师：实际上，我们今天就经历了探索圆周率的过程。任何一个圆的周长除以它的直径的商都是一个固定的数，人们就把这个固定的数叫做圆周率，用字母π表示。π是个无限不循环小数。早在1500年前，我国数学家祖冲之就计算出圆周率约在3.1415926和3.1415927之间，成为世界上第一个把圆周率的值精确到6位小数的人。日常在计算时，一般将π保留两位小数，取它的近似值——3.14。刚刚这位学生测量这枚纽扣的周长时，是将纽扣放在桌上滚动的，因为纽扣比较小，实在是不容易操作，所以误差会很大。现在知道了圆周率，你们能推算出这枚纽扣的周长吗？

生：用1.6×3.14≈5.02（厘米）。

师：为什么这样算？

生：因为圆的周长÷直径＝圆周率，所以圆的周长＝圆周率×直径。

师：这位同学由圆周率推想到了圆的周长公式，你们还能想到什么？

生：周长÷圆周率＝直径。

生：圆的周长＝圆周率×半径×2。

【感悟启发】本课是苏教版《义务教育课程标准实验教科书小学数学》六年级上册第110～113页“圆的周长”。教材力图通过一系列操作活动，让学生在观察、分析、归纳中理解圆的周长的含义，经历圆周率的发现过程，推导圆周长的计算方法，为学习圆的面积、圆柱、圆锥等知识打下基础。

很多教师在教学“圆的周长”时，都是按教材意图，让学生按部就班完成一些指令性的操作：先测量出圆的周长，再测量出该圆的直径，最后计算出该圆周长与直径的商，从而引出“圆周率”。至于开始为什么要测量圆的周长和直径，为什么要算出周长与直径的商，学生不得而知。这一案例中的教师为了让学生确定研究的方向，先引导学生猜测圆的周长与什么有关，在学生确定研究圆的周长与半径或直径的关系后，再引导学生确定研究的方法，这样就使后面的动手操作具有一定的目的性和方向性，为动手操作的有效性奠定了基础。

动手操作是《标准》积极倡导的一种学习方式，但动手操作并不是简单的“动手活动”，而应该伴随着数学思考，努力把外显的动手活动与内隐的思维活动紧密联系起来，让学生在动手操作的过程中学会数学思考，关注数学的本原，回归数学的本质，使动手操作充满逻辑的力量。这节课，吴老师为学生提供充分的动脑思考、动手操作、动眼观察、动口表达、动耳倾听的时间与空间，使动手操作伴随适当的图示与学生理性的思考，具体经历了探究“圆的周长是直径的3倍多多少”的过程。面对学生探究过程中的误差——两位同学测量到的圆周长与它直径的商是4.03和2.94，教师引导学生透过数据看问题、重新测量……有限的探索空间少了非本质因素的干扰，突显出研究的目标。

（二）有序思考，整体思维

——“长方形的周长与面积”的教学

执教：上海市宝山区第一中心小学　潘小明

1. 导入

师：（拿出一根黑色电线）这是什么？

生：电线。

师：它是干什么用的？数学课上肯定不是用来通电的。

生：（笑）用它可以围一个长方形。

师：（又拿出一根红色电线），刚才那根黑色电线长20厘米，这根红色电线比它长一些，有24厘米。你们猜这根电线干什么用的？

生：刚才那根是围长方形，那这根就围正方形。

师：呵呵，还是围长方形的。

2. 猜想

师：有两根电线，黑色的长20厘米，红色的长24厘米，用这两根铁丝分别围成一个长方形，哪根铁丝围成的长方形大？

生：我觉得红色的那根铁丝长一些，所以它围成的长方形面积也就大一些。

师：你的理由是什么？

生：铁丝长，围成的长方形就大。

师：那就是说你们的结论是……

生：周长长的长方形面积就大。

师：（板书：周长长的长方形，面积就大）这仅仅是个猜想，需要进行验证。（在这句话后面打上"？"）这个结论对不对呢？有没有办法知道？

生：可以验证！

师：对，在没有验证之前，这个结论还只是猜想。

3. 实践验证

师：你们准备用什么方法验证呢？

生：我准备用铁丝围一围来验证。

师：好，咱们就用实验的方法验证。请大家在方格纸上分别画出两根电线围的过程，方格纸上两点间的距离均为1厘米，注意在画的时候要保证两个长方形的周长必须是20厘米和24厘米。（生独立思考，实践探究，师巡视）

师：谁能将你的实验结论及依据向大家汇报一下。

生1：我觉得这句话是对的。我是把20厘米的电线围成了一个长9厘米、宽1厘米的长方形，它的面积是9平方厘米。我又把24厘米的电线围成了长9厘米、宽3厘米的长方形，面积是27平方厘米，所以这句话就是对的。

师：这位同学通过动手实验，发现这句话是对的。（课件演示两种围法）有同样意见的人请举手。（举手的人很多）

师：这么多人同意，猜想是不是一定正确呢？有不同意见吗？也说说吧！

生2：我觉得这句话是错的。我是把20厘米长的电线围成长7厘米、宽3厘米的长方形，它的面积是21平方厘米。我又把24厘米的电线围成了长11

厘米、宽1厘米的长方形，它的面积是11平方厘米。(课件演示)

师：(问生1) 听了刚才那位同学的发言，你有什么话想说?

生1：他举的例子确实是用20厘米电线围成的长方形面积大，而用24厘米电线围成的长方形面积小，所以我觉得他说得对，这句话是错的。

生：这里周长大的长方形，面积不一定大，所以是错的。

生：我觉得这句话既是对的，又是错的。

师：这是一道判断题，判断能够既对又错吗?

生：我觉得有的时候周长大的长方形面积就大，有的时候周长小的长方形面积大。

师：你还是和刚才那位同学一个意思，等于没说。

生：我觉得周长大的长方形，面积不一定大；周长小的长方形，面积不一定小。

师：验证时只要找到一个反例就可以说明这个结论是错的。

生：我刚才围的都是24厘米长的电线，发现周长相等的长方形，面积不一定相等。我围的第一个长方形长是11厘米、宽是1厘米，它的面积是11平方厘米。我围的第二个长方形长是7厘米、宽是5厘米，它的面积是35平方厘米。我发现这个长方形越接近正方形，它的面积就越大。

师：他说了几层意思?

生：他说了两层意思。第一层是周长相等的长方形，它们的面积不一定相等。第二层意思是这个长方形越接近正方形，它的面积就越大。

师：这里的“接近”是什么意思?请大家与同伴交流一下。(生讨论交流)

师：长和宽之间相差的数越小，面积就越大，那大到什么程度就不能再大了呢?

生：当它变成正方形时，面积就最大。

师：当长和宽相等时，面积最大。对于其他周长的长方形是不是也有这样的规律呢，谁能举例验证?

生：我就用长20厘米的电线来围，如果围成边长是5厘米的正方形，面积是25平方厘米，它的面积最大。

师：同学们通过实践，举反例否定了周长大的长方形面积就大这句话。我们通过观察进一步看出了当长与宽越接近的时候，长方形的面积也就越大；当长和宽相等时，面积最大。通过刚才这位同学的举例，我们在周长是20厘米的长方形中又一次得到了验证。

4. 巩固练习

师：一个用竹篱笆围成的长方形鸡圈，长12米，宽6米，现在要进行扩建，要求在不增加材料的情况下增加鸡圈面积，你们行吗？最多能增加多少？

生：最多能增加9平方米。

师：你怎么想的？怎么知道是9平方米？（生答，略）

【感悟启发】本课是人教版《义务教育课程标准实验教科书小学数学》三年级下册第81页的“探究长方形周长与面积关系”。这是一个知识的拓展延伸部分，通过对本课的探究学习将使学生更加深刻地理解周长与面积之间的某些联系，教学内容涉及的知识点不多，切入点相对也比较低。

学生的思考依托课堂中不断地提出问题、分析问题和解决问题。可以说，学生的思维发展要在问题求解中获取。在上述教学活动中，学生先根据自己的数学直觉，用自己的思维方式自由地思考，做出“周长长的长方形，面积就大”的猜想，接着在“这个结论对不对呢”“判断能够既对又错吗”的引导下，一步一步地展开研究。潘老师在组织学生分析、比较两类长方形的周长与面积的过程中，巧妙地训练学生比较完整地叙述思考过程、说明理由的能力，真正实现了教学的发生发展过程与学生实际思维的发生发展过程和谐一致。更可贵的是，潘老师重视数学整体思维方法的教学，在讨论课初的猜想时，让学生把问题作为一个整体来了解，使得一个原本比较难的问题变得轻而易举了。

【小结】小学生在计算几何图形的周长时，既要着眼于图形特征，又要考虑到计算方法，而且特征和方法两个因素是交织在一起同时作用于大脑的。教师在指导学生认识周长、计算图形周长的过程中，可以采用以下相应的教学策略促进教学目标的落实：

1. 呈现一些规则和不规则的实物与图形，让学生通过“描一描”“说一说”“找一找”“摸一摸”“围一围”“量一量”等活动，在获得直接感知的基础上认识周长的含义。

2. 让学生通过“量一量”“折一折”“画一画”“围一围”“拼一拼”等活动，体会“化曲为直”的转化思想。可组织学生通过看书或上网查阅资料等方式，了解圆周率研究的发展历程，进一步理解圆周率的意义。可结合解决实际问题，让学生正确选择圆周率与近似值3.14的使用。

3. 在具体问题情境中，引导学生通过猜想、测量、列表、计算、分析、归纳等活动，探索、发现图形的周长与边（直径）的关系；结合解决实际问题的过程，开展周长计算方法的教学；引导学生从多种角度思考问题，注意展现每种计算方法的思考过程。让学生在小组汇报和交流中体会、理解不同的算法，把握不同算法间的相互联系，逐步学会选择不同的方法解决问题，逐步实现方法的优化。可通过一些开放性的问题和习题，引导学生探索解决问题的不同途径和方法，激发学生探索和解决问题的热情。

三、面积单位

【目标分析】关于面积单位部分，具体教学目标主要包括：认识面积的含义，能用自选单位估计和测量图形的面积，体会统一面积单位的必要性；体会并认识面积单位（厘米^2、分米^2、米^2、千米^2 和公顷）；掌握相邻面积单位之间的进率，会进行简单的单位换算；经历观察、操作、估测、想象等活动，建立初步的空间观念。

对比认识，清晰表象

——“面积单位”的教学

执教：吴江市实验小学　李新

师：（出示吴江实验小学校园平面图）你们知道这是什么地方吗？

生：这是吴江市实验小学。

师：对，这个美丽的校园是我们吴江市实验小学，你们知道我们的学校面积大约有几个标准足球场那么大吗？

生：有 4 个。（师作压缩状手势）

生：有 3 个。

生：有 2 个。

师：猜对了。我们吴江市实验小学校园面积大约有 2 个标准足球场那么大。（课件展示吴江市爱德双语学校校园全景的照片）

师：这是我们吴江市实验小学的分部爱德双语学校。它比我们本部大一些，你们猜一猜，爱德双语学校的校园面积大约有几个标准足球场那么大？

生：8 个。

师：没这么大。

生：5 个。

生：4 个。

师：对，大约有4个标准足球场这么大。看了这两张照片，你们有什么想法？

生：爱德双语学校比吴江市实验小学要大。

生：爱德双语学校与吴江市实验小学加起来大约有6个标准足球场那么大。

师：请大家看一幅照片，你们认识他吗？（课件依次展示组图：“记者见面会上的杨利伟”“神舟5号落地前的瞬间”“神舟5号的降落伞”）

生：杨利伟。

师：对，是航天英雄杨利伟。这是飞船落地前的画面，大家注意看，上面是大大的降落伞，这个降落伞到底有多大呢？我们来读一段报道。

（课件展示《南京日报》上有关这个降落伞的报道：神舟5号返回——进入大气层后降落过程中，将启用引导伞、减速伞、牵引伞以及离回收舱最近的主伞四层降落伞，其中主伞最大，展开后相当于两个篮球场大小）

师：在生活中，为了形象地说明一个物体的面的面积有多大，通常会借用人们比较熟悉的简单的物品作“中间人”来打比方。如果让你们回家告诉妈妈，我们班级的课桌面的面积有多大，你们准备怎么说？可以用什么简单物品来铺设课桌面？（课桌上学具袋里装有大楷簿、一次性纸杯、树叶、数学簿等）

生：我用大楷簿来铺。

生：我用一次性纸杯来铺。

生：我用树叶来铺。

生：我用数学簿来铺。

师：同学们的方法真多。现在请同学们用你们喜欢的物品在小组里铺一铺，看看课桌面的面积到底有多大？（生小组活动，全班交流）

师：交流时，要说清楚我们是用××来铺课桌面的，课桌面的面积大约有×个××面那么大。

生：我们组是用杯子来铺课桌面的，课桌面的面积大约有40个杯子底面那么大。（课件动态演示该种铺法）

生：我们组是用大楷簿来铺课桌面的，课桌面的面积大约有6本大楷簿面那么大。（课件动态演示该种铺法）

生：我们组是用数学簿来铺课桌面的，课桌面的面积大约有8本数学簿封面那么大。（课件动态演示该种铺法）

生：我们小组是用树叶来铺课桌面的，课桌面的面积大约有15张树叶面

那么大。（课件动态演示该种铺法）

师：同学们用了4种物品都量出了课桌面的面积，你们看屏幕。

（出示4种铺法，并出示每种铺法所用的物品的数量：40，6，8，15）

师：用简单的物品铺满整个课桌面，能形象地说明课桌面的面积有多大。看了这4种铺法，你们觉得有什么不妥吗？你们有什么愿望？

生：我觉得比较麻烦。

生：我觉得用数字很难说清课桌面到底有多大，因为用来铺课桌面的物品大小不同。

师：对，课桌面到底有多大，用40，6，8，15很难说清楚，给我们的交流带来了麻烦。我们在学习长度单位厘米和米的时候，也碰到了类似的情况，谁还记得当时是怎么想到需要统一的长度单位的？

生：我们是用同样长度的单位去度量的。

师：（小结）对，为了准确测量面积的大小，用同样大小的正方形去度量，才能度量出它们的大小，也就是要有一个标准，这个标准就是我们这节课要学习的内容——面积单位。（板书课题）

师：（出示1平方厘米的模型）这是我们要学习的第一个面积单位——1平方厘米。（板书：1平方厘米）请你们从材料袋里找出1平方厘米。

（生从材料袋里找1平方厘米）

师：1平方厘米的面积单位是什么形状的？它的边长是多少？

（生用尺测量它的边长）

生：它是正方形的，它的边长是1厘米。

师：谁能说得更完整些？

生：边长是1厘米的正方形面积是1平方厘米。

师：平方厘米可以用符号“cm^2”来表示。（板书：cm^2，指导学生读写“cm^2”）

师：请同学们先看手中1平方厘米的正方形，再闭眼想这个1平方厘米的正方形，直到认为头脑中有了这个1平方厘米的正方形的形象。请你们把头脑中的1平方厘米的正方形画下来，再把原来的1平方厘米画上去比一比。

生：我画的1平方厘米与实际的1平方厘米差不多。

生：我画的1平方厘米要比实际的1平方厘米稍大些。

师：找一找日常生活中哪些物品的面的面积接近1平方厘米。

生：一块小橡皮的面的面积大约是1平方厘米。

生：我的一个大拇指指甲面的面积大约是1平方厘米。

师：请你们用6个1平方厘米的正方形拼成长方形，看拼成的长方形的面积是多少平方厘米？为什么？（媒体演示各种拼法）

师：（拿出一张邮票）你们估计这张邮票的面积大约是多少平方厘米？

生：我估计是4平方厘米。

生：我估计是5平方厘米。

师：材料袋里也有一张邮票，请你们用1平方厘米的小正方形去摆一摆，看邮票的面积大约是多少平方厘米。

师：请你们先估计材料袋里电话磁卡的面积是多少平方厘米，再用合适的面积单位去测量，看估计得怎么样。

【感悟启发】本课是人教版《义务教育课程标准实验教科书小学数学》三年级下册的“面积单位”。面积概念的教学在整个教学过程中具有举足轻重的地位，它将会对学生三维空间概念的形成产生直接影响。上述教学活动中，教师创设了情境，把“足球场的大小”作为比较的标准，让学生在“打比方”的过程中，直观感受吴江市实验小学、爱德双语学校占地面积的大小，使学生在间接比较的过程中，经历由于间接比较的中介物的各不相同而导致比较结果不一致的过程，从而引发矛盾冲突的产生，通过对矛盾产生的原因反思，产生统一度量标准的需要。教师注重让学生在现实情境中体验和理解数学，通过让学生学一学、记一记、试一试、拼一拼、估一估、量一量等一系列活动，使学生深刻体验了1平方厘米的实际大小，再抽象概括，有效地帮助学生建立起1平方厘米的清晰表象。

【小结】要使学生真正理解测量面积大小要使用面积单位，在教学中要采用循序渐进的教学程序：直观比较法（比较两个面积悬殊的图形）——重叠法（比较面积相差不多的两个图形）——画方格法（当无法重叠比较时，在图形上画出大小相同的方格的方法，数出方格个数）。引导学生用不同的工具、不同的方法，自选单位测量特定的面积，进而产生认知冲突，迫使学生产生要有一个“统一”的单位的需求心理，带领学生简约地经历人类探索面积单位的历程。教师在导入并讲解面积的概念时要注意，面积除了涉及物体表面的大小，更多的还涉及平面图形的大小。因此，要充分重视对平面图形面积大小的比较，使学生在比较中完善和强化对面积含义的认识。为使抽象的面积单位更直观、具体，可让学生“找一找”“说一说”自己周围哪些物体表面的面积大约是1厘米^2，1分米^2，1米^2，采用直观感知和推算的方法，帮助学生理解面积单位的换算。如在1分米^{2}的正方形中摆放1厘米^{2}的小方格，理解相邻面积单位间的进率。

四、面积计算公式的推导

【目标分析】关于面积计算公式的推导部分，具体教学目标主要包括：探索并掌握长方形、正方形、平行四边形、三角形、梯形、圆的面积的计算方法，并能用以解决简单实际问题；能估计给定的长方形、正方形的面积；探索并掌握长方体、正方体表面积的计算方法，并能解决简单的实际问题；探索和掌握圆柱的侧面积、表面积的计算方法，并能解决简单的实际问题；在解决问题中体会转化的数学思想方法，发展空间想象能力和抽象概括能力。

（一）迁移同化，化曲为直

——“圆的面积”的教学

执教：广东省佛山市顺德区嘉信西山小学　陈光普

1. 情境引入，起疑导思，建立模型

师：同学们，我没有猜错的话，大家一定喜欢玩吧！来，让我们一起去公园走走。（播放公园喷水头正在给草地浇水的场面）到了公园，你们看到了什么？

生：我看到喷水头正在浇灌草地。

师：再走近看看，你们能提出一两个数学问题吗？

生：喷水头浇灌了多大面积的草地？

生：喷水头旋转一周的周长是多少？

生：水洒了有多远？

师：这些问题都很好！关于周长的问题我们已经能解决。这节课我们就来研究浇灌了多大面积的草地，好吗？求浇灌部分的面积，实际上就是求——

生：圆的面积。

师：继续看，你们还能发现什么？

生：圆的面积越来越大。

师：这是为什么呢？

生：水喷得远了，也就是半径长了，当然面积也就大了。

师：看来圆的面积与它的半径是有关的。

2. 首次探究，自主估算，巧设玄机

师：圆的面积与它的半径到底有什么关系？用什么办法能找到它们之间的关系呢？（板书：圆的面积——？——半径）

生：我们在学习圆的周长和直径有什么关系时，用圆的周长除以直径得到圆周率。如果能找出圆的半径和它的面积，也许能找出它们之间的关系。

师：这个办法好。是啊！如果能找出圆的半径，又能找到它的面积，也许就能找出它们之间的关系。好，就按你的办法办。那大家说我们从半径为几厘米的圆开始研究比较好呢？

生：1厘米。

（出示学习纸：学习纸的正面：在边长1分米的正方形的方格内，有一个半径为1厘米的圆；学习纸的反面：在边长1厘米的方格纸内，有一个半径为1厘米的圆）

师：老师给大家准备了一张学习纸，拿起来看看，在它的正反两面是不是都有一个半径为1厘米的圆，同桌商量一下，选一个，估一估它的面积大约是多少？我很想知道同学们选择哪一面来估？

生：选小方格的一面来估。

师：为什么大多数的同学不约而同地选择小方格来估呢？

生：用大方格来估，不太方便，误差比较大。

师：那用小方格来估呢？

生：就比较精确了。

师：同学们，刚才我们借助方格纸和大小两个正方形很快确定了圆的面积。我们手中都有一个圆片，拿出来，你们也能确定它的估值范围和大概面积吗？（生操作）

师：刚才我发现有同学有更奇特的方法，就是对折再对折，他们对折是干什么？

生：找直径。

师：再对折又是在干什么？

生：找半径。

师：还是让用这种方法的同学说说吧。

生：我对折再对折先找出它的半径，量出它的长度是5厘米，根据刚才的方法，算出圆外正方形的边长是10厘米，面积是100平方厘米，圆片的面积就比100平方厘米小了。

师：圆片的面积又比多少平方厘米大呢？

生：比50平方厘米大，我是这样想的：圆片的半径是5厘米，那6个小三角形的面积是60多平方厘米，所以圆片的面积要比60平方厘米大。

师：那圆片的面积大约是多少？

生：大约75平方厘米。

师：刚才我们在估算圆的面积时，都是根据大小两个正方形先确定估值范围，再估出大概面积。如果一个圆的半径是r，你还能确定它的估值范围吗？

生：先计算圆外正方形的面积是$4r^2$，圆的面积小于$4r^2$。

师：谁来说说这里r^2指的是哪部分的面积呢？

生：小正方形的面积。

师：我们是不是也可这样理解，将$\frac{1}{4}$圆看大一些，就成了正方形，面积为r^2，那么圆的面积就会小于$4r^2$。如果将这里的扇形看小一些，就成了（三角形），那圆的面积就会大于$2r^2$，得出：$2r^2<$圆的面积$<4r^2$。看样子，圆的面积还真与半径有关系。大胆的猜一猜，圆的面积最有可能是多少？

生：大约是r^2的3倍。

生：我认为可能是r^2的2.5倍。

3. 再次探究，触发灵感，体会“极限”

师：现在如果知道圆的半径，你们能求出圆的面积吗？

生：还不能，只能大致确定一下范围。

师：看来，我们还得继续探索下去。还记得以前，我们研究一个图形的面积时，用到过哪些好的方法？

生：将新的图形转化成为已经学过的图形。

师：举个例子。

生：沿着平行四边形的高剪，拼成学过的长方形。

生：还有三角形和梯形，我们把两个完全一样的三角形和梯形拼成学过的平行四边形。

师：这两种思路，都是将新图形转化成已学过的图形。我们能不能从中受到启发，也来将圆转化成我们学过的图形？这样吧，同桌为一个小组，先讨论一下怎么做，再动手试一试，好吗？开始！（四五分钟后）

师：同学们，很多小组已经有想法了。来，听听他们是怎么转化的吧。

方案一：将一个圆折成若干等份，每份像一个三角形，用一个三角形的面积乘份数就是圆的面积。

生：我是通过折一折得到一个扇形，再继续折，就得到一个近似的三角形。

师：同学们，他刚才先将圆片折成了几份呀！折成了什么图形？他又发现问题了！扇形我们没有学过，他就继续折，这样，折出的图形能像什么图形？这方法多好呀！

师：与4等份相比，8等份确实更像三角形，如果想更像三角形呢？

生：就得继续折。

师：再更像呢？折折看！有困难了，我帮你在电脑上演示一下，好吗？这是将圆片折成8等份，其中的一份有点像三角形；再对折的话，就平均分成了16等份，你们看这其中的一份会怎么样？再对折，32份呢？64份呢？……

生：折的份数越多，每一份的形状越像三角形。

师：和大家想的一样，把圆分的份数越多，其中的一份越接近三角形，这样，我们将圆转化成了三角形，这个三角形的面积怎么算？

生：用$2\pi r\times\frac{1}{16}\times r\div 2$。

师：那怎么求圆的面积呢？

生：还应该乘16份。

师：这样圆的面积就是$2\pi r\times\frac{1}{16}\times r\div 2\times 16=\pi r^2$。

方案二：将圆片沿半径等分成4等份，拼成一个近似的平行四边形或长方形。

师：我们通过折一折的办法，将圆转化成三角形，推出了圆的面积公式。还有一种方法，请派代表上台说明。这样吧，我们来现场采访一下，听听他们是怎么想的，好不好？你来回答，谁先发问？

生：你是怎么想的？

生1：我沿半径剪，先将圆片平均分成了4份，再考虑怎么拼。

生：你将圆转化成了什么图形？

生1：近似的平行四边形。

师：谁来问问这一组的代表？

生：你又将圆片转化成了什么图形？

生2：也是近似的平行四边形。

师：问问他与4等份的比，有什么变化？

生：你拼成的图形与4等份拼成的图形有什么不同？

生2：更像平行四边形了。

师：刚才同学们的提问很精彩，回答得也很出色，谢谢同学们精彩的表现。同学们，要想拼成的图形更像平行四边形，应该怎么办？

生：继续分。

师：平均分成16份，拼成的图形会有什么变化？如果想让拼成的图形更像平行四边形呢？再继续剪，剪多少份？能更像吗？再怎么办？如果现在让你剪64份，有什么感觉？

生：太麻烦了。

师：是有点麻烦，还是让电脑帮帮我们。16等份拼成的图形怎么样？32等份呢？

生：更像平行四边形。

师：想象一下，如果64等份呢？

生：开始有点像长方形了。

师：继续分下去，分得份数越多，拼成的图形就简直成了什么？

生：长方形。

师：我们把圆转化成学过的长方形，形状变了，什么没有变呢？

生：面积。

师：要想求出圆的面积，只要求出长方形的面积就可以了，长方形的面积怎么求？

生：长方形的面积＝长×宽。

师：这里的长和宽又相当于圆的什么？

生：长相当于圆周长的一半，宽相当于圆的半径。

师：那么，圆的面积＝圆周长的一半×圆的半径，也就是$\pi r\times r=\pi r^2$。

师：刚才我们把圆片通过折一折得到三角形，通过剪拼得到长方形。不管哪一种，我们都是将它们转化成我们学过的图形，并都推导出圆的面积公式是：$S=\pi r^2$，真是条条大路通罗马呀！

4. 运用公式，巩固提高

师：怎样计算圆的面积？圆的面积是r^2的π倍，刚才哪位同学猜对了？

掌声祝贺他！现在利用这个公式，你们能求出浇灌了多大面积的草地吗？

生：能。

师：那就开始吧。

生：老师，还需要一个条件。

师：缺什么条件？

生：要求出浇灌草地的面积，还需要知道它的半径是多少？

师：告诉你们吧，这个圆的半径是10米，请求出浇灌部分的面积。

5. 归纳总结，课后延伸

师：同学们，通过这节课的学习，你们有什么收获？

生1：我会计算圆的面积了。

师：说说看怎样计算圆的面积？

生1：$S=\pi r^2$。

生2：我知道怎样把圆转化成已经学过的图形了。

师：说得好！这是一种非常好的方法。在以后的学习中，如果遇到新问题，我们也可试着将它转化成已经学过的知识来解决，你们说好不好？

老师这里还准备了一份小资料。（课件：刘徽的“割圆术”）

……

【感悟启发】本课是北师大版《义务教育课程标准实验教科书小学数学》六年级上册第21～26页的“圆的面积”。“圆的面积”是在学生对圆的特征、圆周长计算有一定的认识之后，对圆的进一步学习。在学习这一知识之前，学生对由直线围成的平面图形的面积计算公式的推导已经有了比较深的认识，而圆是小学数学平面图形教学中唯一的曲线图形，与学过的直线图形不论是内容本身，还是研究的方法，都有所不同。在上述案例中，教师通过生活中的情境来培养学生的估算意识，进而让学生在探索圆面积的计算公式的过程中，体会“化曲为直”的思想。教师创造了有效的探究空间，前者是用工具（方格纸）度量圆的面积，后者是探究圆的面积可以用什么样的公式去度量。特别是在用方格纸度量圆面积的活动中，有效的数学思考针对度量中如何解决“直和曲”“近似和精确”这两个矛盾，很好地将新知转化为“旧知”，启发学生运用迁移和同化理论，使其主动探索成为可能。这节课的估算也给探索增添了精彩。在自主探索中，有的学生将圆片剪成了4等份、8等份，剪拼成了近似的平行四边形；有的学生经过多次对折，得到了一个近似的三角形。这些学习的结果都是学生自己“创造”的，所得的结论也就深深扎根在学生的心底。在实践操作中，当份数越来越多时，学生感受到它的不可操作性，这时就很有必要借助电脑的优势，弥补操作和想象的不足。在剪拼的对比和想象中，学生体会着“化曲为直”，感受着极限思想。

（二）操作试验，发现知识

——“三角形的面积”的教学

执教：上海市培佳双语学校　黄爱华

师：2010年，上海将迎来世博会。据了解，世博会要规划修建一个三角形的绿色花坛，（点击课件引入）这个三角形的花坛究竟有多大呢？这节课我们一起来研究如何求三角形的面积。（板书课题）

请你们拿出一张长方形纸，用彩笔描出它的长和宽，并用文字标出。

要求这张长方形纸的面积，怎么求？（根据学生的回答板书：长方形的面积＝长×宽）请同学们选择合适的学具，以最快的速度画画、剪剪、拼拼、比比，看看直角三角形与长方形之间有什么关系，然后小组内交流。

师：你们选择了哪一种纸？怎么操作？发现了什么？

生1：我把两个完全相同的直角三角形拼成了一个长方形，所以我认为这个长方形的面积是直角三角形面积的2倍，也可以说直角三角形的面积是这个长方形面积的一半。（边演示边说，其他学生予以补充）

师：有不同的方法吗？

生2：我在一张长方形纸上画了一个直角三角形，然后把它剪下来，再和另一个三角形比一比，发现它们完全重合，所以我认为直角三角形的面积是这个长方形面积的一半。（课件完整演示剪拼比较的过程）

师：它们之间还有什么关系？

生3：长方形的长相当于三角形的底，长方形的宽相当于三角形的高。

师：刚才很多同学画了一个直角三角形，通过剪剪、拼拼，证明了直角三角形的面积是这个长方形面积的一半。有的同学把两个完全相同的直角三角形拼成了一个长方形，也得出了这个结论。那么锐角三角形、钝角三角形与长方形之间是否也有这样的关系呢，我们进一步来研究。

请两个人合作选择合适的纸共同来验证，验证完毕后小组内相互交流。（一会儿后）哪一组同学先来汇报？到前面展示给大家看。

生4：我们在这个长方形上画了一个最大的锐角三角形，然后把两个空白部分剪下来，拼在我们画的锐角三角形上，发现拼起来的三角形和我们画的锐角三角形完全重合，所以我们认为这个锐角三角形的面积是长方形面积的一半。(演示剪拼比较的过程)

师：你们画的锐角三角形与这个长方形之间还有什么关系？

生5：这个长方形的长相当于我们画的锐角三角形的底，长方形的宽相当于我们画的锐角三角形的高。

师：还有很多同学用不同的方法得出了相同的结论，谁来介绍一下？

生6：我们拿了两个完全相同的锐角三角形，把其中一个沿高剪开，拼在另一个锐角三角形上面，正好拼成一个长方形，长方形的长相当于这个三角形的底，长方形的宽相当于这个三角形的高，所以我们认为这个锐角三角形的面积就是这个长方形的一半。

师：锐角三角形与长方形的关系已经验证了，那么钝角三角形呢？

生：我们的方法和第一个同学（生4）的一样，在这个长方形上画了一个最大的钝角三角形，然后把两个空白部分剪下来，拼在我们画的钝角三角形上，发现拼起来的三角形和我们画的钝角三角形完全重合，所以我们认为这个钝角三角形的面积是长方形面积的一半。(边叙说边演示剪拼比较的过程)

生：我们和第三个同学（生6）的方法一样，我们拿了两个完全相同的钝角三角形，把其中的一个沿高剪开，拼在另一个钝角三角形上面，正好拼成一个长方形，长方形的长相当于这个三角形的底，长方形的宽相当于这个三角形的高，所以这个钝角三角形的面积就是这个长方形的一半。

师：对于钝角三角形与长方形的关系，还有谁要补充？

生：这个长方形的长相当于我们画的钝角三角形的底，长方形的宽相当于钝角三角形的高。

生：我们还有不同的方法，我们给一个钝角三角形画高，然后把它的高对折，把上面部分剪下，再沿高剪开，最后拼成了一个长方形，这个长方形的长相当于钝角三角形的底，长方形的宽相当于钝角三角形的高的一半。

师：通过刚才的几次实践，我们找出了所画的三角形与相应的长方形之间的关系，再请一个同学说说，这个长方形的长相当于三角形的哪一条边？（板书：底）长方形的宽呢？(板书：高）现在谁知道三角形的面积公式是什么？

生：三角形的面积＝底×高÷2。

师："底×高"是什么？为什么要"÷2"？

生："底×高"是相应的长方形的面积，因为三角形的面积是相应的长方形的面积的一半，所以要除以2。

生：还可以这样看，我们把一个钝角三角形转化成一个长方形，三角形的底就相当于长方形的底，三角形的高除以2相当于长方形的高。

师：非常好，我们每个人动手实践，然后集思广益，通过不同的方法得出了相同的结论。那么，如果用S表示面积，用a表示底，h表示高，求三角形面积的字母公式应该怎样写？

生：$S=ah\div 2$。（师板书）

师：三角形的面积计算公式通过大家的实践已经推导出来了，现在你们能求出世博会要规划修建的三角形花坛究竟有多大吗？（点击课件引入）

（生有的说能，有的说不能）

师：为什么不能？

生：因为这个三角形的底和高都不知道。

师：（小结）计算三角形面积，关键要知道它的一条底和这条底边上的高。

师：谁能指出分别是哪两条？（一生上台指出后，师标出数据）请同学们自己利用公式进行计算，再集体校对。

【感悟启发】本课是人教版《义务教育课程标准实验教科书小学数学》五年级上册第84～86页的“三角形的面积”。“三角形的面积”一课的教学是建立在长方形面积计算的基础上的，重点是推导三角形的面积计算公式。在上述案例中，教师从学生非常熟悉的话题入手，介绍世博会要规划修建一个三角形的绿色花坛，从而引出“这个三角形的花坛究竟有多大呢”的问题，进而在学生回答的基础上导入了新课。儿童有一种与生俱来的以自我为中心的探索性学习方式。有了这个问题，在接下来探究“直角三角形与长方形的关系”活动中，学生就会更加主动地去思考、去迁移。在学生推导出三角形的面积计算公式后，教师让他们利用公式独立解决课始的问题，学以致用。

学生在教师的引导下进行动手操作，对比发现可以把三角形转化成已经学过的会计算其面积的规则图形。学生操作学具的过程，把动手操作、动脑思考、动口表达结合起来，在交流碰撞中不断提升认识和概括能力，从而使三角形面积的计算方法“水到渠成”“动态生成”。从特殊三角形——直角三角形入手，再从特殊推广到一般，借助“画三角形”这一环节，化解了教材中把两个完全一样的三角形拼成一个长方形，要先把其中一个三角形沿高剪开的困难，在画画、剪剪、拼拼中得出“锐角三角形（或钝角三角形）的面积，也是相应的长方形面积的一半”这个结论，从而推导出了三角形的面积计算公式。

【小结】在日常教学中，周长和面积不分、表面积和体积混淆是小学生在几何求积中普遍存在的问题。原因之一是面积的概念比较抽象，有关图形的周长、面积、体积公式又极相似，学生很容易产生负迁移。因此，在有关平面图形面积计算的教学中，都应注意让学生亲身经历面积计算方法的探索和推导过程，循序建构知识，积累必备的数学活动经验，体会等积变形、转化等数学思想方法，发展空间观念，培养学生勤于动手、乐于探究等可持续学习能力。

1. 借助问题情境，让学生经历“猜想——实验——验证——概括”的活动过程，在活动中思考面积和长、宽（高）之间的关系，通过观察、讨论等形式归纳出图形面积的计算公式。

2. 注意利用学生已有的知识经验，让学生自主探索，运用“数、剪、移、拼”等迁移类推的思想方法得出图形面积计算公式，注意引导学生观察转化前后图形各部分间的对应关系，根据学生不同的转化策略，引导学生体会等积变形、策略多样化及转化的数学思想方法。

3. 在推导面积计算公式前，可引导学生先估测图形的面积，再进行测量。通过“估一估”“量一量”“算一算”，使学生体验各种估测的方法，增强估测意识和估测能力。

4. 提供多种形式的实际问题，让学生在解决问题过程中体会多样化策略，引导学生在解决问题的过程中，感受数学知识与生活实际的联系，深化对知识的理解，激发学生联系实际、提出问题、分析问题和解决问题的热情，体验数学学习的价值和探究的乐趣。

五、体积单位

【目标分析】关于体积单位部分，具体目标主要包括：了解体积（容积）的意义及度量单位（米^3、分米^3、厘米^3、升、毫升）；会进行体积（容积）单位之间的换算；感受1米^3，1分米^3，1厘米^3，1升，1毫升的实际意义。

类比迁移，整体认识

——“体积和容积单位”的教学

执教：河南省实验小学外国语分校　范苇

师：今年开始，发现好多同学都长高了，有的同学快有老师这么高了，找个同学来和老师比比看吧！（和一生比高）

师：我高出一点，到底高出多少呢？可以用数学来解决吗？

生：要知道你们的身高就可以了。

师：对，测量身高要用什么单位呢？

生：长度单位。

师：常用的长度单位有哪些？

生：厘米、分米、米。(师板书)

师：我们身高不一样，踩出的脚印大小也不一样吧？要测量脚印的大小需要用什么单位？

生：面积单位。

师：常用的面积单位有哪些？

生：平方米、平方分米、平方厘米。(师板书)

师：昨天让大家做了 6 个 1 平方厘米，拿出来看看，用手摸一摸，1 平方厘米有多大，还做了 6 个 1 平方分米，再摸摸 1 平方分米有多大。

师：我们俩所占空间的大小也不一样吧，要知道所占空间的大小，得用什么单位？

生：体积单位。

师：对！测量体积也需要一个统一的单位。统一度量衡是人类文化发展的一个标志。老师今天要给你们介绍 3 个常用的体积单位，那就是立方厘米、立方分米和立方米。这 3 个好朋友我们熟悉了之后，会帮我们解决很多生活中和数学中的问题。先认识立方厘米吧，大家猜一猜，立方厘米会是什么样子？

生：既然是体积，我猜应该是一个正方体。

师：你们和数学家的思路完全一样。1 立方厘米就是棱长 1 厘米的正方体。大家把做好的 6 个 1 平方厘米用胶带缠在一起，做成一个小正方体。(生操作，师对有困难的学生稍做指导，生大部分都能独立完成)

师：举起来看一看，1 立方厘米有多大；闭上眼睛摸一摸，想象一下 1 立方厘米有多大。用你们的橡皮泥捏一个大约是 1 立方厘米的小方块，和刚才用纸板做的比较一下，你们做的 1 立方厘米大小合适吗？展示几个做得比较好的。(生展示)

师：同桌的同学把 2 个 1 立方厘米的正方体合在一起捏一捏，随便捏成一个什么形状，看看 2 立方厘米有多大。4 人一小组把 4 块合在一起，看看 4 立方厘米有多大。

师：(拿出苹果）大家估计一下这个苹果有多少立方厘米？

生：30立方厘米。（显然，学生第一次估计还是有难度的）

师：我这里有一些1立方厘米的小方块，数30个你们看看，我把30个捏在手里，你们能看到我手里的东西吗？

生：看不到。

师：再看我捏着这个苹果，怎么总是露在手外边呢？

生：苹果大得多。

生：我估计有100多立方厘米。（生基本估计准确，师给予肯定）

师：这是我们今天认识的第一个好朋友：立方厘米。再来认识第二个好朋友：立方分米，猜一猜，立方分米会是什么样子呢？

生：是比1立方厘米大得多的正方体。

生：是由6个1平方分米的正方形组成的正方体。

师：对！数学家正是这样规定的，1立方分米正是棱长1分米的正方体。现在你们把准备的6个1平方分米的正方形（按面来计算，由6个正方形贴出一个正方体）合成一个正方体，看看有多大。

（生议论纷纷，原来1平方分米这么大啊，我用橡皮泥再也捏不出来了）

师：对，用橡皮泥捏不出来了，它比你们的橡皮泥盒还大呢。两个同学把你做的1平方分米放在一起，看看2平方分米有多大。4人小组把你们的1立方分米搭在一起看看有多大。（生活动）

师：这是我们认识的第二个好朋友，接着我们要认识立方米了。你们猜，1立方米会是什么样的？

生（齐）：棱长1米的正方体。

师：说得很好，1立方米就比较大了，我没法给你们准备，就想了一个办法，用3个1米长的软尺做长宽高，我们靠墙角搭一个1立方米吧。（师协助学生共同搭）看，1立方米就是这么大，我们试试看，里面能进去几个你们这样的小学生。（生边进边数，8个）

师：今天我们认识了3个体积单位，它们都叫什么名字？

生：立方厘米、立方分米、立方米。

师：为了国际交流方便，它们每人还有一个英文名字。（介绍cm^3、dm^3、m^3的写法，让学生写一遍）

师：下面，我们还要认识2个容积单位：升和毫升。大家看，我这里有个1立方分米的正方体塑料盒，把它装满水，倒进大量杯里，看看量杯的刻度，就是1升，有的标的是1000毫升。

（指导学生看量杯里的水，然后将量杯里的水倒进他们常用的喝水杯里看看能倒几杯，把计量单位和生活实际结合起来）

师：认识了升，我们再来认识毫升。这里有个1立方厘米的塑料盒，里面装满水，倒出来看看，这就是1毫升，太少了，几乎看不出，那我用针管吸5毫升给大家看看。（师操作，生观察）

师：拿出你们带的饮料，看看上面的标签，写的多少毫升。

（生观察，写的450mL等，师介绍毫升和升的另一种写法）

师：在生活中，很多液体的包装都标明多少升或毫升。如大家喝的饮料，买的酱油和醋，还有桶装的矿泉水、药水、墨水。只要大家注意观察，要不了多久，你们就能准确地估计出物体的容积了。

师：我在实验室借了一个测肺活量的仪器，大家体检时就要测肺活量，你们知道肺活量是什么意思吗？（生说得不准确）

师：就是一口气呼出多少毫升的气。因为气看不见，所以就做了这样的仪器，看这个圆柱体上升了多少，上升的就是气体的体积。下课和中午休息时间，大家可以来测一下自己的肺活量，观察圆柱体上升了多少。

……

【感悟启发】本课是人教版《义务教育课程标准实验教科书小学数学》五年级下册第43～44页的“体积和容积单位”。体积概念教学，既要注意引导学生回忆长度概念、面积概念的教学过程与学习方法，又要注意为学生主动地类比迁移提供机会和时间、空间的保证，也要注意引导学生将体积、长度与面积概念进行多方式和多层次的沟通与比较，还要注意引导学生主动自觉地对长度、面积和体积概念进行系统性的梳理、比较和沟通，帮助学生形成从一维的线段度量到二维的面积度量再到三维的体积度量的整体认识，促进学生形成结构化的认知和思维方式。在上述案例中，范老师导入时就让学生从回忆长度单位、面积单位引出体积单位。接着的操作交流，让学生用摸一摸来感知1立方厘米，用贴6个面来感知1立方分米，用搭来感知1立方米等体积单位有多大，在充分感受后借助生活中的液体包装，理解1升，1毫升的实际意义。这个过程，学生用眼观察、用手触摸1立方厘米，1立方分米，并模拟再现，真切地感受它们的实际大小，生成描述性定义，并对它们各自的运用范围有了一个朦胧的认识，为建立体积单位的空间观念奠定了扎实的基础。

【小结】从以上案例可以看出，落实此部分教学目标时，要注意：尽量提供学生熟悉的生活实例，使学生获得充分的感性认识，在观察、操作、比较的基础上，理解体积的概念，在比较体积概念的基础上理解容积概念，体会它们之间的异同点。在解决实际问题的过程中，也要引导学生体会统一体积单位的必要性。注意借助直观模型，帮助学生初步了解体积单位与长度单位、面积单位的区别与联系，直观感受1立方米，1立方分米，1立方厘米的空间，理解体积单位之间的进率。教学升和毫升时，可提供以升和毫升为单位的容器，引导学生在观察或操作中，初步建立1升和1毫升的表象，理解升、毫升与立方分米、立方厘米的关系，增强学生对体积、容积单位及实际意义的理解。

六、体积计算公式的推导

【目标分析】关于体积计算公式的推导这一部分，具体教学目标主要包括：探索并掌握长方体、正方体、圆柱、圆锥体积的计算方法，并能解决简单的实际问题；能探索某些实物体积的测量方法。本章是学生第一次真正研究立体图形、立体世界，教材在前几课时安排了长方体和正方体的特征、性质，长方体、正方体表面积的计算，体积的概念和常用的体积单位。对于体积计算公式这一知识，学生都会提前知道计算公式，觉得学习这类知识很简单，但至于为什么是这样，往往却一无所知。根据学生的学习特点，结合新教学理念，在设计每一课时的教学目标时，要注意让学生充分去猜想、验证、推导体积计算公式，在理解、掌握体积的计算方法过程中，提高其分析、归纳、推理以及抽象概括的能力，进一步发展动手操作能力与空间想象能力。

经历过程，完整建模

——“长方体的体积计算”的教学

执教：江苏省丹阳市实验小学　张楼军

师：体积是指什么？体积的单位有哪些？（生对答如流）

师：体积4立方厘米的正方体里含有多少个体积1立方厘米的小正方体？

生：4个。

师：那体积是6立方厘米，8立方厘米呢？这说明了什么呢？

生：几立方厘米里就含有几个1立方厘米的小正方体，体积是多少就表示含有多少个体积单位。

师：今天我们应该学哪一部分内容？（集体回答——长方体的体积）

师：这一内容看过书了吗？会计算了吗？

生（齐）：长方体的体积等于长乘宽乘高。（师板书：长方体的体积=长×宽×高）

师：这些，你们都会了吗？

生：会了。

师：那好，我们今天的课就上到这里，总共用时4分钟。

（生面面相觑，有人发出了抗议：这样就学完了，不可能吧？太简单了！师不发话，静观其变）

生：还有一个知识没有教呢？

师：什么？你说说看。

生：$V=abh$。

师：这是长方体体积计算的字母公式。（解释公式，并让学生读几遍）

师：这样总行了吧，学了文字表达的公式和字母公式，今天的内容总该完成了吧？

生：不行，我们还没有练一练呢。

师：好，依你们，练一练，请口头计算下列长方体的体积。（生全部计算正确）

师：总算可以学完了吧。

（生总觉得有些问题，但又提不出来，他们认为课不应该这样上）

师：你们真学会了吗？你们真没有想法了吗？（生无言）

师：那好，我来向你们请教，请问，为什么长方体的体积等于长乘宽乘高呢？

（学生们一愣，随即陷入了深深的思考中，有的学生托腮沉思；有的学生埋头在纸上画画写写；有的学生打开了书本，在书上寻找答案；还有的学生在轻声和别人交流。

5分钟后，喜悦映在了他们的脸上，小手如林，个个跃跃欲试。

学生们发表了自己的观点。从学生们的发言中可以发现，一小部分学生已经确切地知道了长乘宽乘高是长方体体积的原因，另一小部分的学生只是把从书上看到的操作过程重新复述了一遍，还无法深刻理解内涵，还有近乎一半的学生“糊里糊涂”）

师：纸上得来终觉浅，绝知此事要躬行。我们能否实际操作操作呢？

（老师要求学生四人组成一小组，给每个小组发了一个透明的塑料长方体和6个体积是1立方分米的正方体，然后告诉他们，长方体从里面量长是3分

米，宽是2分米，高是4分米，最后要求他们用小正方体量出长方体的体积，并说明长方体的体积为什么是长乘宽乘高）

（学生合作操作后，开始汇报，学生的发言很积极，重复的也很多，现选择有层次的3位学生的发言）

生：我们小组通过摆小正方体发现，长3分米可以摆3个1立方分米的正方体，宽2分米可以摆2个，高4分米可以摆4个，3×2×4=24，所以长方体的体积是24立方分米。

生：实际上可以这样想，长摆3个，每排是3个，宽摆2个，是2排，这样，每层就有6个。高摆了4个，就表示有这样的4层，每层6个，4层就是24立方分米。

生：概括地说，就是长有几分米就表示每排有几个，宽有几分米就表示有这样的几排，高有几分米就表示有这样的几层，3个量相乘就能算出里面有多少个体积单位，就是多少立方分米了。

（当这位学生说完后，教师没有发表任何意见，课堂里静悄悄的。这位学生的发言太精彩了，教师想留出空白，让其他的学生品一品这位学生的发言，学生们在这安静的气氛中深思。片刻，学生们大都想明白了，开始和小组内的成员议论着刚才的发言）

师：那么现在有谁能告诉我，为什么长乘宽乘高等于长方体的体积？

生1：（边比划着教具边说）因为长有多少就相当于一排有几个体积单位，宽有多少相当于有多少排，高有多少就相当于有多少层，每排的个数乘多少排再乘多少层就能算出体积的多少，也就是长乘宽乘高。（生2、生3重复了生1的发言）

（从学生的概括中，老师知道学生对于体积的意义已经理解到位了，但老师还是将了他们一军）

师：那你们在上课前有没有思考过这样的问题呢？这给我们什么启示呢？

生：我只是知道了公式，以为自己会了，没有去想为什么，我以后要多想一想。

生：我没有看书，只是听别人这样说，后来我看了看书，发现书上讲得很清楚，所以我以后要多看看数学书。

生：我以后一定要多想想原因，不能只要结果。

【感悟启发】本课是苏教版《义务教育课程标准实验教科书小学数学》五年级下册第16～18页的“长方体的体积计算”。许多教师在做教学前测时发现，大部分学生先前就已经知道了长方体的体积计算公式，但对公式的理解还比较肤浅，似乎只关心公式本身，而对公式的形成过程、内在含义的理解漠不关心。学生不关心的这些内容实际上却是最需要掌握的——公式的推导过程，这也是学生完整的数学建模的过程。当一节课只有一个大的知识点，而学生大都已经知道了时，我们怎样引导学生经历公式的推导过程呢？如果不考虑学生的已知，仍然一步一环节地得出公式的话，那么学生参与的兴趣将减少，效果将减弱。与其这样，何不顺其自然，由果寻因，学习张老师在上述这节课的做法。张老师认为，学生是明确知道长方体的体积是长乘宽乘高的，既然知道体积的计算公式，那么就说一说，说完后，课堂的重点便落在了寻找公式成立的缘由上。这样，学生的注意力就由自己已知的问题过渡到了未知问题上，兴趣提高了，效果明显了。

【小结】学习不只是学前人发现的知识，而是更多地学前人发现知识的方法。有种吃鱼的方式，就是只吃了鱼的身子，而鱼头、鱼尾则被抛弃了。我们的数学活动不能只吃鱼身，而应该吃整条鱼。这鱼的头就是数学的发展史，鱼尾就是把数学运用到生活中。体积计算公式是刻板的，而公式的再创造过程却是鲜活的、生动而有趣的。新课程必须重视让学生在理解掌握数学公式中“经历推导的过程”！在公式推导的过程中，教师要组织好学生的学习程序，转化猜想——操作验证——观察比较——明理叙述，让学生亲历将实际问题抽象成数学模型的过程。越是完整的数学建模，经历知识形成的过程也将会越完整，通过这个载体能够让学生在内心整体构建知识体系，并从这个体系中获得更大的价值。在小学阶段教学体积计算公式的推导时，还应该注意：

1. 充分利用实物、模型等，通过创设问题情境，引导学生经历类比猜想——验证说明的探索过程，让学生充分参与观察、分析、比较、发现活动，归纳体积的计算公式，再应用文字和字母表示公式，结合解决实际问题加以巩固。

2. 在学生掌握体积的计算方法后，应该及时对学习过程及数学思想方法（如转化）进行总结。

3. 由于这部分知识多，计算步骤较复杂，教学或考查时提供的数据要尽量简单。试题设计除了检测学生掌握知识技能的情况，还应考虑体现对数学思想方法、能力乃至学习过程的检测。

七、不规则图形的面积

【目标分析】关于不规则图形的面积部分，具体教学目标主要包括：正确计算组合图形的面积，灵活运用学过的面积计算方法解决问题；能用方格纸估计不规则图形的面积，积累估算经验。

巧设“拐棍”，有效猜想

——“树叶的面积”的教学

执教：南京市游府西街小学　张书蕾

1. 提出问题

师：请同学们举起收集的树叶，说说它们的名称。

生：桑树叶、梧桐树叶、银杏树叶……

师：看到这些树叶大家有什么话想说吗？

生：树叶真是千姿百态。

生：我想知道怎样计算树叶的面积。

师：今天这节课我们就来研究怎样计算树叶的面积，好吗？

2. 探究发现

(1) 计算长方形面积。

师：(出示一个没有数据的长方形）能说出它的面积吗？能想办法吗？

生：量出长、宽。

生：用数方格的方法可以知道它的面积。

师：(屏幕显示）把长方形放在方格纸上，数一数长方形中有多少个这样的面积单位。

(2) 计算三角形面积。

师：(屏幕显示一个三角形）你们能说出它的面积吗？(生讨论，汇报）

生：像长方形一样把三角形放在方格纸上数一数。

生：把三角形分开拼成一个正方形。

师：你想得真好！把图形分开来，再移动变成正方形，数一数有多少个这样的面积单位！

生：9个这样的面积单位。先数整格的，再数半格的，两个半格可以合成一个整格。

师：同样是在方格纸上数长方形和三角形的面积，数的过程有什么不同？

生：长方形都是整格的，三角形有半格的。

生：三角形中的两个半格可以合成一个整格。

（3）计算不规则图形面积。

师：（出示一个不规则图形）与三角形和长方形比，你们有什么发现？

生：都是由弯弯曲曲的线围成的。

生：它们都是不规则图形。

师：你们认为像这样的不规则图形应该怎样计算它们的面积呢？请同学们以树叶为例，小组讨论。（生讨论并汇报）

生：把它看作一个长方形来计算面积。

师：怎么看？

生：把弯弯曲曲的线看成是直的，和长方形很像。

生：用数方格的方法计算它的面积。

师：如果把不规则图形放在方格纸中，这个不规则图形和刚才看到的三角形比，你们又有什么新的发现吗？

生：三角形中的半格正好是整格的一半，而不规则图形中不够一格的有的比半格多，有的比半格少。

师：那怎样用数方格的办法来算出它的面积呢？

生：半格多的算一格，不够半格的算半格。

生：我不同意，应该把不满一格的都按半格计算。

师：这时，我们用数方格的方法求出的面积是准确的吗？到底哪种方法更接近呢？为什么？

生：半格多的算一格，不够半格算半格，计算出的面积就会比实际面积大得多，还是不满一格的都按半格计算比较好。

（请学生上台汇报计算方法，用自己发现的方法计算不规则图形的面积）

生：先把整格的框出来，然后把半格的编号并标出来。

生：不满半格的都按半格计算，把弯曲的部分都画成半格，再数。

生：整格的分别标上数据，在两个半格中间标上一个数据。

3. 解决问题

师：请同学们想一想生活中还看到过哪些物体的表面是不规则图形？

生：手的表面。

生：还有很多树叶的表面是不规则图形。

生：身体的正面。

师：先估一估，再计算你手中的树叶的面积，说说是怎样估的？

生：用刚才的树叶比较。

生：让树叶跟1平方厘米的面积单位比。

师：把估出的面积记在心里，再算一算树叶的面积，看谁估的面积和计算的面积最接近。（生汇报计算的方法）

生：我的树叶两半是一样的，我只要算出一半的面积再乘2就可以了。

4. 拓展延伸

（1）学生相互合作，选择手、地图和钥匙中的一种计算出面积。

（2）这节数学课你们最大的收获是什么？请把这节课你们最感兴趣的地方写下来。

【感悟启发】本课是苏教版《义务教育课程标准实验教科书小学数学》三年级下册第107页的实践活动“树叶的面积”。在教学中，教师从估计树叶的面积入手，最后让学生尝试计算自己手掌的面积，精心设计了符合学生认知特点、适合学生主动探索的学习活动，有效地达成了教学目标。

计算不规则图形的面积，只要得到一个近似值即可，因而更多的时候估算就能解决问题了。培养学生的数学猜想能力，不能单靠机械地练习，而应该帮助学生建立“参照概念”，寻找一个接近学生已有知识的支点，让学生通过猜想——修正——再猜想——再修正……逐步获得接近实际的某种结果，从而发现某些结论。张老师教学活动中，通过对比“长方形”“1平方厘米的面积单位”，给学生猜想提供了“拐棍”——参照标准，提升了学生猜想活动的有效性。

【小结】教学不规则图形面积的内容主要是以方格图为背景进行估计和计算的，评价时不要拔高要求。教学中，重点要引导学生认识组合图形由基本图形组合的特点，运用已有的知识经验，将未知转化为已知，学会“割补”“填补”等方法，体验解决问题策略的多样化。可以利用学生熟悉的不规则图形，让学生在透明方格图（1cm×1cm）上从不同角度、运用不同的方法估算面积，进而在估算的过程中提高估算能力，积累估算经验，发展空间观念。

第三节　图形与变换

一、对称图形

【目标分析】关于对称图形部分，具体教学目标主要包括：初步感知生活中的轴对称现象和镜面对称现象；经历探索镜面对称现象的过程；结合实例，认识轴对称图形的一些基本特征，并初步了解对称轴；会用折纸等方法确定轴对称图形的对称轴，会在方格纸上画出一个轴对称图形；在认识、制作和欣赏轴对称图形的过程中，感受几何变换，发展想象能力，培养审美情趣。对称是一种基本的图形变换，包括轴对称、中心对称等多种形式。小学阶段主要是学习轴对称现象，分布在两个学段之中，教学时要把握好不同学段的预设目标层次以及教学要求。比如，“对称轴”这个名词，在第一学段中只需让学生直观认识对称轴和通过操作活动积累感性经验，第二学段还要继续学习。认识镜面对称，不是纯粹的知识学习，而是一种体验活动，要重视其过程性目标。

定准目标，科学达成

——“认识轴对称图形”的教学

执教：辽宁省沈阳市沈河区大南三校　薛丹丹

1. 实践操作，感知轴对称图形

师：同学们，老师这里有一把剪刀和一张纸。我能用它们给大家带来一位新朋友，它是谁呢？请同学们稍等半分钟，老师这就把它请出来。

（教师在纸上用对折的方法剪出一个对称的小姑娘，学生们看得非常认真）

师：你们看，她来了。你们知道老师剪出的这个小女孩有什么特点吗？

生：老师是对折剪的。

生：她的左右两边一样。

师：让我们来看看她的两边是不是真的一样。（将图形对折）看前面，能看到另一面吗？反过来这面呢？这两边哪一边也不多哪一边也不少，这就说明这两边是完全重合的，我们就说这两边是对称的。像这样对折后两边能完全重合的图形，我们就叫它轴对称图形。（板书课题）这节课就让我们走进轴对称图形的世界，来认识轴对称图形。（板书：认识轴对称图形）

2. 动手操作，认识轴对称图形

师：老师看到了，许多同学都跃跃欲试，也想来剪一剪。现在老师就给同学们一个机会，让你们也剪一个轴对称图形。动手之前，请同学们先来想一想，你们打算剪一个什么样的轴对称图形？你们想用什么方法来剪呢？（生思考）很多同学都想出了自己的方法，老师这里也有一个剪轴对称图形的方法，请同学们来看一看。（生看剪纸的录像）

师：那有什么要提醒同学们的吗？

生：剪的时候要对折。

生：要对齐，别剪坏了。

生：要先画下来。

师：怎么画呢？

生：要先画下来图形的一半。

师：老师的想法也和大家一样。我们要剪花儿，就画出花儿的一半，要剪一把剪刀就先画出剪刀的一半。我们看谁剪的轴对称图形最与众不同，速度还很快。如果你剪得很认真，老师就发给你一颗五角星作为奖励，那么，让我们开始吧。（生动手剪轴对称图形）

师：怎样让别人知道你剪的是一个轴对称图形呢？

生：把它对折一下，看看两边是不是完全重合。

师：好，那现在就同桌间互相检验一下，看看他剪的是不是轴对称图形。如果不是，请你帮他修改修改。（生互相检查，有个别学生帮同桌修改图形）

师：现在我们每个人的桌面上都有一个美丽的轴对称图形了，请你们把它贴到前面的图形天地里吧。（生将自己的作品贴到黑板上）

师：同学们的手可真巧，能在这么短的时间内剪出这么多各式各样漂亮的对称图形，老师真为你们感到自豪，你们最喜欢哪一个轴对称图形呢？

生：我最喜欢爱心。

生：我最喜欢小女孩。

生：我最喜欢圣诞树，因为它比较复杂，不好剪。

师：老师也很喜欢这些轴对称图形。同学们，虽然你们剪的轴对称图形的形状不一样，但是它们身上包括老师的这个图形在内，都有一个共同的特点，你们找到了吗？

生：都是对折后剪出来的。

生：它们都有折痕。

师：这条折痕是一条什么样的线？

生：直直的线。

师：你观察得真仔细。那么这条折痕所在的这条直直的线就是这个轴对称图形的对称轴，请同学们看一看（课件演示画对称轴的过程），画对称轴的时候要注意什么呢？

生：要画直。

师：你说得很对，想画直，就要用到——

生：尺子。

师：非常好。还有其他要注意的吗？

生：要画成虚线。

师：对。同学们再来看它的上下两边，因为对称轴是经过折痕的直直的线，我们画的时候还要再出点头儿。现在老师把刚才剪的轴对称图形的对称轴画下来。请你们帮老师看一看，我画的对不对。

（师在黑板上示范，用动作提示学生要用格尺）

师：我画的对吗？

生：对。

师：那么这条线就是这个轴对称图形的——

生：对称轴。

师：同学们，你们的表现真是太棒了，我真替你们感到高兴。有几个小图形知道同学们表现这么出色，也想出来祝贺你们呢，快把它们从信封里拿出来，摆到桌面上吧。（生从信封里拿出蜻蜓、蝴蝶、脸谱和树叶的图形）

师：请同学们先来观察一下，它们是不是轴对称图形？

生：是。

师：刚才我们是用眼睛观察的方法判断的，虽然这个方法非常快，也很直观，但不见得特别准确，在条件允许的情况下，我们还可以用——

生：对折的方法检验。

师：那我们快动手检验一下吧。（生对折检验，师相机指导）

师：好，让我们分别来看一看，蜻蜓（课件演示对折过程）是轴对称图形吗？

生：是。（师课件演示蝴蝶对折过程）

生：蝴蝶也是轴对称图形。

师：小树叶是不是呢？请你们摸一摸它的对称轴。（生摸）

师：很高兴能看到许多同学的笑脸，说明你们已经做好了。除了刚才我们看到的这些，在生活中还有好多图形都是轴对称图形，你们能举个例子吗？

生：正方形是轴对称图形。

师：你说话真完整。正方形是我们以前学过的平面图形。

生：房子是轴对称图形。

师：同学们，我们所说的轴对称图形，一般都是指平面图形。像房子这样的物体有一定的厚度，是立体的，所以我们只能说它的两边是对称的，而不能说它是轴对称图形。

生：乒乓球拍的面是轴对称图形。

生：黑板是对称的。

师：为什么不说它是轴对称图形呢？

生：因为黑板是物体，不是平面图形。

师：你说得太好了。那让我们再来说一说，在我们身边还有哪些物体，它的两边是对称的。

生：我的两边是对称的。

师：不光是你，包括同学们和老师，我们人类都是对称的。

生：椅子是对称的。

生：桌子是对称的。

师：你们能举出这么多例子，说明你们都是善于观察的孩子。

3. 巩固练习，加深理解

师：老师这里还有一些图形，它们是轴对称图形吗？请你们找出其中的轴对称图形，画出它的对称轴。（生独立完成）

（师用实物投影展示学生的答案，重点讨论两幅图）

生：房子的一边有窗户，另一边没有。

师：这是怎么回事呢？我们来看看，小房子的形状是对称的，它的图案不是对称的，还有别的不一样的地方吗？

生：她的五角星对称轴画歪了。

师：那我们在画的时候要注意把它画正，还有不一样的地方吗？

生：没有了。

师：请同学们看一看五角星，它可不止有一条对称轴呢，请你们仔细看看。(有学生似乎有所发现)

师：你们可以用刚才奖励你们的五角星折一折，比一比，看看你们能找到五角星的几条对称轴，都在哪里？可以同桌之间合作寻找。(生动手折，师相机指导)

师：请你们用手势表示一下你们找到了几条对称轴。(生举手) 3 条、4 条，还有同学找到了 5 条。好，让我们一起看一看。(课件演示)

师：原来五角星有 5 条对称轴呢！这节课上你只要找到了其中的一条就是成功的。找到 3 条、4 条，甚至 5 条的同学，老师表扬你，这说明你非常爱动脑筋。那通过给五角星找对称轴，你们有什么发现吗？

生：这些对称轴都是从一个中心点过去的。

师：你是说，这 5 条对称轴都经过五角星中心的这一点是吗？你观察得可真仔细。

生：五角星有好几条对称轴。

师：这就说明，有的轴对称图形不止一条对称轴，它可能左右对称，也可能是上下对称，还有可能是斜着对称。所以，在我们判断轴对称图形或是找对称轴时，可要仔细观察、认真思考，各种情况都要考虑到。为什么大家都没有给 1 号图画对称轴？

生：因为 1 号图不是轴对称图形。

师：其实在数字里，有很多是对称的。(出示 2008) 看到这个数字你们想到了什么？

生：2008 年北京奥运会。

师：这里谁是对称的？

生：8 是对称的，可以左右对称，也可以上下对称。

生：不对，8 只是左右对称，它上面的圈小，下面的圈大，所以不能上下对称。

生：0 也是对称的，它可以左右对称，也可以上下对称。

师：对了。不光数字可以对称，我们的汉字中也有具有对称性质的字呢(出示中)，它的对称轴在哪里？

生：就是它中间的竖。

师：当然英语字母中，也有对称的（出示 LOVE），你们知道这个单词的意思吗？

生：是爱的意思。

师：这 4 个字母中哪些是对称的？

生：第三个字母“V”是对称的，左右对称。

生：第二个字母“O”是对称的，是上下对称，也可以左右对称。

生：第四个字母“E”是上下对称的。

师：同学们说得都很对。我们再来看看两个学过的平面图形（课件出示长方形和正方形），它们也都是轴对称图形，我们先来看看长方形，你们能找到它的几条对称轴？

生：我找到了 2 条，横着一条，竖着一条。

生：老师，它也能斜着对称。

师：是这样吗？我们拿这张长方形的纸试一试。（对折后，生发现斜着并不对称）

师：所以长方形有 2 条对称轴，那正方形呢？

生：正方形有 4 条对称轴，横着一条，竖着一条，斜着还有 2 条。

师：看来同学们已经和轴对称图形交上好朋友了。（师拿出一串小人，有 8 个）老师这里还有一个图形，它是轴对称图形吗？

生：是。

师：你们知道它的对称轴在哪里吗？请你摸一摸。（一生摸）

师：（对折后是 4 个小人）这回呢？请你摸一摸它的对称轴。（再对折是 2 个小人）这回呢？（对折后成 1 个小人）这回呢？（对折后是半个小人）你们能用今天学到的知识剪一串这样的小人吗？请你们动手试一试吧。

4. 课堂总结（略）

【感悟启发】本课是人教版《义务教育课程标准实验教科书小学数学》二年级上册第 68 页的“认识轴对称图形”。教师以动手操作为导入，为接下来学生的剪纸和检验活动做了伏笔。在探究“轴对称”的过程中，学生折纸、剪纸，人人经历剪的过程，发现了只有对折后才能剪出轴对称的图形，而折纸的过程不仅加深了学生对对称轴的认识，同时也培养了学生的空间想象力。轴对称图形和物体的两边对称，是两个不同的概念。前者指的是平面图形，而后者则是有厚度的物体，是不能称之为轴对称图形的。对于这点，学生是很容易混淆的。薛老师的解释和学生的举例，有效地解决了这个认知难点。

轴对称图形在生活中有着广泛的应用。生活中的对称现象是要作为导入学习的认知素材，还是要让学生在对轴对称图形有了感悟和理解后，再通过“找一找”“说一说”等活动去发现这些现象呢？这两者都是合理的。怎么安排，取决于本课教学目标的定位。薛老师把本节课的教学目标确定为“初步认识轴对称现象，懂得应用知识在生活中寻找相应的现象”，“培养观察、识别、辨析的能力”。借助生活中的轴对称图形，把抽象的数学知识转化为丰富的感性实物，联系了生活，加强了理解，使学生充分体验到对称在生活中运用的广泛性，了解到生活中处处有数学，只要你留心观察，美就会时刻伴随你，从而激发学生学习数学的兴趣，调动其学习的积极性和主动性。

【小结】为了更好地落实轴对称图形的教学目标，教师教学活动中要注意以下几个问题：

1. 通过寻找并呈现身边对称物体的图形，使研究的对象从物体过渡到平面图形，让学生经历从感受物体的对称到体会图形的对称的过程。

2. 组织学生经历认真、有序的观察活动，结合实例，让学生用自己的语言描述轴对称图形的基本特征。

3. 为学生提供多种操作材料，通过发现折痕，导入“对称轴”；通过制作对称图形，体会对称轴的含义与作用。

4. 让学生在方格纸上画出简单对称图形的另一半，可进行画图方法的指导。例如，根据对称轴找到已知顶点的对称点，利用方格纸确定另一半图形的顶点，连成线。

二、平移与旋转

【目标分析】关于平移与旋转部分，具体教学目标主要包括：结合实例，认识平移与旋转现象，会直观地区别这两种常见的现象；能在方格纸上画出一个简单图形沿水平方向、垂直方向平移后的图形；能在方格纸上将简单图形平移或旋转 90°，获得初步的视图、作图技能；会有条理地表达图形的变换过程；感受数学与生活的密切联系，欣赏生活中的图案，感受数学美。“平移与旋转”是既在学生身边又不易被二年级学生发现的数学现象，学生容易辨别这两种现象，但对现象的本质特征却不容易把握。对于平移现象学生很容易理解，但是对于图形平移几格理解起来有些难度，学生很容易对平移几格造成错觉。因此，这部分内容是教学的难点。

（一）注重“营养”，兼顾“味道”

——“平移与旋转”的教学

执教：北京市崇文区教育研究中心　吴正宪

1. 创设情境，初步感知平移和旋转

（大屏幕出示游乐园欢乐的活动场景）

师：接下来，我们就走进美丽的游乐园。今天我们在玩的时候，要换一个角度，用另一种眼光来看看，在玩当中有没有值得我们研究的问题。（全体起立）

师：一会儿要进美丽的游乐园，你们在进行每一样活动的时候，用自己的声音、表情和动作把你们的感受表现出来。

（随着波浪飞椅、观览车、勇敢者转盘、弹射塔、滑翔索道等游乐项目的出现，学生和教师一起转动身体模仿波浪飞椅、伸出手臂前后平移模仿观览车、将身体上伸下蹲模仿弹射塔……课堂上满是学生的欢笑声）

师：刚才我们很开心，同学们，能不能给你们的活动方式起个名字？你们刚才这样的活动（手势）叫什么？

生：旋转。

师：还有别的运动方式吗？

生：还有平移。

生：（我转的时候）头晕。

师：请出6位同学，每个同学选择一个你最喜欢的活动，比如说滑翔索道，先模仿一下，坐滑翔索道的时候，是一种什么运动，模仿完了后，把你认为是旋转的就贴在旋转类，你认为是平移的，就贴在平移类。

（师生一起边模仿边归纳：滑翔索道，这样向前推，也可以说这样向前平移；弹射塔，这样向上向下的平移；激流勇进，这样斜着就下来了。这些运动方式我们称之为平移。像波浪飞椅、勇敢者转盘和观览车这样的运动方式都称为旋转）（这时，一个学生正好走回座位）

师：停！这个同学的整个身体在怎样？

生：向前平移。

师：请继续走到座位旁边，他一定会做一个什么动作？

生：旋转。（那位学生果然旋转，坐下，同学们都轻松地笑了）

2. 操作观察，进一步感知平移与旋转

师：（出示卡通人物小兰）请一位同学帮助小兰做一下向不同方向的平移动作。

师：向上平移。（生平移图片）

师：对了，回来。哪位同学来发口令？

生：向左平移。

生：向右平移。

生：向下平移。

生：向右上角平移。

生：向左上方平移。（在向左上方移动时，生把小兰的身体旋转了一下）

师：刚才你是这样平移的（师做动作），现在你又这样（动作），这叫平移吗？怎样才算平移？（生做正确的动作：向左上方平移）

师：这才叫平移呢！

生：（继续发口令）向右下方平移。

生：向左下角平移。

师：刚才，在小兰平移的时候，你们发现什么是平移？

生：我发现直着走就是平移。

生：向一个方向走就是平移。

生：我觉得是人不能歪，不管向哪个方向走都叫平移。

师：人不能歪（老师手势）？小兰老站得直直的，是这意思吗？

评析：好一个“直直的”，吴老师抓住儿童对知识的独特体验，让学生用自己的理解去建构知识，对学生探索平移与旋转的特征因势利导。

（师演示小兰直直地上下平移、左右平移）

师：可以直直地平移，我们还可以斜着平移。（演示斜着平移）

师：小兰不能歪？我懂了，就是说，小兰在平移的时候，小兰本身的方向不能歪，不能发生变化。

师：（手势）这叫平移吗？

师：（手势）这叫平移吗？这叫怎样的平移？

生：斜斜的。

师：对，小兰还可以斜斜地平移。

师：请刚才扮演小兰的同学表演向前平移，向后平移。

师：到座位旁，他一定做个什么动作？

生：旋转。

评析：吴老师的语言是丰富的、充满激情的。她的体态语言是多么恰到好处！让三年级的小学生理解平移，用语言概括什么是平移是有一定难度的，吴老师引导学生借助动作概括什么是平移，用动作的形象弥补了语言上的不足，让学生通过操作、观察、比较，进一步理解了什么是平移，学生学得轻松、有趣。

3. 解释拓展，灵活运用平移与旋转解决问题

（大屏幕出示：

汽车能听你指挥吗？

你是一名出租汽车公司的调度员，你的任务就是应客户要求，调度车辆到达客户指定的地点，你能做到吗？试一试吧）

师：拿出学习卡片，两人一小组移动汽车并讨论：出租车怎样平移，向哪个方向移动多少格子，再向哪个方向移动多少格子才能接到A顾客或B顾客呢？

生：往左平移5格，向下平移6格，接到顾客A。

生：往下平移6格，向左平移5格，也接到顾客A。

师：接顾客A还有别的路线吗？

生：可以斜着走。

师：为什么选这条路呢？

生：因为它比较短。

师：如果真有这么一条路，是既省时间又省油。

生：我还可以两个顾客一起接。

评析：在这个开放性的问题情境中，学生充分展示出自己的聪明，找出多种解决问题的途径。

师：平移和旋转可以帮助我们接顾客，生活中哪些地方还有平移、旋转？

（屏幕出示方向盘、水龙头、铝合金窗户等，生判断哪是平移、哪是旋转）

（屏幕出示三个栏目：聪明的设计师、楼房会搬家吗、彩灯的长度）

师：你们最想研究哪个栏目呢？（很多学生喊出：楼房会搬家吗）

（屏幕出示新闻联播片段：上海音乐厅顺利平移66.4米的路程）

师：你们想说什么？

生：真神奇呀！

生：真是不可思议！

生：我觉得真奇怪，楼房是怎样搬过去的呢？

师：这是一件真实的事情，就发生在我国的上海，上海音乐厅这幢高高的大楼就这样老老实实地、稳稳当当地平移了66米多的路程，太神奇了，这就是知识的力量。为什么能稳稳地平移呢？这里面有很多的知识，等我们长大了去了解它。知识就是伟大！

评析：学生都好奇地睁大了眼睛，在学习中他们感受到数学的神奇力量！新颖的素材激发了学生进一步探究平移奥秘的欲望。

师：有人想做聪明的设计师。（屏幕出示：小明想给卫生间安装门，马桶离门口只有30厘米，这里有两个门，旋转门，距离50厘米；平移门，距离10厘米）你选择哪种门，为什么？

生：选择平移门。（电脑演示，正合适）

生：选择旋转门。（电脑演示，朝里推不开，这时有学生提出，门可以朝外拉开）

师：你真有智慧！

评析：听课的教师也不禁为学生的智慧叫好。正是这种和谐宽松的氛围，让孩子的思维不受拘束、是那样活跃！

师：朝外开，外面一定要比较宽敞，选择哪种门，要看具体情况而定。

（屏幕出示第三个问题：过节了，为了让大楼更漂亮，工人叔叔打算在大楼楼顶四周围上一圈彩灯，你能帮工人叔叔算一算彩灯的长度吗？）（生画出示意图）

师：怎样计算彩灯的长度呢？

（生很快想出了通过平移，把这个图形转化成长方形，再求长方形的周长）

……

【感悟启发】本课是北师大版《义务教育课程标准实验教科书小学数学》三年级下册18～19页的“平移和旋转”。在这节课里，吴老师之所以能有效地落实教学目标是因为：①她创设了有效的教学情境。吴老师注重挖掘和利用学生身边丰富有趣的实例，让学生利用分类的方法，将两种运动进行对比，并通过对比发现两种运动的特点。因为选取的平移和旋转的例子较为典型，学生感知时不易产生歧义误导，自然就着眼于整体的观察。②她把准了目标尺度。对于平移、旋转的概念，不要求学生用严谨的数学语言表述，但要让学生构建准确的概念，怎么办？吴老师的措施是：用动作的准确性弥补语言表达的不足。③她注重生本资源。在数学课堂上，学生丰富的生活信息、个性化的生活体验、奇异的想法、超出意料的结果等都是可开发和利用的资源。上述案例中，在课堂教学进行时，一个学生答完题后正好走回座位，吴老师突然说："停！这个同学的整个身体在怎样？""（生）向前平移。""（师）请继续走到座位旁边，他一定会做一个什么动作？"很佩服吴老师的机智，让学生在不经意中，感受到平移与旋转就在我们身边，就在我们生活中。④她关注学生的情感体验，注重让学生感悟数学的魅力与价值。《标准》强调，数学课要使学生获得对数学理解的同时，在思维能力、情感态度与价值观等方面得到进步与发展。吴老师的课堂轻松自然，学生笑声不断，乐在其中，信息多向的传递与情感的共振，使得整个课堂充满智慧与和谐。

（二）利用游戏，理解数学

——"旋转"的教学

执教：山西省太原市迎泽区双西小学　梁丽霞

1. 创设游戏情境，引入新课

（1）游戏激趣。

师：同学们，你们喜欢玩什么游戏？（生举例）

师：今天，老师给大家带来一个游戏，想玩吗？

（出示："俄罗斯方块"游戏画面一，图略）

师：如果现在让你们来玩，你们准备怎么操作？

生：把黄色的图形顺时针旋转90°，放在右边的角落。

师：用手示范一下怎样就是顺时针旋转呢？（生示范）

师：（用手做出示范）那与之相反的是什么旋转呢？

生：逆时针旋转。（出示动画：黄色图形顺时针旋转90°后下落）

（出示："俄罗斯方块"游戏画面二，图略）

师：这次又怎么操作呢？

生：把紫色的图形逆时针旋转90°，放在左边角落里。

（出示动画：紫色图形逆时针旋转90°后下落）

（出示："俄罗斯方块"游戏画面三，图略）

师：这次谁来玩？

生：把蓝色的图形顺时针或逆时针旋转90。°

（出示动画：蓝色图形逆时针旋转90°后下落）

（2）揭示课题。

师：刚才，我们在玩游戏的过程中，大家反复地提到一个词“旋转”，这节课，我们就来研究“旋转”。（板书课题）

（3）联系生活。

师：生活中，你们还见过哪些旋转现象？

生：风扇、陀螺、旋转木马、钟表、车轮……（师出示动画：几种旋转现象，图略）

师：生活中像这样的旋转现象很多，我们就从与我们关系最密切的钟表开始研究吧！

2. 认识图形的旋转，探索图形旋转的特征与性质

（1）认识线段的旋转，理解旋转的含义。

①观察、描述旋转现象。

（出示：钟表）

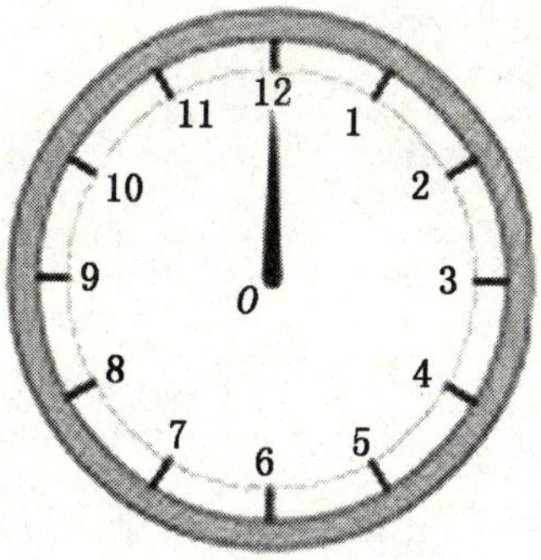

师：请同学们仔细观察指针的旋转过程。（出示动画：指针从12指向1）谁能用一句话完整地描述一下刚才的这个旋转过程？

（教师引导学生叙述完整）

生：指针从“12”绕点O顺时针旋转30°到“1”。

（板书：指针从“12”绕点O顺时针旋转30°到“1”）（出示动画：指针从1指向3）

师：这次指针又是如何旋转的？

生：指针从“1”绕点O顺时针旋转60°到“3”。（出示动画：指针从3指向6）

师：同桌互相说一说。如果指针从“6”继续绕点O顺时针旋转180°会指向几呢？

生：12。（出示动画：指针从6指向12）

②明确旋转的要素。

师：我们描述了这么多旋转现象，想想看，要想把一个旋转现象描述清

楚，应该说哪些方面？

生：旋转物体、起止位置、绕哪一点、旋转方向、旋转的度数。

（板书：点　　方向　　角度）

师：对！要把一个旋转现象描述清楚，不仅要说清楚是什么在旋转，它的起止位置，更重要的是要说清楚旋转围绕的点、方向，以及角度。

(2) 认识图形的旋转，探究旋转的特征和性质。

①观察风车的旋转过程。

师：指针的旋转我们都见过，看看下面这个图形的旋转你们见过吗？

（出示动画：呈现由线段——三角形——风车图案的全过程，图略）

师：这是什么图案？

生：风车。

师：看！在风的吹动下，风车就要旋转起来了。

（出示动画：风车从图 1 绕点 O 逆时针旋转 90°到图 2）

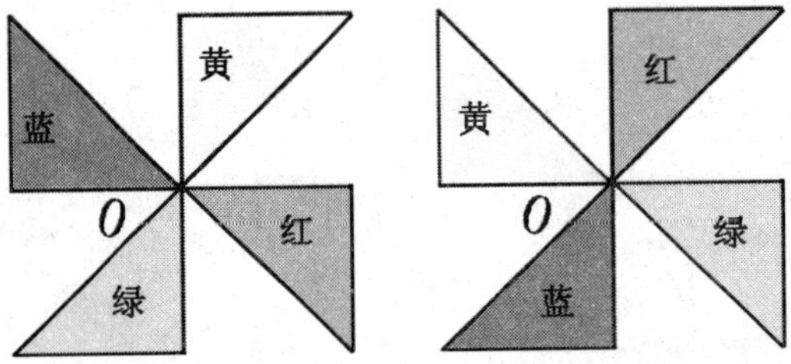

图 1　　图 2

②小组活动。

师：从图 1 到图 2，风车发生了怎样的变化呢？下面请同学们小组合作，共同来解决报告单上提出的问题。（生小组讨论）

从图 1 到图 2，风车绕点 O 逆时针旋转了______°。

你是怎样判断风车旋转的角度的？

③小组汇报：（实物投影展示）

生：从图 1 到图 2，风车绕点 O 逆时针旋转了 90°。

组：根据三角形变换的位置判断风车旋转的角度。

组：根据对应的线段判断风车旋转的角度。

组：根据对应的点判断风车旋转的角度。

④小结。

师：通过观察，我们发现风车旋转后，不仅是每个三角形都绕点 O 逆时针旋转了 90°（闪烁），而且，每条线段（闪烁），每个顶点（闪烁），都绕点 O 逆时针旋转了 90°。（师边做小结边演示）

⑤揭示旋转的特征和性质。

师：从画面中，我们能清楚地看到：风车旋转后，每个三角形的位置都发生了变化，那么什么是没有变的呢？

生：三角形的形状、大小没有变。

生：点O的位置没有变。

生：对应线段的长度没有变。

生：对应线段的夹角没有变。

师：如果我们将风车在图2的基础上，继续绕点O逆时针旋转180°，那么黄色的三角形应该转到什么位置？这条线段（师用鼠标指）应该转到什么位置？（生上台指明）（出示动画：风车从图2绕点O逆时针旋转180°到图3，图略）

3. 绘制图形，体验图形旋转的过程

（1）自主画图。

师：现在，我们已经了解了一个图形旋转的全过程，想不想自己试着画一画呢？（出示：方格图）试一试：画出三角形AOB绕点O顺时针旋转90°后的图形。（生在方格纸上完成）

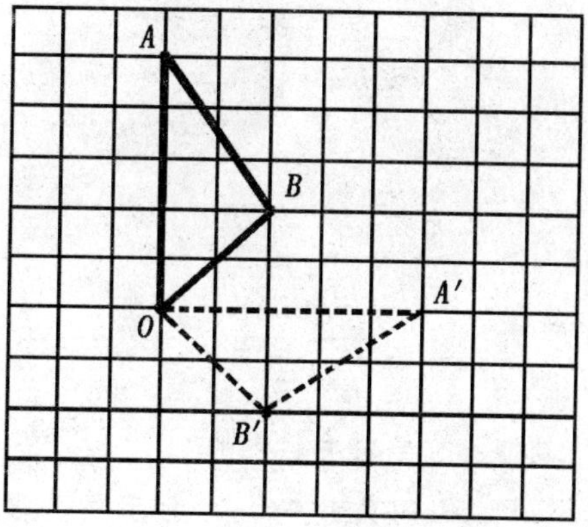

（2）作品展示，交流画法。

师：谁愿意来展示一下你的作品？说说你是怎么画的？（实物投影展示）

（3）小结画法。

师：我们在画一个旋转图形时，首先要确定它围绕的点，然后找到这个图形各个点的对应点，最后连线。

（出示动画：线段OA顺时针旋转90°至OA'——线段OB顺时针旋转90°至OB'——连接A'、B'）

试一试：画出AOB绕点O顺时针旋转90°后的图形。

4. 欣赏图形的旋转变换，感受旋转创造出的美

师：生活中，有很多美丽的图案都是由一些简单的图形旋转而来的。

（出示）

师：这些图案分别是由哪个图形旋转而来的呢？（生上台指明）

（出示动画：随机演示图形的旋转）

5. 拓展延伸，感受旋转等图形变换在生活中的应用

(1) 生活中的图形变换。

师：图形的旋转变换和平移、轴对称变换一样，在我们生活中的应用非常广泛。看看认识这些地方吗？(图略)

师：选择一个你们最感兴趣的图标，说说它是由哪个图形，经过什么变换得到的？

(逐一出示)

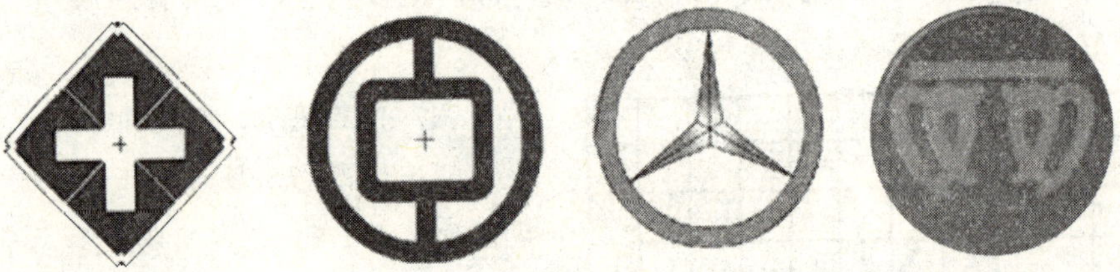

(生上台指明)

(出示动画：随机演示图形的旋转和轴对称变换)

(2) 综合运用。

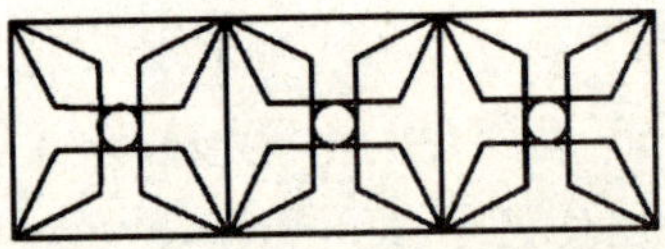

(出示：教师办公室窗户，图略)

师：这个地方你们熟悉吗？这里面藏着很多图形变换的小秘密，看看你们能找到吗？(出示左图)

(生上台指明)(师出示动画：随机演示图形的旋转、轴对称、平移)

6. 全课小结

师：通过这节课的学习，你们有些什么收获和体会呢？(生答，略)

师：无论是旋转、平移还是轴对称，它们都像是一支神奇的画笔，只要我们善于运用这支画笔，就能把我们的生活装扮得更加多姿多彩！

【感悟启发】本课是冀教版《义务教育课程标准实验教科书小学数学》五

年级下册5～6页的“旋转”，需要学生在第一学段初步认识旋转现象后，进一步认识图形的旋转变换，探索它的特征和性质。教学目标中还包含“能在方格纸上将简单的图形旋转90°”，“初步学会运用旋转的方法在方格纸上设计图案”。由于旋转较前面的轴对称变换和平移变换对学生在观察图形和空间想象能力方面有进一步的要求。因此，学生对旋转变换的理解有一定的难度。然而在上述案例中，梁老师选择“俄罗斯方块”游戏作为情境，不低于也不过高于学生对旋转现象的原有认知水平，又能激发学生的兴趣，还能引导学生从数学角度去观察事物、思考问题。因为学生思维具体、直观、形象的特点，所以在概念教学中教师借助大量的生活实例作为学习讨论的素材，有利于学生从具体事物上抽象出旋转变换的概念。在探索图形旋转的特征和性质活动中，教师通过演示操作及运用类比的方法，使学生在“……位置都发生了变化，那么什么是没有变的呢”的问题启发下，自主归纳出旋转变换的性质，进而加深了对旋转变换的三要素的理解。最后，教师把旋转变换延伸到课外——让学生应用所学知识创造美丽的图案，解释生活中的旋转图案，这样安排不仅培养了学生发现和欣赏美的自觉意识，而且也可以培养学生运用数学去创造美的能力。

【小结】空间观念是创新精神所需的基本要素，没有空间观念，就几乎谈不上任何发明创造。平移和旋转，从儿童空间知觉的认知发展来说，是培养学生空间观念的一个很重要的内容。从以上三个案例可以看出，落实此部分教学目标时，要注意：

1. 提供丰富的生活实例，通过观察、举例、模拟动作等，描述常见的平移、旋转运动现象，从学生的生活经验和已有知识出发，创设生动有趣的情境，让学生从中获得对概念的感知。

2. 抓住图形运动的基本要素（平移：方向、距离；旋转：旋转中心、旋转方向与旋转角度）进行观察和描述，区分物体运动中“什么变了”“什么没变”，丰富学生关于平移和旋转的认识。

3. 注重让学生经历一个简单图形经过平移或旋转转变成复杂图形的过程，通过观察、想象、操作，让学生尝试用自己的语言描述每一次变化中每一个图形的变换过程，尽可能让更多的学生参与讨论交流。教师对学生合理的表述应给予肯定和鼓励。

4. 图形的变换对学生的空间想象能力要求比较高，教师应该关注学生的操作过程，适时适当地加以引导，并提醒学生把操作、思考和表达有机结合起来，培养学生的空间观念。

5. 培养学生的审美情趣，让学生在收集、欣赏图案活动中发现美、展示美、创造美，培养积极向上的生活态度。

第四节 图形与位置

一、确定位置与方向

【目标分析】关于确定位置与方向部分，具体教学目标主要包括：会用上、下、左、右、前、后描述物体的相对位置，并能用自己的语言来表达；学会观察、理解上下、前后、左右位置的相对性，体验上、下、左、右、前、后的位置与顺序；能根据方向和距离确定物体的位置；能在具体情境中用数对来表示位置，能在方格纸上用数对确定位置；逐步养成按一定顺序进行观察的习惯，感受数学与生活的紧密联系，建立初步的空间观念。认识东、南、西、北、东北、西北、东南和西南 8 个方向，能够根据给定的一个方向（东、南、西或北）辨认其余的 7 个方向，并能用这些词语描述物体所在的方向；能描述简单的路线图；了解比例尺，在具体情境中，会按给定的比例进行图上距离与实际距离的换算；培养辨认方向的意识，建立初步的空间观念，感受数学与日常生活的密切联系。

（一）联系生活，重视过程

——“确定位置”的教学

执教：苏州工业园区第二实验小学 徐斌

1. 引入

师：首先，我们来进行一个找座位比赛，请大家根据老师发的座位卡片找座位，看哪些同学能正确、快速地找到自己的座位！

（生拿着座位卡片如“第 2 组第 3 个”等，开始找座位，渐渐地，大部分学生都找到了自己的座位，可是有 3 个同学在教室里找了好一会儿，还是没有找到，他们急得满脸通红，有的拿着座位卡片自言自语，有的和其他同学小声嘀咕）

师：（拉住其中一位同学）你需要帮助吗？

生1：（很委屈地）我本来是可以自己找到的，可是我这个座位号不对！上面只写着“第3组第×个”，我知道我应该坐在第3组，但没有写明是第几个，就没有办法找到。

生2：我的也是号码没有写全！座位号上写着“第×组第4个”，我知道我坐在第4个，但不知道是哪一组。

生3：我的座位卡片问题才大呢！上面就写着“第×组第×个”，实际上什么也没有写，我哪儿知道自己坐在第几组第几个。

师：大家认为，他们说得有道理吗？

生4：说得是有道理，但是只要仔细看看，还是应该可以找到座位的，像第3组，就剩下一个空位置，就应该是生1的。

师：生1，你同意生4的看法吗？

生1：我同意。（说完走过去坐下来）

（受刚才生4和生1的启发，生2和生3也分别找到了自己的座位）

师：我发现庙港中心小学的同学都很聪明，只要老师写明了第几组第几个的都很快找到了新的座位，没有写明第几组第几个的都知道一下子不能确定座位。看来，要准确找到座位，就应该写明是第几组第几个。今天我们就一起来学习有关确定位置的知识。（板书课题：确定位置）

2. 展开

师：通过刚才的活动，大家都知道自己新座位的位置。你们知道第1组第1个是谁吗？（板书：第1组第1个）

生（不约而同）：是胡怡然。

师：那么，我们请胡怡然站起来朝老师笑一笑。（老师也笑了）请第2组所有同学举一下手，再请每组第2个举一下手。（生分别举手示意）

师：刚才有一个同学举了两次手，你们能知道他坐在第几组第几个吗？

生：（抢答）我不用看就知道是第2组第2个，是盛志杰。

师：真聪明！现在请第3组第5个举一下手，他叫什么名字呀？

生（齐）：他是谢文仪。

师：我请第5组第3个举一下手，她是谁呢？

生（齐）：盛颖悦。

师：我们班班长在第几组第几个？

生：班长在第2组第2个。

生：我们还有一个副班长，在第8组第1个。

师：那我们班的体育委员坐在第几组第几个？

生：第2组第5个。

师：我们同学都有自己的好朋友，对不对？那请你们看一看，你们的好朋友坐在第几组第几个？

生：我的好朋友坐在第2组第3个，叫许莼纯。

生：我的好朋友坐在第4组第3个，叫田伦。

生：我的好朋友坐在第2组第5个，叫张雨扬。

生：我的好朋友坐在第8组第4个，叫蔡倩。

……

师：刚才，我们用“第（ ）组第（ ）个”的方式描述了同学的位置。在确定位置时，首先要确定哪是第1组第1个。[板书第（ ）组第（ ）个]

师：今天我们一起去参观动物学校。看——小动物正在干什么呢？

（课件显示动物做操图）

生：排着整齐的队伍在做操呢！

师：对啊，它们的队伍排得很整齐，哪里是第一排呢？第一排又是哪些小动物呢？（屏幕闪动第1排小动物）

生：（用手横着比划）这是第1排，有小兔、小猫、小猴、小狗、小猪。

师：哦，从前往后数，第1排，第2排，第3排，还有第4排。那从左往右数，每一排共有几个动物呢？（屏幕闪动每排的第1，2，3，4，5个动物）

生：共有5个。

师：那第1排第1个是谁呀？

生：小猴。

师：对。那小熊排在第几排第几个？

生：第3排第2个。

生：我不同意，应该是第2排第3个。

师：那你们觉得哪位小朋友说得对呀？

生：我们把横着的5个小动物看成一排，那小熊就是第2排第3个。

生：我也同意小熊是第2排第3个。

师：请大家猜猜我最喜欢的动物是谁？它今天穿着红裤子，你们知道在第几排第几个吗？[板书：第（ ）排第（ ）个]

生：第3排第2个，是小狗。

师：很可惜，没有猜对。

生：第2排第4个，是小猫。

师：还是不对，不过不要紧，有点靠近它了。

生：第3排第5个，是小猪。

师：对了！老师最喜欢这头穿红裤子的小猪了，你们最喜欢哪只小动物呢？你能够说出它在第几排第几个吗？

生：我最喜欢第1排第5个，是小兔。

生：我最喜欢第1排第3个，是小狗。（生都踊跃举手）

师：哦，大家是不是都想说？

生：是。

师：那请你们告诉同桌吧。（同桌间相互叙说自己喜欢的动物名字及其位置）

师：刚才，我们用“第（ ）排第（ ）个”的方法确定了小动物的位置。在确定位置时，一般从前往后数第几排，从左往右数在第几个。

3. 应用

师：小动物们做完操，回到了宿舍。我们一起去拜访它们。（显示动物宿舍图）

（画外音：嗨，大家好！我是小猴，欢迎大家来做客！我住在第2层第3号房间）

师：同学们，你们能根据小猴说的话，知道谁住在第1层第1号房间吗？

（生相互商量，讨论）

生：我们觉得，住在第1层第1号房间的是小青蛙。因为小猴住在第2层，是从下往上数层数的；小猴住在第3号房间，是从左往右数房间号的。

师：说得很有道理！你们想去拜访哪个小动物呢？它住在第几层第几号房间呢？请同桌同学一个扮演小动物，一个扮演客人，互相说一说。（同桌轮流扮演角色、描述位置，师选两对同桌说一说拜访小动物找房间号的过程）

师：我们确定小动物的房间号，是用怎样的方法？

生：我们是用“第（ ）层第（ ）号”来确定小动物的房间的。

[师板书：第（ ）层第（ ）号]

生：我们是从下往上数第几层，从左往右数第几号的。

师：说得有道理。

师：拜访完了小动物，我们又来到了动物学校的图书室。（显示书架图）

师：你们想看哪本书？

生：我想看《十万个为什么》。

师：这本书在哪儿？

生：在第 2 层第 3 本。

师：大家知道他是怎样数第几层、第几本的吗？

生：我知道他是从下往上数第几层的，是从左往右数第几本的。

师：那么，书架上还有哪本书是你喜欢看的？它在什么位置？

生：我想看《新华字典》，在第 1 层第 2 本。

生：我想看《成语词典》，在第 3 层第 5 本。

生：我想看《数学家的故事》，在第 2 层第 9 本。

生：我想看《格林童话》，可是我一下子数不准它左边有几本。

师：我也一下子数不准它左边有几本，同学们有办法确定这本书的位置吗？

生：我有办法！《格林童话》在第 1 层最后 1 本！

师：好办法！虽然从左边数不准，但它在最后一本，这样也能确定它的位置。

生：我还有一个办法！它在第 1 层倒数第 1 本！

师：这也是一种好办法！

生：还可以说在最下面一层最后 1 本！

生：还可以说在最下面一层倒数第 1 本！

……

师：大家参观了动物学校，感觉有点累了，我们一起来玩一个“找地雷”游戏。（显示“地雷阵”图）

（游戏规则：先把鼠标移到自己选择的方格内，说出是第几排第几个，再猜一猜里面有没有地雷，然后双击鼠标验证猜得对不对）

（选几个代表到前面现场操作，其余同学当裁判，学生情绪很高）

师：下面我们来做一个涂色的游戏。

（生拿出蜡笔和事先发的纸，按照纸上注明的第几排第几个，在相应的方格内涂色；教师巡视、指导，并将学生的作品展示，引导学生发挥想象，想象涂色部分看上去像什么）

师：（展示涂得较快的学生的作品）李秀琳涂得像什么？

生：大树。

师：朱建豪涂得像什么？

生：像一个对错符号的错。

生：像一个乘号。

师：还有小朋友涂得和他们不一样的吗？

（展示部分学生的涂色作品）

生：我涂得像飞机。

生：我涂得像人。

生：我涂得像鱼。

生：我涂得像心。

生（齐）：像爱心。

……

4. 拓展

师：（指着板书）刚才我们用这样的说法，确定了一些人、一些动物、一些房间、一些书的位置。其实，在生活中我们经常要确定位置，请大家想想，在你们的生活中，有哪些地方也要确定位置？大家可以先商量商量。

（前后左右的几个同学互相讨论交流）

生1：射箭！我们射箭时就要先确定位置。

师：哦，你的意思我明白了，瞄准位置后，你的箭会射得更准。

生2：我们在教室里找座位，也要先确定位置。

生3：在宾馆里，你如果订房间，拿到钥匙后，也要先确定房间的位置，才能找得到房间。

生4：在学校食堂就餐时，也要先确定位置，不然食堂会很乱的。

生5：坐火车时，也要先确定位置，才能找到自己的座位，火车很长的，不确定位置，可能会误了火车。

师：大家说得都很有道理。我这有一张火车票，车票上写着04号车012号下铺。根据这些数据，你们怎么确定位置？（显示火车票）

生5：只要到4号车厢里去找第12号的下铺就行了。

师：你说得可真棒！你肯定乘过火车，是吗？

生5：（满脸自豪）是的。我还坐过飞机呢！坐飞机也要找座位。我还知道，飞机票上面是没有座位号码的，上次我和爸爸坐飞机，爸爸拿着飞机票去排队换了一个号码牌。（大部分学生面带疑惑）

师：你的见识真广！我这儿就有一张登飞机的号码牌，上面写着5d，那你知道该怎样找到座位呢？

生5：肯定是飞机上第5排的第4个座位。

师：是吗？上面并没有写“4”呀！那你又怎么知道的呢？

生5：上面的5，肯定就是第5排，那个d，就是a、b、c、d的d，第4个的意思呀！

师：真聪明！有时，我们也用英文字母来表示数的。

生6：到电影院看电影要找座位。

师：是的，下面我们一起到电影院去——（显示电影院图片）

师：一般的电影院在进门的地方有几扇门？有什么区别？

生：有两扇门，一个是单号，一个是双号。

师：哪些座位号是单号？哪些是双号？

生：单号是1，3，5，7……，双号是2，4，6，8……

师：有两个小朋友去看电影。你能告诉他们该从哪扇门进去比较方便找座位吗？（显示两个小朋友和电影票，男孩在“5排8座”，女孩在“10排13座”）

生：男孩从双号门进，女孩从单号门进。

师：他们进去后又该怎样找座位呢？我们看看这个电影院的座位是怎样排列的。（显示电影院座位排列图）

生：双号在左边，单号在右边。

生：我发现，单号的“1”和双号的“2”在最中间。

师：你们能帮助他们找到座位吗？（同桌互相商量后汇报）

（师选两名学生上台移动鼠标找位置）

师：大家找得很好！我代表两个小朋友谢谢大家！你们知道5排8座的前、后两个座位各是几排几座吗？

生：分别是4排8座和6排8座。

师：你们知道10排13座的左、右两个座位分别是几排几座吗？

生：是10排11座和10排15座。

师：有一个小朋友和爸爸妈妈去看电影，小朋友坐在这儿（显示9排2座），你们知道是几排几座吗？

生：是9排2座。

师：你们知道小朋友的爸爸妈妈可能坐在几排几座么？

生：我想，可能一个坐在9排1座，一个坐在9排4座，小朋友坐在中间。

生：我想，可能一个坐在9排1座，一个坐在9排3座，小朋友在边上，爸爸和妈妈说话方便。

生：我和爸爸妈妈上次去看电影买票时，发现单号都是一起卖的，双号也是一起卖的。我想，爸爸妈妈应该坐在9排4座和9排6座。

师：你能联系自己的生活经验，说得很有道理！

生：我的想法和他们不一样。我想爸爸妈妈可能不坐在小朋友旁边，而是坐在9排的10座和12座，或者坐在第10排。因为小朋友已经长大了，而且爸爸妈妈也可以在离得不太远的地方看着小朋友。

……

【感悟启发】本课是苏教版《义务教育课程标准实验教科书小学数学》二年级上册第84～85页的教学内容。在本节课中，徐老师从“找座位”这样一个实际活动引入对新知识的探索，使学生充分了解数学与解决日常生活问题的联系。儿童学习数学是对他们生活经验中数学现象的“解读”。如此的实际教学，问题从实际提出，概念从实际引入，能有效地促使学生在活动中了解数学在日常生活中的应用。在课的应用与拓展部分，利用“看电影”和“坐火车”等实例，引导学生将所学知识应用到实际生活中去，充分体现了“数学知识从实际中来，到实际中去”的思想。数学教学要重视知识形成的过程是当前数学课程改革的一个重要理念。徐老师组织学生用“第（　）组第（　）个”的方式描述了同学的位置等，让学生亲身经历将实际问题抽象成数学模型并进行解释与应用的过程，使学生逐步学会应用数学的思想方法去解决问题，获得成功的体验。

（二）关注语言，内化思维

——“辨认方向”的教学

执教：四川师范大学附属实验学校　冉　飞

1. 联系生活，创设情境，导入新课

（课件出示川师实验学校情境图）

师：孩子们，这是我们美丽的校园，这些地方你们都认识吗？

生：当然认识，这里有恬园和操场。

生：还有学校大门、中心花园、浣溪苑、车库、河边小门、小花园和文渊楼。

师：↑，这个表示什么呢？

生：表示这幅图是按上北、下南、左西、右东的方向绘制的。

师：那么咱们以中心花园为中心，你们观察到谁在它的北方？

生：我观察到车库在中心花园的北方。

师：那恬园、操场、学校大门又分别位于中心花园的什么方向呢？

生：恬园在中心花园的南方。

生：操场在中心花园的西方。

生：我观察到学校大门在中心花园的东方。（师课件显示东、南、西、北 4 个方向）

2. 自主探求新知

（1）调动原有经验，初步感知新方向。

师：河边小门在中心花园的什么方向呢？这就是我们今天要探索的新知识“辨认方向”。

生：我认为河边小门在中心花园的斜方向上。

生：不，我不同意，我认为河边小门在中心花园的右上角。

生：他们都不准确，我观察到河边小门在中心花园的东北方。

生：我发现河边小门在中心花园的北东方。

师：你们认为哪种描述比较准确？与同桌交流交流。

生：我认为第三种。

生：第一、二种说法有点模糊，还是第三种和第四种说法比较准确。

生：我听爸爸妈妈都说的是“东北方”，没听过什么“北东方”。

生：还是第三种吧，顺耳。

师：你们说得很对，因为河边小门在中心花园的正东和正北之间，这个方向称为“东北”方。“北东”方意思上是对的，但习惯上我们把正东和正北之间的方向称为东北方。（课件出示“东北”，生齐读两遍）

（2）合作学习“西北”“东南”“西南”。

师：你认为浣溪苑又在中心花园的什么方向上呢？为什么？

生：我观察到浣溪苑在中心花园的西北方，因为浣溪苑在西和北中间。

生：我发现浣溪苑在中心花园的正西和正北之间，所以，它在中心花园的西北方。

生：我同意浣溪苑在中心花园的西北方。

师：真棒，像这样，我们把正西和正北之间的方向称为“西北”方。（课件出示“西北”）根据这个，请你们说一说文渊楼和小花园分别在中心花园的什么方向上？为什么？（小组讨论、交流，重点说说自己起名的理由，汇报）

生：我观察到文渊楼在中心花园的西南方，因为它在中心花园的正西和正南之间。

生：小花园在中心花园的东南方，因为它在中心花园的正东和正南之间。（师根据生的汇报，边听边出示“东南”“西南”）

师：孩子们想一想，刚才我们都是以什么为中心来观察方向的？

生：中心花园。

师：所以孩子们在观察方向时一定要有一个中心。（课件突出“中心”）

(3) 制作方向板。

师：现在给定北方，看谁能又快又好地填完其余的7个方向。如果有困难可以找同桌合作完成。（请生轮答，师根据生答填写方向板，并课件演示）

(4) 学习使用方向板。

师：刚才观察时是以什么为中心的？找到中心花园，把方向板的中心对准中心花园，注意北方朝上，再沿着虚线直接观察就可以了。现在我们马上来说一说它的东北方是谁？它的东南方是谁？（师边说边摆，生观察）

生：中心花园的东北方是河边小门，中心花园的东南方是小花园。

师：现在以河边小门为中心，请利用你们手中的方向板对着大屏幕摆一摆，想一想方向板的中心应该对准谁？河边小门的南方是谁？西方呢？西南方呢？

生：我观察到河边小门的南方是学校大门，西方是车库，西南方是中心花园。（师归纳如何使用方向板）

(5) 辨认教室里的8个方向。

①说一说教室的方向。

师：教室的黑板在北方，大家试试看，以××同学（教室的中心）为观察点，你们能说一说教室的8个方向上各有什么吗？如果有困难可以利用方向板来帮忙。（边说边出示方向板）谁愿意向大家介绍这间教室的各个方向？

生：教室的北方是黑板，西方是窗户，南方是黑板报，东方是班级评比栏。

生：教室的西北方是投影屏幕，西南方是清洁柜，东南方是后门，东北方是前门。

师：老师在教室的东北方藏了小礼物，谁答对了就可以到那个方向上去取礼物，西北方也藏了，谁去找？

生：我来，我在教室的东北方找到了一个笔记本，哈哈。

生：我在教室的西北方找到了一个橡皮擦，耶。（生积极参与，情绪高涨）

②小游戏。

师：孩子们都能找对方向吗？我们来做一个游戏。（听口令，做动作）

（口令：面向北点点头，面向南挥挥手，转向西拍拍肩，转向东拍拍手，面向东北点点头，面向东南挥挥手，转向西北拍拍肩，转向西南拍拍手）

（6）找出自己身边8个方向的同学。

师：接下来我们向客人们介绍离自己最近的8个方向的同学，有困难的孩子可利用方向板。（指名2个离得近的学生回答）

生：我发现我的北方是黄雍正、南方是龙浩森、西方是沈翰林、东方是阮雨薇、东南方是张西元、西南方是陈山、西北方是梁俏雅、东北方是张适存。

生：我观察到我的北方是杨戴锦、南方是但子一、西方是季思源、东方是刘嘉晟、东南方是刘明宏、西南方是唐思宇、西北方是张西元、东北方是阿蕊。

师：为什么同样是张西元，怎么一会儿说他在嘟嘟的东南方，一会儿又说他在庞博的西北方呢？（生自由回答）

生：第一次是以嘟嘟为中心来观察的，所以他在东南方。

生：而第二次是以庞博为中心，他就在西北方了。

师：对，孩子们真会动脑筋。因为两次观察的中心不同，所得的结果也不同，所以，我们在观察和判断方向时要确定好中心。

3. 巩固，练习

（1）练一练。

师：今天孩子们真能干，给大家介绍了学校、教室和你的邻居。这里还有一道更难的题，有没有信心完成？（出示中国地图）

师：这是什么地图？

生：中国地图。

师：对，它就像一只雄鸡，那你们知道我国的首都在哪儿吗？请你们翻开书（北师大版教材二年级下册）第23页，找找北京在哪儿。

生：找到了，在这儿。（生指）

师：找到了首都北京，你们能找到我们的家乡在哪个省份吗？

生：能，我们的家乡在四川省。（生指）

师：现在你们能利用方向板比一比四川在北京的什么方向么？想一想方向板的中心应该对准谁？（生独立找一找，师课件演示订正）

生：我是把方向板的中心对着北京的，四川在北京的西南方。

师：用同样的方法找出吉林在北京的什么方向？（生马上找）台湾呢？

生：吉林在北京的东北方。

生：我观察到台湾在北京的东南方。

(2) 实践活动。

师：刚才小朋友向各位客人介绍了我们美丽的校园，知道我们学校坐落在书香四溢的川师大内，我们一起去看看川师吧！（出示课件）从图中你们都看到了什么呢？

生：我在图中看到了喷水池和科技之光雕塑，没有看到其他建筑物。

师：那你们能运用今天所学的知识来告诉客人这些地方有什么吗？让我们看看同学们是怎么说的！（生读题）图书馆在喷水池的西南面；新松苑在喷水池的东南面；学术厅在喷水池的西北面；商业楼在喷水池的东面；学生餐厅在喷水池的东北面；田家炳大楼在新松苑的西面；成教院在科技之光雕塑的西南面。

师：请孩子们拿出信封里的小图片按同学所说的方位贴在相应的位置上。

等一会儿，大家要展示作品，并进行讲解，讲解时要用到今天所学的几个方位词，比一比看谁的讲解最清楚明了。

4. 总结

师：今天上课你们有什么收获？（生自由回答）

生：我认识了许多新的方向。

生：我知道了在观察和判断方向时首先应该确定一个中心。

生：我知道了为什么电视里常说成都是西南的明珠，原来就是因为我们四川在北京的西南方。

生：我更熟悉我的学校还有家的地理位置了。

师：看来大家的收获还真不少！相信在你们的带领下，我们的客人对川师有了更深刻的了解。今后，请同学们多观察，在我们的生活中还有很多数学知识，希望你们能把我们学习的知识运用于生活当中。

【感悟启发】本课是北师大版《义务教育课程标准实验教科书小学数学》二年级下册第22～23页的“辨认方向”。这一内容经常出现在学生的生活经历中，是培养他们空间观念的好素材。本节课紧密地联系了学生的生活实际，创设了层层递进的生活化情境：①以校园为中心。“帮老师介绍学校周围的环境”，不但把方向由教室引向了校园，同时激发了学生帮教师解决问题的欲望，极大地调动了学生的积极性。②以教室为中心。从辨别教室的方向入手，让学生应用知识说说不同方位上的同学，使学生感受到数学就在身边。③“用方向板比一比四川在北京的什么方向”很自然地就把生活中的方向引向了地图上的方向。这一系列的情境，使学生感受到了数学就在身边，与我们很亲近，学起来很自然。在教学活动中，在学生对4个辅助方向进行初步感知后，教师立刻让学生动手合作完成方向板的制做，而且方向板是透明的，更有利于学生快速掌握知识。

【小结】这部分内容不能作为单纯的知识点去讲授，而要让学生在活动中加深体验，在活动中建立方向感，发展空间观念。落实教学目标时，要注意以下几个问题：

1. 教学过程中，首先引导学生回顾已有的相关知识，借助学生已有的位置与方向等知识经验，组织大量观察、操作、思考、想象、交流等活动，使学生在有挑战性的、充满想象和富有思考的过程中确定和描述图形的位置与方向，使学生不断积累对图形的经验。

2. 提供辨认素材让学生进行辨认判定，设计观察、模拟、游戏等有趣的活动，让学生经历观察物体位置的过程，体会上、下、前、后、左、右的基本含义，初步建立8个方位的空间观念。学生在观察的时候，要先确定是观察者的“左右”，还是观察对象的“左右”，通过“变换角色、换换位置”等活动，帮助学生理解由于参照对象的不同，位置与顺序就具有相对性。

3. 在熟悉的生活情境和具体的活动中，从情境图抽象到平面图，引导学生有序地观察、比较、合情推理等，根据“方向”和“距离”这两个要素准确地描述物体的位置，经历数对的符号化过程。可运用变式加深学生对于方向相对性的体验，使学生体会到事物方位变化的相对性。

4. 让学生通过画图、测量、估算或解决实际问题等活动，体验比例尺的应用，体验比例尺按相同的比扩大或缩小的实际意义，并学会按给定的比例进行图形的放缩。鼓励学生根据已有的知识经验进行充分的思考和交流，探究解决问题的方法。教师在应用比例尺知识解决有关问题时，注意联系学生生活实际，体验数学在生活中的应用价值，提高学习兴趣、增强学习信心。

5. 注意学生的口语表述，帮助学生正确描述物体所在的位置和方向，促进学生的认识从具体向抽象转化。

第三章

统计与概率

第一节　统计

一、条形统计图和折线统计图

【目标分析】关于条形统计图的教学，可以围绕以下目标进行：认识条形统计图及其特点；知道制作条形统计图的一般步骤和方法；学会在有横轴和纵轴的图上画出条形，表示要说明的数据；能看懂条形统计图，并根据条形统计图作简单的数量分析。

关于折线统计图的教学，可以围绕以下目标进行：联系生活实际，感受统计在日常生活中的运用，认识折线统计图，了解折线统计图的特点；学生能根据实际选择合适的统计图，能利用方格纸画出折线统计图；能根据折线统计图所提供的数据进行分析、比较，进而做出一定的推测和判断。

（一）经历过程，形成观念

——“条形统计图”的教学

执教：南京市下关区第二实验小学　项有敏

师：（播放小动物照片）喜欢他们吗？

生（齐）：喜欢！

师：这5个可爱的小动物有着各自不同的特点。某个网站做了一个调查，从他们调查的数据中，你们能不能从中看出哪个小动物最受欢迎？不过，这些数据10秒后就会自动消失，这就要比比谁的眼力好了，准备好了吗？

（播放5个快速滚动的计数器，10秒结束，数字暂停片刻迅即消失，由于都是四、五位的数，生面露难色，但都想发表意见。见图1）

生：是小熊吧。（语气不坚定，有学生表示不同意）

生：是小猴。（又有学生不同意）

生：不对，是小猫。（生七嘴八舌，意见各不相同）

师：怎么办？大家的意见好像不统一哟？说明我们没有看清楚啊！是什么

原因没有让你们看清楚呢?

生：数字太大了，时间只有10秒，再长一点时间我肯定能看得清楚。

师：老师也相信如果给你足够的时间，你一定能看得出来。

生：老师再给一次机会吧!

师：好的，不过这次只有3秒的时间了，有信心吗?

(生几乎没有回应，但大家都还很想试试，师出示条形图表示的数据，条形自下而上增长，不到3秒，学生便异口同声地说："小狗"。见图2)

师：刚才10秒的时间，你们都没有得出结果，现在只有短短的3秒，而你们的意见却这么统一，这是为什么呢?

生：因为代表小狗的条形最长。

师：条形长说明它表示的数量——

生(齐)：多。(根据学生的回答板书：条形长表示数量多)

师：相反，条形短则表示数量——

生(齐)：少。(根据学生的回答补充板书：条形长短表示数量多少)

师：用这两种方法表示数量之间谁多谁少的关系的时候，你们更喜欢哪一种?为什么?

生：用条形图来表示，因为一眼就看出谁多谁少了。

生：很直观、很形象。

生：便于我们比较。(根据学生的回答板书：直观、形象地反映出数量的多少，便于统计数据的比较)

……

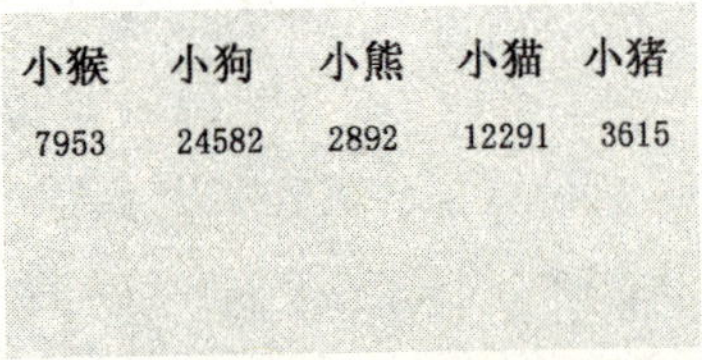

图1

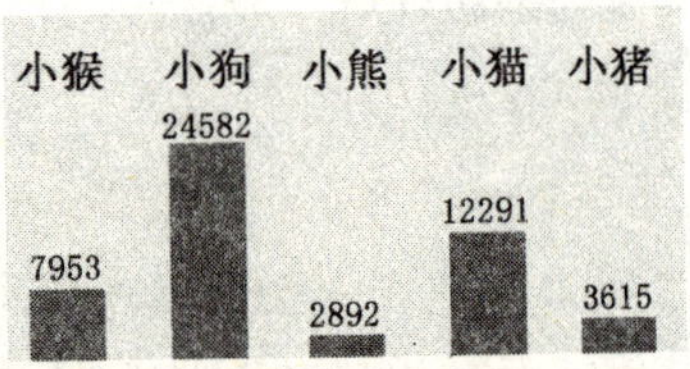

图2

师：同学们，如果我们班准备领养一个小动物，你们希望领养哪个?

生：小狗。

生：小猫。

生：小猴。

……

师：这么多同学都有自己的想法，究竟该听谁的好呢？

生：我认为应该听大多数人的。

师：怎样才能知道大多数人的意见呢？

生：统计。（根据学生的回答板书：统计）

师：用什么方法来统计呢？

生：大家举手表决。

师：好，就听你们的意见举手表决，谁来完成这项工作？

（生数，师输入相应数据，见图 3）

师：电脑是个很好的工具，它能把我们输入的数据自动制作成一幅统计图，想不想看看？（见图 4）

生（齐呼）：想！

师：像这样用直条的长短来表示数量多少的统计图，我们把它叫做条形统计图。（补充完整课题）从统计图反映的情况来看，咱们班大多数同学的意见是领养哪个小动物？

……

四年级（1）班同学喜爱“小动物”情况统计表

2006年11月24日

名 称	小猴	小狗	小熊	小猫	小猪
人 数	10	23	7	6	3

图 3

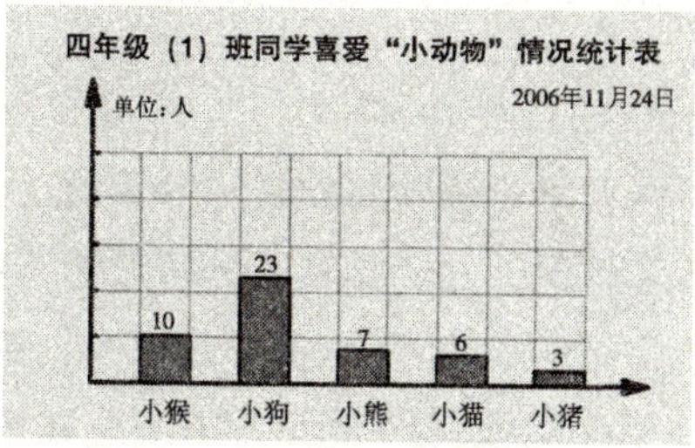

图 4

师：同学们，自从 1851 年在英国伦敦举办了第一届世界博览会后，至今世界博览会的历史已经有 150 多年了。想知道世界博览会申办城市的投票规则吗？

生（齐）：想！

（师出示世界博览会投票规则：在每轮投票中，如果某个城市的得票数超过半数，就能获得主办权；如果都不超过半数，得票最少的城市被淘汰，然后进行下一轮投票。

2002 年 12 月 3 日，国际展览局 89 个成员国的代表进行投票，1 名代表弃权，请问经过第三轮投票，中国上海能获得主办权吗？见图 5）

师：经过第三轮投票上海能获得主办权吗？（生稍做思考后）

生：能。

生：不能。

生：能。（生相互争辩着）

师：看来大家的意见又不一致了，怎么办？

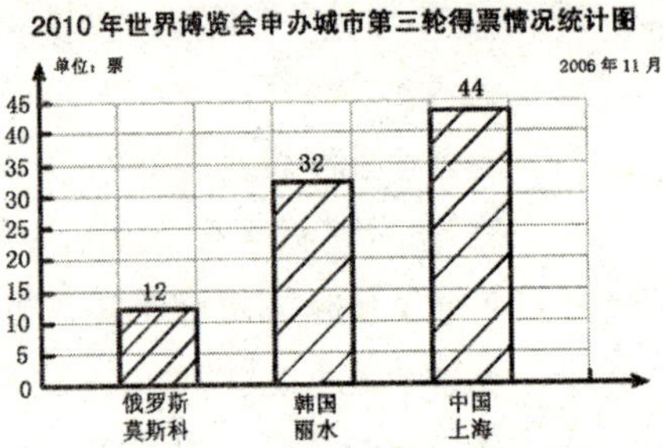

图5

生：老师让我们商量一下行吗？

师：好吧！那就在你们的小组里讨论讨论。（生经过激烈的讨论后）

生：我们小组经过讨论认为不能，因为一共89票，上海只有44票，没有超过半数，至少得有45票才行，所以还要进行第四轮投票。

生：我们小组也认为不能，但我们认为如果进行第四轮投票的话，上海胜出的可能性比较大，因为在第三轮上海就接近半数了。

生：我们也认为不能，大家看前一页书上说第一轮投票上海得了36票，到第三轮上海就得了44票，照这样看我们感觉下一轮上海的票数会比现在还多。

……

师：根据统计图中条形的长短，你们能估计一下太湖的面积大约是多少平方千米么？并说说你是怎样估计的？（见图6）

生：我估计2500多平方千米，因为太湖的条形比2500高一点儿。

生：大约2600平方千米，我把一格平均分成5份，它比2500高出1份，所以我估计大约2600平方千米。

……

（生回答后，师在条形的上方出示“2565”）

师：其他几个湖的面积呢？

（生答，略）

师：同学们，现在你们觉得在条形上面标出数据有没有必要？为什么？

生：非常有必要，不然就不知道到底是多少了。

……

师：仔细观察统计图，是不是少了点儿什么？

生：少了日期。

师：你们猜猜可能是什么时间？（见图7）

生：我猜是2006年11月。

生：我猜是2000年。

生：我猜是2005年12月。

师：到底是什么时间呢，我们一起来看。（出示：1954年5月）

师：这是50多年前的数据了，现在你们还想知道些什么？

生：我想知道现在这4个湖的面积是多少。

生：我也想知道现在是多少。

师：好，老师就满足你们的愿望。（出示2006年4个湖面积的统计图）

生（齐呼）：啊……变小了！

师：你们看了这两幅条形统计图后有什么感觉？（见图8）

生：我感觉我们应该要节约用水了。

生：我觉得我们要爱护环境了，一定是环境污染造成的！

……（学生们又议论开了）

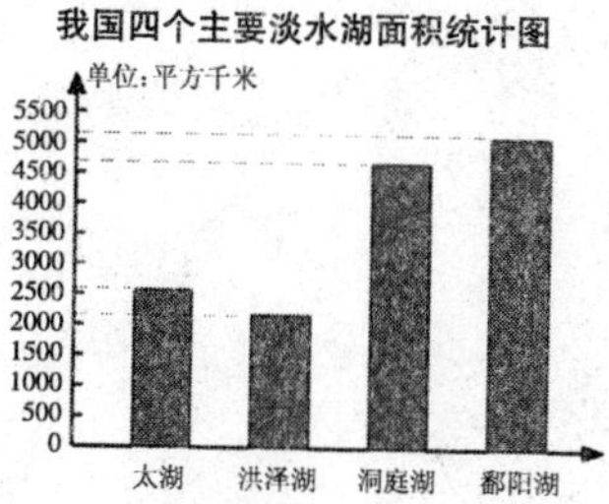

图6

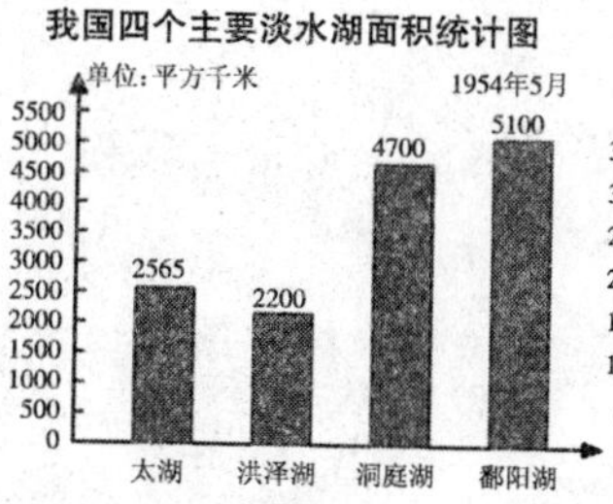

图7

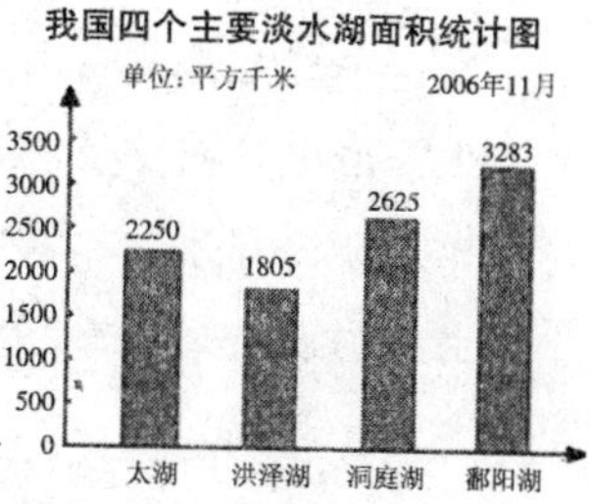

图8

【感悟启发】《标准》中指出，要让学生有机会体验收集、整理和分析数据的全过程，注重学生对统计活动的体验，让他们体会统计与日常生活的联系，以逐步形成统计的观念和意识。在本案例的教学中，我们可以感受到教学设计的出发点是注重让学生亲身体验，充分感受。由于学生在上课之前已经观看过动画片，对5个可爱的福娃产生了浓厚的兴趣，所以当老师提问“谁最受欢迎”时，学生的情绪高昂。又因为他们也想知道最受欢迎的是不是和自己所喜欢的一样，加上学生本身对比赛这类活动就很有兴趣，所以每个学生都全神贯注、信心十足地盯着屏幕上跳动的数学。然而，10秒转瞬即逝，几乎没有一个学生能肯定地说出谁最受欢迎，此时学生处于愤悱状态。学生们纷纷要求再给一次机会，当教师提出只有3秒的时候，大部分学生的脸上写着“信心不足”，但都还很想试试。屏幕上先出现一条水平线，再出现5个快速向上“伸长”的条形，还没到3秒学生们就都喊出了正确答案，此时学生处于激动兴奋状态。在学生经历过以上的体验之后，教师抛出“用这两种方法表示数量之间谁多谁少的关系的时候，你们更喜欢哪一种，为什么?”的问题，学生有感而发。至此，学生对利用条形图来表示数据的优势的体会水到渠成。

（二）创设情境，体验知识

——“复式条形统计图”的教学

执教：陕西省西安市雁塔区辛庄小学　陈毅花

1. 创设情境，激发创作欲

师：课外，同学们做了投球游戏，那么结果是什么呢?

（生纷纷举手，想说自己实践结果的兴趣高涨）

师：在统计表上能看出结果吗?

生：能。

生：通过数据的计算、比较，能知道结果。

生：比较起来较麻烦。

生：用统计图更直观，一眼就能看出来结果。

师：那么，用什么样的统计图呢?

生：制成条形统计图，因为条形统计图能很清楚地看出双手、单手投球距离的远近。

生：我也同意他的看法，因为条形统计图能形象直观地看出数量的多少。

师：那么制作条形统计图应注意些什么?

生：注意直条的宽窄应一样。

生：要注意单位长度的确定。

生：还要注意美观。

生：应先在格子纸上画出纵轴和横轴，并分别标上“距离”和“姓名”。

生：还应在横轴上确定每个条形的间隔，在纵轴上确定每格代表多少米。

生：还要写统计图的名称。

……

师：现在请每个小组动手试试看吧。（生以小组为单位在方格纸上尝试完成统计图，师巡视）

评析：由于本班学生经验层次不一，差异较大，所以学生在讨论交流、绘制统计图中会引发认知冲突，所创作品也会有很大差异。

2. 展示作品，评价交流

师：同学们把你们小组的数据整理后制成了统计图，让我们一起来欣赏你们的作品。

（实物投影展示各小组制成的统计图。学生设计出的统计图各式各样，整理后共有5种情形：第一种将两组数据分别制成两幅条形统计图；第二种在同一个条形统计图上，把小组所有同学两种情形的条形全都挨在一起制成条形统计图；第三种在同一个条形统计图上，把每人两种情形的条形摞在一起，用颜色区分；第四种在同一个条形统计图上，把每个同学两种情形的条形挨在一起；第五种在同一张图上，用不同颜色的条形分别表示两种情形，有纵向的，还有横向的）

师：请同学们评价一下，哪幅统计图既美观又便于比较两种投球方式的投球距离？谈谈你们对这几幅图的看法。

生：我认为第五种最好，把每个同学单、双手投球的距离挨着画在一起，比较起来很清楚。

生：第四、五种都好，利于比较。

生：第五种好，它把每个同学两次投球的结果画在一起，且用不同颜色把两次投球的结果表示出来了，既好看又一目了然。

生：从这几幅图看，我认为统计图比统计表更直观，更利于比较。

生：第五种比较起来最方便，形象直观。（其他同学也赞同第五种最好）

师：我们把像第五种这样的统计图叫“复式条形统计图”，竖着的叫纵向复式条形统计图，横着的叫横向复式条形统计图。（板书：复式条形统计图）

评析：根据本班学生的实际情况，利用学生认知上的冲突，在作品展示、对比、分析中，使学生认识到两种统计图各自的特点，感受到复式条形统计图更能清晰地比较数值大小，激发起学生进一步创作与探究的欲望。

3. 优化统计图

师：请各小组修改统计图，修改之前先来欣赏几幅复式条形统计图。

（学生看得很认真、很仔细，有的开始讨论应该怎样修改自己小组的统计图，在讨论修改中对复式条形统计图有了进一步的认识）

师：谈谈从你们组的统计图中你获得了哪些数学信息呢？

生：（一边展示统计图一边说）我们组的同学都是单手比双手投的远。

生：我们组一个同学单双手投的一样远，一个双手比单手远一点，其余几个都是单手比双手投得远很多。

生：我们组也都是单手比双手投得远很多。

生：我们组单手投球的平均距离比双手投球距离远 3.6 米。

生：我们组同学单手比双手投得远 7 米。

生：我知道了单手投球比双手投球远。

4. 群体互动，巩固练习

师：1995 年～1999 年我国旅游业发展很快，城乡居民平均每年旅游消费迅速增长，下面的表格是这几年内我国居民国内旅游人均消费情况。(出示表格)

1995 年～1999 年我国居民国内旅游人均消费情况表

单位：元

年份 分类	1995 年	1996 年	1997 年	1998 年	1999 年
城镇居民	464	534	600	607	615
农村居民	62	71	146	197	250

(1) 把此表格的信息制作成统计图，遇到困难可以求助其他同学和老师。

(2) 从图中你能获得哪些信息？你还能提出哪些数学问题？(小组同学互问互答)

(此时，学生们提出的数学问题，有了很明显的差别：基础较弱的学生提的问题只需用加减法就可解决，并且大部分是模仿别人，也使不同层次的学生有了不同程度的提高与发展)

5. 回顾反思

师：这节课你们有哪些收获呢？

【感悟启发】从案例描述的教学情境中，我们可以感受到教师把学习的主动权交给了学生，让学生自己去亲身体验与感悟，经历统计的全过程。因为教师给出“统计过程”方面的知识再多再好，学生没有具体的体验和认识，也无益于认知结构的构建。在教学中，教师要求学生自己选择统计方法，分工合作，利用方格纸等学具制作复式条形统计图进行学习，让学生学会主动从统计的角度去观察生活，使其有独特的想法，有新颖的做法，有不同的见解，从制作、比较及群体互动中，认识复式条形统计图的特点，体验自主学习的乐趣。这种形式比教师一步步讲解使学生理解得更快，更有效果。本节从课外的实践活动到课堂上统计图的制作，每一步的教学都是开放的、互动的，为学生自主探究营造了一个很好的空间。统计教学的真正价值不是以学到统计知识的多少来衡量的，而在于学生在学习过程中能否获得一种策略，经历一种过程，学会一种眼光，让学生在数学学习中实现真正意义上的成长。

（三）引导读图，学会预测

——“折线统计图”的教学

执教：浙江省桐乡市茅盾实验小学　张娟萍

1. 创设情境，揭示课题

师：现在到我们桐乡乌镇来旅游的游客越来越多了，很多外地的游客在出发前总是想了解我们桐乡的交通、天气、特产等信息。为了方便游客了解桐乡一年的气温情况，乌镇旅游网上公布了桐乡一年12个月的平均气温数据。老师将这些数据整理成了一个统计表。（展示统计表）

桐乡市2006年平均气温变化统计表

2007年5月

月份	1月	2月	3月	4月	5月	6月	7月	8月	9月	10月	11月	12月
平均气温（℃）	3	6	10	15	18	25	28.5	28	27	21	11	5

师：这个统计表还可以用什么形式来表示？

生：统计图。（展示统计图）

桐乡市2006年平均气温变化统计图

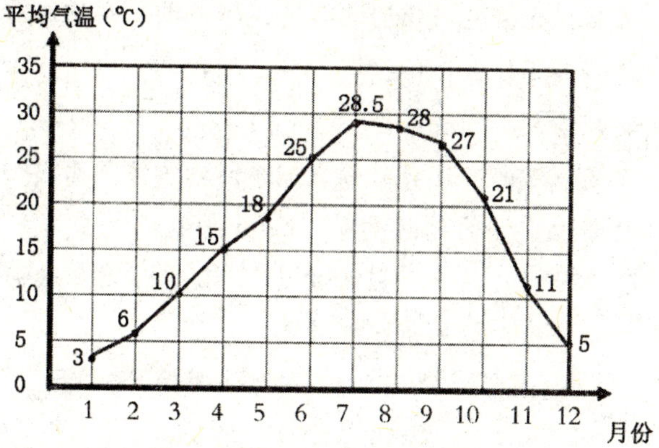

师：我们以前学习过条形统计图，那这个是什么统计图呢？（生自由讨论）这就是我们今天要学习的折线统计图。

2. 新课学习

(1) 认识折线统计图。

师：仔细观察这个统计图，说说它是由哪几部分组成的？

生：标题、时间、横轴、纵轴、点和连接的线段。

师：你们能读懂这个统计图吗？同桌互相读一读。（生读）这张统计图给我们提供了哪些信息？

生：每个月份的平均气温数据。

生：1 月～7 月气温逐渐上升，7 月～12 月气温逐渐下降。

师：你是怎么看出来的？

生：折线从下往上就是上升，从上往下就是下降。

生：我知道了 1 月气温最低，7 月气温最高。

生：我发现 5 月、6 月份温差大，还有 10 月、11 月份温差最大。

师：温差大是什么意思？

生：在这段时间里，气温的变化很大，如 10 月是 21℃，而 11 月只有 11℃了。

师：你又是怎么看的呢？

生：可以从具体的数据看，还可以从线段的斜度上看，斜度大，就是变化大。(师请学生上来指一指)

师：你们真善于观察，从这张气温统计图上不仅知道了每个月的平均气温，还看出了气温的变化情况。你们觉得折线统计图和我们以前学习的条形统计图相比，最大的特点是什么？(生答，略)

(2) 联系实际，绘制折线统计图。

师：其实一年的气温的变化会影响我们生活的方方面面，如用电量、用水量、羽绒衣的销售量、空调的销售量等。2006 年我们桐乡××电器空调销售最多的月份卖出了 700 台，最少的月份卖出了 40 台。结合我们的气温变化统计图，请你们制作出一张大概的折线统计图。

桐乡××电器 2006 年 1～12 空调销售情况统计表

2007 年 5 月

月份	1月	2月	3月	4月	5月	6月	7月	8月	9月	10月	11月	12月
数量（台）	440	280	60	40	200	320	700	600	350	250	110	475

（生画图，随后交流展示）

师：你们是怎么画的，阐述你们这样画的理由。（你们把销售700台的月份定在哪个月？40台呢？为什么？）

生：我是根据气温的高低来画折线统计图的，1月气温最低，空调销售最少，7月气温最高，所以空调销售最多。

生：我也是按照气温的变化来画折线统计图的，1月和12月气温很低，空调销售应该比较好，7月、8月很热，销售也是很好的，销售最少的是4月、5月和10月、11月。

生：我画得销售量最高的月是12月，接下来的1月很冷，人们早做准备，而且12月要年底了，搬新家的人也比较多。销售量最低的是1月，因为上个月已经买过了。

师：刚才同学们说得都很有道理，联系生活实际，我们可以作出大概的判断。老师收集了2006年××电器1～12月的销售统计表，请你们再根据这个统计表画出真正的折线统计表。

师：交流画统计图的步骤，结合所画的统计图，你们给销售经理提点意见。（生答，略）

3. 运用中感知特点

师：我们以前学习了条形统计图，今天认识了折线统计图。那什么情况下选择条形统计图，什么情况下选择折线统计图呢？我们来看两个统计表。

402班5位同学的身高统计表

姓名	张伟	王东	方林	俞凯	李明
身高（厘米）	135	138	140	136	145

某同学一年级至五年级身高统计表

年级	一	二	三	四	五
身高（厘米）	128	134	139	143	150

生：第一个统计表选择条形统计图，因为几个人比身高，用条形一下子可以看出谁高谁矮了。

生：第二个统计表用折线统计图，因为这是一个人的身高变化，折线可以很明显地显示他的身高变化。

师：所以要反映一个事物的发展变化的话，最好选择折线统计图，因为折线统计图的最大优势就是清晰地显示数据的增减变化。想象一下，第二张统计表画成折线统计图的话，这个折线是怎样的？如果他以后每年的身高一直统计下去的话，又是怎样的呢？

生：几年之后，这个折线就平了，因为他成年之后，身高不变了。

生：老师，有可能他老了身高会变矮，这样折线还会下降的。（生笑）

4. 小结并延伸

师：通过今天这节课的学习，你们了解了什么？（生答，略）

师：其实统计图有很多种，除了条形和折线统计图，还有扇形统计图等（师一一展示常见的几种统计图）。Excel 表格中有很多种统计图，有兴趣的同学课后可以去看一看。

【感悟启发】在对本案例的解读中，我们可以感受到教者的两个关注点：

首先，关注统计的现实意义。选取学生身边的、熟知的生活材料，让学生感受统计就在自己的身边。通过外地游客需要了解本市一年的平均气温，以及紧密联系生活中的空调销售情况，最后选取学生的身高，提供这样富有现实意义的素材，让学生在分析数据、解读数据的过程中，探究、发现数学知识，体验到数学就在我们身边，从而增强学习的动力，产生积极的情感。这样不仅能使学生感受统计在生活中的作用，更能激发学生的学习热情。

其次，关注统计的数学价值。在了解和分析了本市一年的平均气温后，让学生根据气温的变化做出大概的空调销售统计图。事实证明，学生能够根据生活实际，结合自己已有的生活经验，做出合理的空调销售统计图，并能够结合统计数据的意义，主动联系生活经验去解释说明。在对自己设计的统计数据的分析和发表看法的过程中，学生拥有了充分展示自己个性的广阔空间，他们对生活态度和价值观念做出积极判断。在对销售经理提意见时，学生能结合实际，提出合理的策略，使学生体验到统计的现实意义。

特别值得欣赏的是，在最后环节教师引导学生想象某位学生的身高统计图的折线发展趋势时，学生想到了成年后身高折线的变化趋势，培养了学生用发展的眼光看待数学问题的能力，体现了大课堂的数学教学观。

（四）立足经验，升华知识

——“复式折线统计图”的教学

执教：西安高新国际学校　郑飞燕

1. 作品展示，体会统计与日常生活的密切联系

师：两周前，老师布置大家每天记录家庭用于饮食方面的开支情况，昨天

同学们把收集到的数据进行了整理，绘制成了折线统计图，老师选择了有代表性的两幅作品，请大家看一看。（展示第一幅作品）

师：生 1 家哪一天消费最高，哪一天消费最低？从总体上看，生 1 家用于饮食方面的开支是如何变化的？（生答，略）

师：（展示第二幅作品）从总体上看，生 2 家的开支情况和生 1 家有何不同？

生：生 2 家的开支比较特别，在第二个周的周三开支猛增，周四到周六一直下降，周日有所回升。

师：能猜测一下是什么原因吗？

生（争先恐后）：一定是生 2 家周三招待客人了。

生 2：猜得很对！周三我奶奶过 80 大寿，所以开支一下变得很多。

师：折线统计图中的这些数据是如何得到的？（生答，略）

师：通过这次收集数据并制图，你们有什么感想？

生 1：以前没有留意过家里的饮食开支，通过这次统计，觉得这方面的开支还挺大，真是“不当家不知柴米贵”啊！

生 2：家庭开支也应该有计划，不然就会入不敷出。

……

2. 操作分析，认识复式折线统计图及其特点

师：小到家庭生活，大到国家建设的方方面面，统计无处不在，下面请大家看表格。（出示：2005 年甲、乙两城市月平均降水量的统计表，表格略）

（1）选择适当的统计图描述数据。

师：以表格呈现月平均降水量好吗？

生 1：我觉得用统计图更直观一些。

师：用什么样的统计图好？

生 2：条形统计图好一些，这样能很直观地看出哪个月的降水量多，哪个月的降水量少。

生 3：我觉得折线统计图好一些。因为折线统计图不仅可以表示出每个月降水量的多少，还可以根据折线的变化，清楚地表示降水量的增减变化情况。

生 4：我同意生 3 的观点，因为每年的月平均降水量对政府预测非常重要，而折线统计图能帮助我们很好地进行预测。

师：大家同意谁的看法？（大部分同学同意生 3 的观点）

师：现在请大家以小组为单位，制订甲、乙两城市月平均降水量的折线统计图。制图时要注意什么？

生：应先在格子纸上画出纵轴和横轴，并分别标上“降水量”和“月份”。

生：还应在横轴上确定每个月的间隔，在纵轴上确定每格代表多少毫米。

生：还要写统计图的名称。

（师根据生回答板书：名称；横轴——月份，纵轴——降水量；1格——1毫米）

师：请大家根据提示开始制图。

（生操作，师巡视，对由8名学习较差的孩子组成的两个小组进行指导）

(2) 在描述数据、获取信息的过程中，认识复式折线统计图的特征。

（学生制成的统计图分两种类型：第一种是把甲、乙两市的月平均降水量分别用两个统计图描述，第二种是把两组数据绘制在同一幅图上，线条的颜色不相同，教师把两种图各选一幅，进行展示）

师：发表一下看法，你更喜欢哪一种制图方式，为什么？

生：我喜欢第二种，绘制在一幅图上，省去了许多步骤，很方便。

生：我喜欢第一种，把两幅图分开绘制看起来很明了，也容易分析两城市各自的降水量变化趋势。

生：我也喜欢第二种，用两种颜色的线条分别表示两个城市的月平均降水量，同样也很明了嘛！

生：那只是你们的看法，我就喜欢第一种，分开绘制，看起来更清晰。

师：大家都各持己见，我们就先来选择大多数同学采用的绘制方式——分开绘制的方式，现在我们来分析图表，获取信息。

（大屏幕展示两幅单式折线统计图，并呈现问题）

①甲市（ ）月份降水量最高，（ ）月份降水量最低。

②乙市（ ）月份降水量最高，（ ）月份降水量最低。

③甲、乙两城市几月份降水量最接近？

（学生看图回答问题，当回答到第三个问题时，同学们发生了争议）

生：第三个问题从两幅统计图上很难发现结果，把两组数据绘制在一张图上就很容易比较了。

生：刚才的第二种方法就很好。

生：我刚才同意分开绘制，现在也觉得两组数据放在一张图上更容易比较。

师：这恰恰说明，不同的统计图本身并无优劣之分，我们应该根据需要选择合适的方式描述数据。下面我们就将两图并一图，看看是否能从中获取更多的信息。(大屏幕展示两图并一图的过程)

师：从这幅统计图中你们能得到哪些信息?

生：我来回答刚才的问题，两城市12月份的月平均降水量最接近。

生：我发现两城市5月份月平均降水量相差最多。

师：相差多少毫米?

生：相差了230毫米。

生：甲市10月份的月平均降水量和乙市11月份的月平均降水量相同，都是30毫米。

……

师：有哪些月份的月平均降水量相差30毫米?

生：7月!

生：7月和8月的月平均降水量都相差30毫米。

师：对，读图要仔细，在没有全面观察问题时，不要轻易下结论。

师：甲市月平均降水量是如何变化的?

生1：甲市月平均降水量的变化情况是：从1月到8月呈上升趋势，8月到12月呈下降趋势。

师：能描述得再具体一些吗?比如说哪一个时间段上升平缓，哪一个时间段下降急剧等。

生2：我来补充一下。甲市的月平均降水量从1月至8月呈上升趋势，其中1月至4月上升平缓，4月至8月快速上升；8月至12月呈下降趋势，其中8月至9月急剧下降，9月至12月平缓下降。

师：谁能说说生2描述的特点?

生3：他是先从总趋势上描述，再具体分析各个部分。我觉得这样描述有条理，有重点，把信息反映得更全面。

师：非常好，能用这种方法分析乙市的降水量变化情况吗?(生答，略)

师：从总体上看，两城市的月平均降水量之间最明显的差别是什么?

生：甲市是先升后降，乙市是先升再降，再升再降。

生：两市月平均降水量最明显的差别是甲市只有一次升降，而乙市有两次升降。

师：把握得很好！从总体上看，两城市月平均降水量之间最明显的差别是：甲城市只有一个“峰”，而乙城市则有两个“峰”。

师：今天我们学到的折线统计图与以前学的不同，能给它取一个名字吗？

生：复式折线统计图！（师板书：复式折线统计图）

师：复式折线统计图有什么特点？

生：我觉得复式折线统计图除了单式折线统计图的特征外，还具备方便对比的特点。

师：对！还应注意一点，要在统计图的右上角标注清楚不同的折线分别表示什么。

3. 应用拓展，应用复式折线统计图分析推断

[课本（新世纪版教材六年级上册）62 页“试一试”]

（1）做一做。

师：请大家根据甲、乙两城市平均气温统计表，在本子上独立绘制复式折线统计图。

（2）答一答。

师：甲市最高平均气温出现在几月？乙市最高平均气温出现在几月？（生答，略）

师：两城市最高月平均气温相差多少摄氏度？（生答，略）

师：甲、乙两城市的月平均气温是如何变化的？

生：甲市月平均气温从 1 月到 7 月一直上升，到 7 月达到最高，之后开始到 12 月一直下降。

生：乙市月平均气温 1 月最高，然后从 1 月到 8 月一直下降，到 8 月达到最低，之后开始到 12 月一直在上升。

生：我发现甲、乙两个城市月平均气温的变化趋势是相反的。

生：我想两城市应分别位于地球的南北半球。

师：分析得不错，能推测出甲城市在哪个半球，乙城市在哪个半球吗？

生：这很简单。假如甲城市在南半球，则乙城市在北半球；如果甲城市在北半球，则乙城市在南半球。

生：不对！甲城市肯定在北半球，因为甲城市的最高气温出现在 7 月，与我们国家的气温变化情况相同，我们国家在北半球，所以，甲城市肯定在北半球。

师：大家同意他的分析吗？

生：同意。

师：看来，联系实际能使我们的推测更合理、准确。

师：从总体上看，两城市月平均气温最明显的差别是什么？（生答，略）

评析：本环节既是巩固、拓展的环节，也是对本节课所学知识进行评价的环节。主要通过以下几方面考查学生知识的掌握情况：

（1）为学生提供整理好的数据——“甲、乙两城市月平均气温统计表”，让学生独立完成相应的复式折线统计图。

（2）通过问题考察学生的读图、分析能力。

（3）培养学生通过对比分析，作出合理推断的能力。

4. 回顾与反思

师：本节课你们有哪些收获？

……

【感悟启发】复式折线统计图是在学生认识了单式统计图及复式条形统计图的基础上进行教学的。此前，学生已经了解了刻画数据集中趋势的统计量——平均数、中位数和众数。因此，对于本节内容的学习，学生已具备了相当丰富的知识背景，教师所要做的，就是要引导学生在原有认知基础上进行有效建构。

《标准》要求，统计学习应注重学生数据的收集、整理、分析过程。课前布置学生搜集信息，旨在把课外实践延伸至课内，一方面作为前提诊测，了解学生的知识、能力基础，另一方面也是对学生数据收集、整理、分析能力的一个培养。本节课是在学生学习了“复式条形统计图”的基础上进行教学的。因此，有的学生分别用折线统计图表示两个城市的月平均降水量，有的学生把两组数据绘制成复式折线统计图，这是学生根据已有经验进行的主动建构，但不能因此判断这部分孩子已掌握了复式折线统计图的特征。学生的认知还仅仅停留在直观感知的层面，他们这样制图，很大程度上是因为“方便”。教师在巡视过程中发现不同情况，并不做主观评价，又把选择权交给学生，让学生在辩论的过程中体会复式折线统计图的特征，使不同层次学生的认知水平又一次得到提升。

【小结】“如何有效地培养学生读统计图的能力”是统计教学中教师需要关注的问题。本节课在读图方面，教师因势利导，培养学生关注有效信息，为学生的后续学习打好了基础。

1. 引导学生关注最大值和最小值。如在不同的教学环节中，分别让学生观察：家庭开支最多的一天和最少的一天；甲、乙两城市降水量最高和最低的月份；甲、乙两城市月平均气温最高的月份。在这种潜移默化中让学生逐渐学会“读图”。

2. 引导学生有重点地描述折线的变化情况。由于知识所限，学生对于折线变化情况的描述大多是泛泛而谈，抓不住主要矛盾。在这几节课的教学中，教师没有事先告诉学生如何分析、描述，而是循循善诱，让学生在讨论中学会描述的方法。

这样，知识与方法相辅相成，融为一体，学生的能力在一次次的观察、交流、发现中不断得到提高。

《标准》指出，统计课程的核心目标是培养学生的统计观念。我们知道，一种观念、意识的形成需要有一个过程，在这个过程中，最有效的方法是让孩子们经历收集、整理和分析数据的过程。但这一过程绝不应是一个套用、模仿、无目标的分析过程，而应是一个让孩子有所悟、不断提高综合能力的过程。

二、平均数

【目标分析】平均数是一个统计术语，它的基本思想是所有数据的和除以数据的总个数，以体现全体数据的一般水平，对数据总体起着“中心”代表的作用。对于小学阶段的统计方面的术语，《标准》中明确指出，应“避免单纯的统计量的计算，对有关术语不要求进行严格表述”。因此，注重对统计量的意义的理解，让他们真正投入统计活动的全过程中，使学生逐步建立统计观念，淡化术语和纯计算的考查，是《标准》强调的思想。

抓住本质，强调意义

——“平均数”的教学

执教：南京市北京东路小学　张齐华

1. 建立意义

师：你们喜欢体育运动吗？

生（齐）：喜欢！

师：如果张老师告诉大家，我最喜欢并且最拿手的体育运动是篮球，你们相信吗？

生：不相信。篮球运动员通常都很强壮，就像姚明和乔丹那样。张老师，您也太瘦了点。

师：真是哪壶不开提哪壶啊！不过还别说，和你们一样，我们班上的小强、小林、小刚对我的投篮技术也深表怀疑。就在上星期，他们三人还约我进行了一场“1分钟投篮挑战赛”，怎么样，想不想了解现场的比赛情况？

生（齐）：想！

师：首先出场的是小强，他1分投中了5个球，可是，小强对这一成绩似乎不太满意，觉得好像没有发挥出自己的真实水平，想再投两次。如果你们是张老师，你们会同意他的要求吗？

生：我不同意。万一他后面两次投中的多了，那我不就危险啦！

生：我会同意的，做老师的应该大度一点。

师：呵呵，还真和我想到一块儿去了。不过，小强后两次的投篮成绩很有趣。（师出示小强的后两次投篮成绩：5个，5个，生会心地笑了）

师：还真巧，小强三次都投中了5个。现在看来，要表示小强1分投中的个数，用哪个数比较合适？

生：5。

师：为什么？

生：他每次都投中5个，用5来表示他1分投中的个数最合适了。

师：说得有理！接着该小林出场了，小林1分钟又会投中几个呢？我们也一起来看看吧。（师出示小林第一次投中的个数：3个）

师：如果你们是小林，会这样结束吗？

生：不会！我也会要求再投两次的。

师：为什么？

生：这也太少了，肯定是发挥失常。

师：正如你们所说的，小林果然也要求再投两次，不过，麻烦来了。（出示小林的后两次成绩：5个，4个）三次投篮，结果怎么样？

生（齐）：不同。

师：是呀，三次成绩各不相同，这一回，又该用哪个数来表示小林1分钟投篮的一般水平呢？

生：我觉得可以用5来表示，因为它最多，第2次投中了5个。

生：我不同意。小强每次都投中5个，所以用5来表示他的成绩，但小林另外两次分别投中4个和3个，怎么能用5来表示呢？

师：也就是说，如果也用5来表示，对小强来说——

生（齐）：不公平！

师：该用哪个数来表示呢？

生：可以用4来表示，因为3，4，5三个数，4正好在中间，最能代表他的成绩。

师：不过，小林一定会想，我毕竟还有一次投中5个，比4个多1呀。

生（齐）：那他还有一次投中3个，比4个少1呀。

师：哦，一次比4多1，一次比4少1——

生：那么，把5里面多的1个送给3，这样不就都是4个了吗？

（师结合学生的交流，呈现移多补少的过程，如图1）

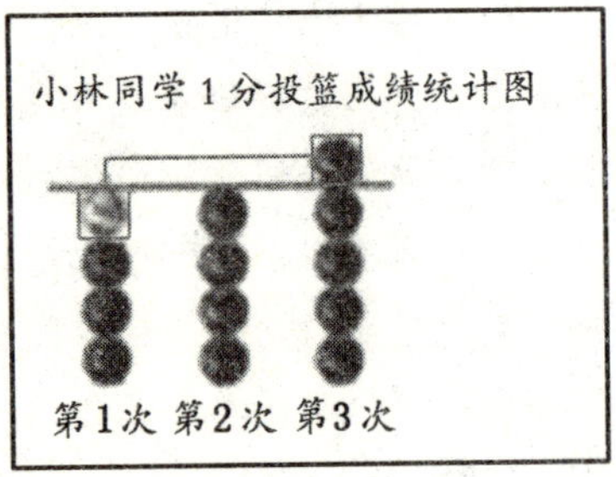

图1

师：数学上，像这样从多的里面移一些补给少的，使得每个数都一样多，这一过程就叫"移多补少"。移完后，小林每分钟看起来都投中了几个？

生（齐）：4个。

师：能代表小林1分投篮的一般水平吗？

生（齐）：能！

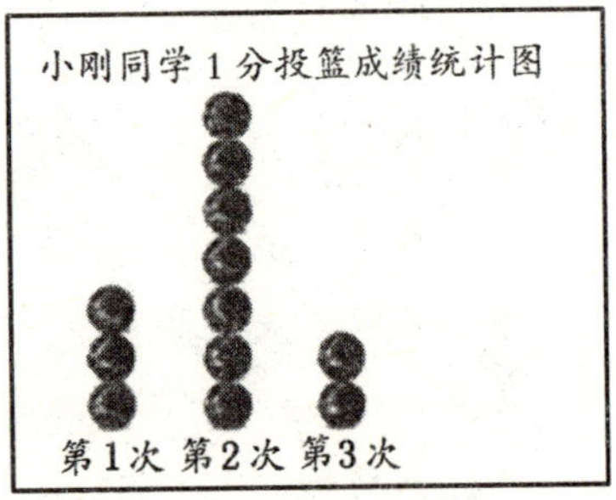

图2

师：轮到小刚出场了。（出示图2）小刚也投了三次，成绩同样各不相同。这一回，又该用几来代表他1分钟投篮的一般水平呢？同学们先独立思考，然后在小组里交流自己的想法。

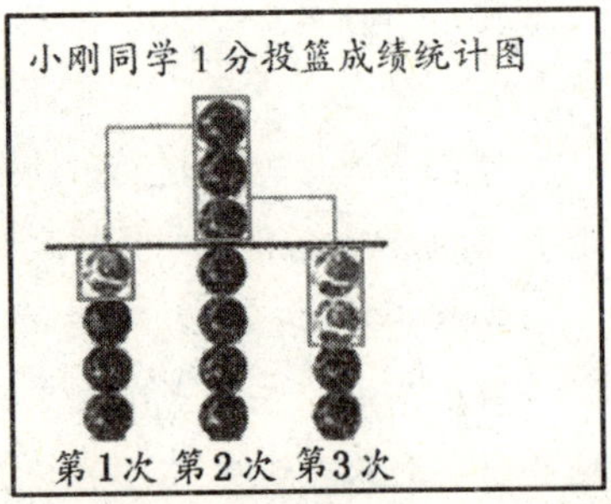

图3

生：我觉得可以用4来代表他1分钟的投篮水平。他第2次投中7个，可以移1个给第1次，再移2个给第3次，这样每一次看起来好像都投中了4个，所以用4来代表比较合适。（结合学生交流，师再次呈现移多

补少过程，如图 3)

师：还有别的方法吗?

生：我们先把小刚三次投中的个数相加，得到 12 个，再用 12 除以 3 等于 4 个。所以，我们也觉得用 4 来表示小刚 1 分钟投篮的水平比较合适。

[师板书：3＋7＋2＝12（个），12÷3＝4（个）]

师：像这样先把每次投中的个数合起来，然后再平均分给这三次（板书：合并、平分），能使每一次看起来一样多吗?

生：能！都是 4 个。

师：能不能代表小刚 1 分钟投篮的一般水平?

生：能!

师：其实，无论是刚才的移多补少，还是这回的先合并再平均分，目的只有一个，那就是——

生：使原来几个不相同的数变得同样多。

师：数学上，我们把通过移多补少后得到的同样多的这个数，就叫做原来这几个数的平均数。(板书课题：平均数）比如，在这里（出示图 1)，我们就说 4 是 3，4，5 这三个数的平均数。那么，在这里（出示图 3)，哪个数是哪几个数的平均数呢？在小组里说说你们的想法。

生：在这里，4 是 3，7，2 这三个数的平均数。

师：不过，这里的平均数 4 能代表小刚第一次投中的个数吗?

生：不能!

师：能代表小刚第 2 次、第 3 次投中的个数吗?

生：也不能!

师：奇怪，这里的平均数 4 既不能代表小刚第 1 次投中的个数，也不能代表他第 2 次、第 3 次投中的个数，那它究竟代表的是哪一次的个数呢?

生：这里的 4 代表的是小刚三次投篮的平均水平。

生：是小刚 1 分钟投篮的一般水平。(师板书：一般水平)

师：最后，该我出场了，知道自己投篮水平不怎么样，所以正式比赛前，我主动提出投四次的想法，没想到，他们竟一口答应了。前三次投篮已经结束，怎么样，想不想看看我每一次的投篮情况?

(师呈现前三次投篮成绩：4 个，6 个，5 个，图略)

师：猜猜看，三位同学看到我前三次的投篮成绩，可能会怎么想?

生：他们可能会想：完了完了，肯定输了。

师：从哪儿看出来的？

生：你们看，光前三次，张老师平均1分钟就投中了5个，和小强并列第一，更何况，张老师还有一次没投呢！

生：我觉得不一定。万一张老师最后一次发挥失常，一个都没投中，或只投中一两个，张老师也可能会输。

生：万一张老师最后一次发挥超常，投中10个或更多，那岂不赢定了？

师：情况究竟会怎么样呢？还是让我们赶紧看看第四次投篮的成绩吧。

（师出示图4）

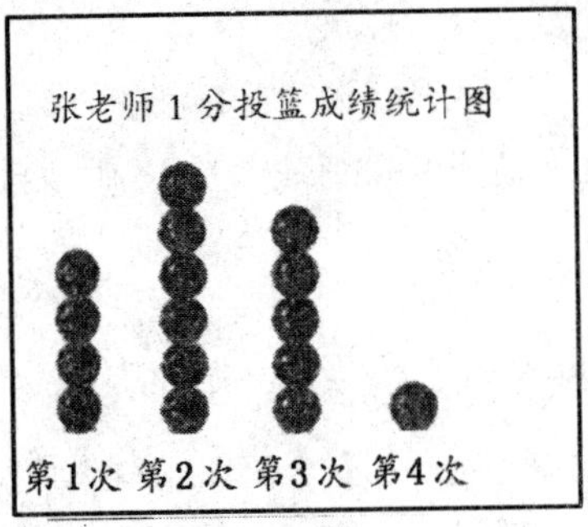

图4

师：凭直觉，张老师最终是赢了还是输了？

生：输了。因为你最后一次只投中1个，也太少了。

师：不计算，你们能大概估计一下，张老师最后的平均成绩可能是几个吗？

生：大约是4个。

生：我也觉得是4个。

师：英雄所见略同呀。不过，第二次我明明投中了6个，为什么你们不估计我最后的平均成绩是6个？

生：不可能，因为只有一次投中6个，又不是次次都投中6个。

生：前三次的平均成绩只有5个，而最后一次只投中1个，平均成绩只会比5个少，不可能是6个。

生：再说，6个是最多的一次，它还要移一些补给少的，所以不可能是6个。

师：那你们为什么不估计平均成绩是1个呢？最后一次只投中1个呀！

生：也不可能。这次尽管只投中1个，但其他几次都比1个多，移一些补给它后，就不止1个了。

师：这样看来，尽管还没得出结果，但我们至少可以肯定，最后的平均成绩应该比这里最大的数——

生：小一些。

生：还要比最小的数大一些。

生：应该在最大数和最小数之间。

师：是不是这样呢？赶紧想办法算算看吧。

[生列式计算，并交流计算过程：4+6+5+1=16（个），16÷4=4（个）]

师：和刚才估计的结果比较一下，怎么样？

生：的确在最大数和最小数之间。

师：现在看来，这场投篮比赛是我输了。你们觉得问题主要出在哪儿？

生：最后一次投得太少了。

生：如果最后一次多投几个，或许你就会赢了。

师：试想一下：如果张老师最后一次投中5个，甚至更多一些，比如9个，比赛结果又会如何呢？同学们可以通过观察来估一估，也可以动笔算一算，然后在小组里交流你们的想法。(生估计或计算，随后交流结果)

生：如果最后一次投中5个，那么只要把第二次多投的1个移给第一次，很容易看出，张老师1分钟平均能投中5个。

师：你是通过移多补少得出结论的，还有不同的方法吗？

生：我是列式计算的，4+6+5+5=20（个），20÷4=5（个）。

生：我还有补充！其实不用算也能知道是5个。大家想呀，原来第四次只投中1个，现在投中了5个，多出4个。平均分到每一次上，每一次正好能分到1个，结果自然就是5个了。

师：那么，最后一次如果从原来的1个变成9个，平均数又会增加多少呢？

生：应该增加2。因为9比1多8，多出的8个再平均分到四次上，每一次增加了2个，所以平均数应增加2个。

生：我是列式计算的，4+6+5+9=24（个），24÷4=6（个），结果也是6个。

2. 深化理解

师：现在，请大家观察下面的三幅图，你们有什么发现？把你们的想法在小组里说一说。(师出示图5、图6、图7，三图并排呈现)

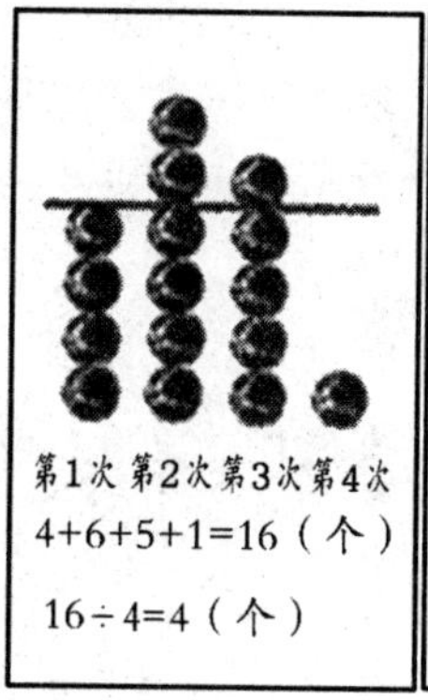

图5

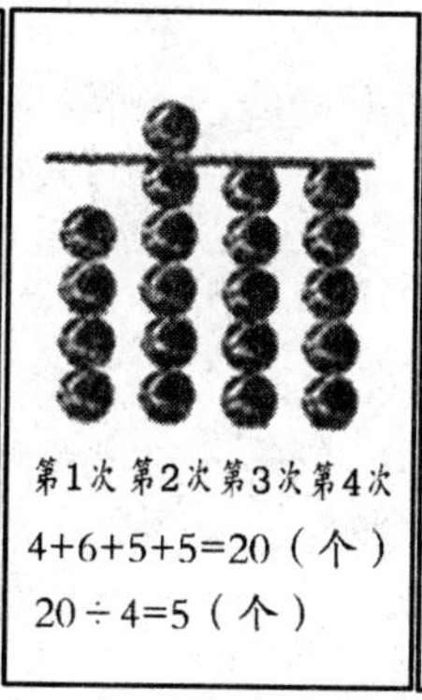

图6

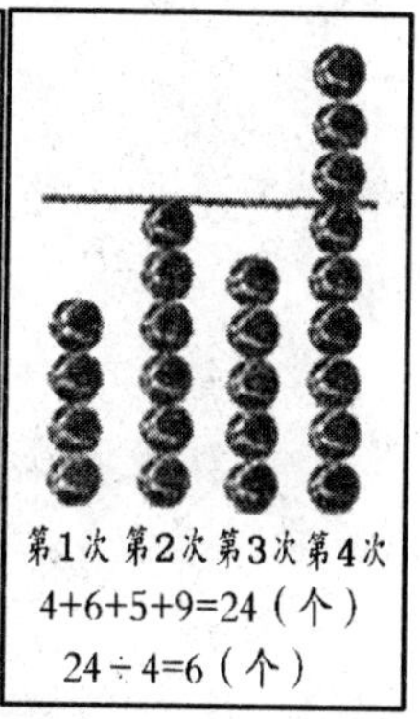

图7

（生独立思考后，先在组内交流想法，再全班交流）

生：我发现，每一幅图中，前三次成绩不变，而最后一次成绩各不相同。

师：最后的平均数——

生：也不同。

师：看来，要使平均数发生变化，只需要改变其中的几个数？

生：一个数。

师：瞧，前三个数始终不变，但最后一个数从1变到5再变到9，平均数——

生：也跟着发生了变化。

师：难怪有人说，平均数这东西很敏感，任何一个数据的“风吹草动”，都会使平均数发生变化。现在看来，这话有道理吗？（生答，略）其实呀，善于随着每一个数据的变化而变化，正是平均数的一个重要特点。在未来的数学学习中，我们将就此做更进一步的研究，大家还有别的发现吗？

生：我发现平均数总是比最大的数小，比最小的数大。

师：能解释一下为什么吗？

生：很简单。多的要移一些补给少的，最后的平均数当然要比最大的小，比最小的大了。

师：其实，这是平均数的又一个重要特点。利用这一特点，我们还可以大概地估计出一组数据的平均数。

生：我还发现，总数每增加4，平均数并不增加4，而是只增加1。

师：那么，要是这里的每一个数都增加4，平均数又会增加多少呢？还会是1吗？

生：不会，应该增加4。

师：真是这样吗？课后，同学们可以继续研究，或许你们还会有更多的新发现！不过，关于平均数，还有一个非常重要的特点隐藏在这几幅图当中，想不想了解？

生：想！

师：以图5为例，仔细观察，有没有发现这里有些数超过了平均数，而有些数还不到平均数？（生点头示意）比较一下超过的部分与不到的部分，你们发现了什么？

生：超过的部分和不到平均数的部分一样多，都是3个。

师：会不会只是一种巧合呢？让我们赶紧再来看看另两幅图（指图6、图

7）吧。

生：（观察片刻）也是这样的。

师：这还有几幅图，（出示图1和图3）情况怎么样呢？

生：超过的部分和不到的部分还是同样多。

师：奇怪，为什么每一幅图中，超出平均数的部分和不到平均数的部分都一样多呢？

生：如果不一样多，超过的部分移下来后，就不可能把不到的部分正好填满，这样就得不到平均数了。

生：就像山峰和山谷一样，把山峰切下来，填到山谷里，正好可以填平。如果山峰比山谷大，或者山峰比山谷小，都不可能正好填平。

师：多生动的比方呀！其实，像这样超出平均数的部分和不到平均数的部分一样多，是平均数的第三个重要特点，把握了这一特点，我们就可以巧妙地解决相关的实际问题。（师出示三张纸条，图略，长度分别为7厘米，12厘米，8厘米）

师：张老师大概估计了一下，觉得这三张纸条的平均长度大约是10厘米。不计算，你们能根据平均数的特点，大概地判断一下，张老师的这一估计对吗？

生：我觉得不对。因为第二张纸条比10厘米只长了2厘米，而另两张纸条比10厘米一共短了5厘米，不相等，所以，它们的平均长度不可能是10厘米。

师：照你看来，它们的平均长度会比10厘米长还是短？

生：应该短一些。

生：大约是9厘米。

生：我觉得是8厘米。

生：不可能是8厘米，因为7比8小了1，而12比8大了4。

师：它们的平均长度到底是多少，还是赶紧口算一下吧。

……

3. 拓展延伸

师：下面这些问题，同样需要我们借助平均数的特点来解决。瞧，学校篮球队的几位同学正在进行篮球比赛。我看到这么一份资料，说李强所在的快乐篮球队，队员的平均身高是160厘米，那么，李强的身高可能是155厘米吗？

生：有可能。

师：不对呀！不是说队员的平均身高是160厘米吗？

生：平均身高160厘米，并不表示每个人的身高都是160厘米。万一李强是队里最矮的一个，当然有可能是155厘米了。

生：平均身高160厘米，表示的是篮球队员身高的一般水平，并不代表队里每个人的身高。李强有可能比平均身高矮，如155厘米，当然也可能比平均身高高，如170厘米。

师：说得好！为了使同学们对这一问题有更深刻的了解，我还给大家带来了一幅图。(出示中国男子篮球队队员的合影，图略)画面中的人，相信大家一定不陌生。

生：姚明！

师：没错，这是以姚明为首的中国男子篮球队队员。老师从网上查到这么一组数据，中国男子篮球队队员的平均身高为200厘米，这是不是说，篮球队每个队员的身高都是200厘米？

生：不可能。

生：姚明的身高就不止200厘米。

生：姚明的身高是226厘米。

师：看来，还真有超出平均身高的人，不过，既然队员中有人身高超过了平均数——

生：那就一定有人身高不到平均数。

师：没错。据老师所查资料显示，这位队员的身高只有178厘米，远远低于平均身高。看来，平均数只反映一组数据的一般水平，并不代表其中的每一个数据。好了，探讨完身高问题，我们再来看看池塘的平均水深。

师：冬冬来到一个池塘边，低头一看，发现了什么？

生：平均水深110厘米。

师：冬冬心想，这也太浅了，我的身高是130厘米，下水游泳一定没危险，你们觉得冬冬的想法对吗？

生：不对！

师：怎么不对？冬冬的身高不是已经超过平均水深了吗？

生：平均水深110厘米，并不是说池塘里每一处水深都是110厘米，可能有的地方比较浅，只有几十厘米，而有的地方比较深，比如150厘米，所以，冬冬下水游泳可能会有危险。

师：说得真好！想看看这个池塘水底下的真实情形吗？

（师出示池塘水底的剖面图，如图 8）

生：原来是这样，真的有危险！

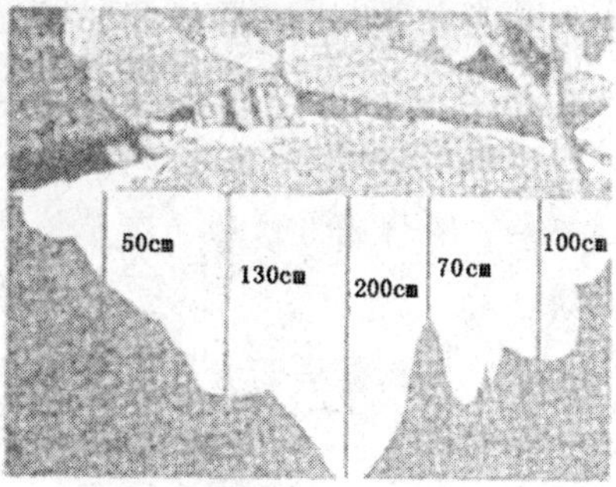

图 8

师：看来，认识了平均数，对于我们解决生活中的问题还真有不少帮助呢。当然，如果不了解平均数，闹起笑话来，那也很麻烦。这不，前两天，老师从最新的《健康报》上查到这么一份资料。（师出示：《2007 年世界卫生报告》显示，目前中国男性的平均寿命大约是 71 岁）

可别小看这一数据哦！30 年前，也就在张老师出生那会儿，中国男性的平均寿命大约只有 68 岁，比较一下，发现了什么？

生：中国男性的平均寿命比原来长了。

师：是呀，平均寿命变长了，当然值得高兴喽。可是，一位 70 岁的老伯伯看了这份资料后，不但不高兴，反而还有点难过，这又是为什么呢？

生：我想，老伯伯可能以为平均寿命是 71 岁，而自己已经 70 岁了，看来只能再活 1 年了。

师：老伯伯这么想，你们觉得他懂不懂平均数？

生：不懂！

师：你们懂不懂？

生：懂

师：既然这样，那好，假如我就是那位 70 岁的老伯伯，你们打算怎么劝劝我？

生：老伯伯，别难过。平均寿命 71 岁，并不是说每个人都只能活到 71 岁，如果有人只活到六十几岁，那么，你不就可以活到七十几岁了吗？

师：原来，你是把我的幸福建立在别人的痛苦之上呀！（生笑）不过，还是要感谢你的劝告，别的同学又是怎么想的呢？

生：老伯伯，我觉得平均寿命 71 岁反映的只是中国男性寿命的一般水平，这些人中，一定会有人超过平均寿命的，弄不好，你还会长命百岁呢！

师：谢谢你的祝福！不过，光这么说，好像还不足以让我彻底放心。有没有谁家的爷爷或是老太爷，已经超过 71 岁的？如果有，那我可就更放心了。

生：我爷爷已经 78 岁了。

生：我爷爷已经85岁了。

生：我老太爷都已经94岁了。

师：真有超过71岁的呀！猜猜看，这一回老伯伯还会再难过吗？

生：不会了。

师：探讨完男性的平均寿命，想不想了解女性的平均寿命？有谁愿意大胆地猜猜看？

生：我觉得中国女性的平均寿命大约有65岁。

生：我觉得大约有73岁。（师呈现相关资料：中国女性的平均寿命大约是74岁）

师：发现了什么？

生：女性的平均寿命要比男性长。

师：既然这样，那么，如果有一对60多岁的老夫妻，是不是意味着，老奶奶的寿命一定会比老爷爷长？

生：不一定！

生：虽然女性的平均寿命比男性长，但并不是说每个女性的寿命都会比男性长。万一这老爷爷特别长寿，那么，他完全有可能比老奶奶活得更长些。

师：说得真好！走出课堂，愿大家能带上今天所学的内容，更好地认识生活中与平均数有关的各种问题。下课！

【感悟启发】从本案例的教学中，我们可以感受到张老师课堂的精彩。在张老师的课上，导入部分的问题——1分钟投篮挑战赛虽然简单，但易于引发学生对平均数的“代表性”的理解：是用一次投篮投中的个数来代表整体水平，还是用几次投篮中的某一次投中个数来代表整体水平，抑或是用几次投篮的平均数来代表整体水平呢？这些数据并不是一组一组地同时呈现，然后让学生分别计算其平均数，而是动态呈现，并伴随教师的追问，以落实研究每一组数据的教学目标。三次数据都是“5”，这是教师精心设计的，核心是让学生凭直觉体验平均数的代表性，避免了学生不会计算平均数的尴尬。同样道理，第二组数据的呈现方式仍然先呈现一个，伴随教师的追问“如果你是小林，会就这样结束吗”让学生体验一次数据，很难代表整体水平，但3，5，4到底哪个数据能代表小林的水平呢？教师设计这些活动的核心是让学生体验平均数的代表性。

在张老师的课堂上，利用直观形象的象形统计图（条形统计图也可以），通过动态的“割补”来呈现“移多补少”的过程，为学生理解平均数所表示的均匀水平提供感性支撑。首先两次在直观水平上通过“移多补少”求得平均数，而不先通过计算求平均数，这样强化平均数“匀乎、匀乎”的产生过程，是对平均数能刻画一组数据的整体水平的进一步直观理解，避免学生原有思维定式的影响，即淡化学生对“平均分”的认识对其理解平均数意义产生的影响。

在练习环节中，张老师没有单纯地要求学生进行求平均数的练习，而是将学习平均数放在完整的统计活动中，在描述数据、进行整体水平对比的过程中深化“平均数是一种统计量”的本质，让学生实现从统计学的角度学习平均数。例如，张老师在通过两种方法求出平均数之后，一再追问“哪个数是哪几个数的平均数呢”“这里的平均数 4 能代表小刚第一次投中的个数吗”“能代表小刚第二次、第三次投中的个数吗”“那它究竟代表的是哪一次的个数”，通过这样的追问，强化平均数的统计学意义。当然，如果在此现实问题中出现平均数是小数的情形更有助于学生理解平均数只刻画整体水平而不是真正的其中某一次投中的个数（投中的个数怎么会是小数呢？不强调小数的意义，只出现简单小数，例如 3.5 个），即有人所说的“平均数是一个虚幻的数”。学生对此理解需要比较长的“过程”，不是一节课就能达成的。

【小结】在教学“平均数”的内容时，教师要注意以下几个方面：

1. 在具体的情境中体会平均数的意义

在传统的小学数学教学中，平均数是作为一种典型应用题教学的，教师们在教学中一般要引导学生归纳出“总数÷总份数＝平均数”的解题要点。这样的做法掩盖了“平均数是描述一组数据集中趋势的量”的统计学本质。因此，在新课程背景下，教师要注意设计具体的情境让学生体会平均数的意义。如果教师直接“告诉”学生平均数的意义，学生记住的往往只是一知半解的“文字”，而以问题为载体，启发学生思考，则有助于学生更深刻地理解平均数的意义。

2. 在活动中发展统计观念

《标准》明确指出，要通过“统计与概率”的教学让学生“经历运用数据，描述信息，做出推断的过程，发展统计观念”。所谓统计观念，就是学会用数据说话。要使学生逐步建立统计观念，最有效的方法是让他们真正投入统计活动的全过程中。各版本教材关于平均数的练习都设计了实践活动，如北师大版教材安排了“调查小组同学的身高并计算小组的平均身高”，苏教版教材安排了“运动与身体变化”等实践活动。这样的活动为学生综合运用所学统计知识解决实际问题提供了很好的平台，让学生在数据收集、处理、分析的过程中，巩固和加深了对平均数意义的理解，并在过程中发展了统计观念。

3. 在计算中培养数感

“数感主要是指关于数与数量表示、数量大小比较、数量和运算结果的估计等方面的直观感觉。”在计算中，它指的是计算策略中的“灵活性”和“创造性”，反对过分强调没有思维的计算程序。在学完平均数的计算方法和特点之后，可以引导学生发现计算平均数的一些技巧，如计算平均身高时列式是（144＋146＋142＋145＋143）÷5，可引导学生发现相加的5个数都在140以上，可以先把这140拿出来，把题目看成（4＋6＋2＋5＋3）÷5，即把三位数连加简化为一位数的连加，使计算简单，又如在计算（21＋22＋23＋24＋25）÷5时，可引导学生观察发现，5个加数是连续的自然数，而且个数是单数，根据移多补少可以确定这组数据的平均数等于正中间的数23。通过这些计算技巧的渗透，帮学生养成先观察思考再计算的习惯，这有助于发展学生的数感。

第二节　概率

一、体验事件的随机性

【目标分析】不确定现象在我们生活中到处存在，使学生从小在这方面有所体会，是时代发展的需要。低年级学生第一次接触到不确定现象，教材通过有趣的猜测活动，如抛硬币、摸球、转转盘等使学生感受到有些现象是确定的，有些现象是不确定的：抛一次硬币，可能正面朝上，也可能反面朝上；盒子里有3个黄球、3个白球，任意摸一个，可能是黄球，也可能是白球；在转盘游戏中，每转一次，指针指到0，1，2……的可能性都有。教学时必须通过学生亲身活动，使学生感受到什么事情的发生是确定的，什么事情的发生是不确定的。初步学会用“一定”“可能”“不可能”等词语来描述现实生活中的简单现象，能够列出简单实验发生的所有结果。

（一）活动探究，体验发现

——“抛硬币”的教学

执教：陕西咸阳秦都区中华路小学　钟晓鹏

1. 游戏激趣、引出课题

（1）谈话。

师：同学们喜欢玩游戏吗？平时都喜欢玩哪些游戏？（生答，略）

（2）抛硬币，初步感知。

（先请学生观察硬币，说明正面、反面）

师：同学们先猜一猜，硬币落下后哪面会朝上？

生：正面会朝上。

生：反面会朝上。

师：到底哪面朝上，我们验证一下，老师先抛一次验证。

（3）小组活动。

（出示活动规则：先猜一猜，再抛。每人抛一次，用你喜欢的方式统计；小组活动，学生情绪激动，神情专注，气氛热烈，一会儿后，生汇报一一说明）

生：我们组××和××是正面，××和××是反面。

生：我们组中4人抛的是正面，2人抛的是反面。

生：我们组3个正面，3个反面。

（4）小结。

师：不论怎么抛硬币，落下后正面反面都有可能，到底是正面朝上还是反面朝上，我们是不能确定的。因此，我们可以说，可能会正面朝上，也可能会反面朝上，请同学们用“可能”说说抛硬币的情况。

2. 活动探究，体验发现

（1）体验可能。

师：在装有3个白球和3个红球的盒子里摸球。请同学们先猜一猜每次摸到的会是什么颜色的球，再摸球。每人摸一次，用你喜欢的方式进行统计，小组活动开始。（分组活动，师巡视，然后小组汇报）

师：从各组汇报的摸球情况中，你们发现了什么？

（2）体验不可能。

师：从刚才的盒子里能摸出黑球吗？为什么？

生：不能摸出黑球，因为盒子里只有白球和红球。

生：盒子里根本就没有黑球，所以不可能摸出黑球来。

师：好。还不可能摸到什么颜色？

生：不可能摸出绿球。

生：不可能摸出蓝球、黄球和紫球。

生：不可能摸出其他颜色的球。

生：除了红球和白球，别的颜色的球都不可能摸到。

（3）体验一定。

（师出示一盒球，摇晃均匀，请学生先猜球再摸球；生纷纷举手，说猜想）

师：下面请几位同学来摸球，验证一下大家的猜想。

（生1摸出的是白球，猜对的学生异常兴奋，还有人猜可能是红球，个别人依然坚持别的颜色）

（生2摸出的还是白球，猜对的学生更加兴奋）

（生3摸出的依然是白球，学生已经迫不及待想说明原因）

生：我知道下回摸出的还是白球，因为盒子里装的全是白球。（许多学生表示赞同）

师：怎么装球，摸出的一定是白球？

生：盒子里装的全是白球。

生：盒子里只装白球，其他颜色的球都不装。

（4）感受可能性的大小。

（学生注意观察，教师往盒子里装入6个白球和1个蓝球）

师：同学们猜一猜，摸出的会是什么颜色的球？

（生纷纷说出自己的想法后，师请8位学生摸球，并将结果统计在黑板上）

师：从统计的结果来看，你们发现了什么？

生：可能会摸出白球，也可能会摸出蓝球。

生：摸出白球的次数多，蓝球的次数少。

师：（追问）为什么摸出白球的次数多而蓝球的次数少？

生：因为盒子里白球多，蓝球只有一个。

生：盒子里有白球、蓝球，所以白球、蓝球都有可能摸到；但白球数量多，摸到的次数就多，蓝球数量少，摸到的次数就少。

师：（小结）说得真好！盒子里的白球数量多，摸到白球的可能性就大，次数就多；蓝球数量少，摸到蓝球的可能性就小，次数就少。

（5）选礼物活动。

出示智慧老人送来的礼物袋，请同学们选择自己喜欢的礼物，在小组内说说应该在哪个袋子里摸，才会摸到自己喜欢的礼物，然后全班交流汇报。

3. 再次体验，深化拓展

（1）装球活动。

师：请每个小组选一个代表抽取选题：1号题是怎样装球才能保证摸出的可能是黄球？2号题是怎样装球才能保证摸出的一定是黄球？3号题是怎样装球才能保证摸出的不可能是黄球？

师：第一位同学会抽到几号选题呢？第二位同学会抽到几号选题呢？第三位同学呢？（按照抽取的选题，小组活动装球，然后汇报）

生：摸出的一定是黄球，应装的全是黄球。

生：摸出的可能是黄球，应该装的是黄球和白球。

生：我补充，应该装的是黄球和其他别的颜色的球。

生：不可能是黄球，应装白球和蓝球。

生：除了黄球以外其他颜色的球都可以装。

生：什么球也不装，摸出的不可能是黄球。

(2) 说一说：小白兔可能会吃到萝卜吗？

(电脑出示一只活泼可爱的小白兔和智慧老人)

师：小白兔只有回答了智慧老人出示的问题才能够吃到萝卜，小白兔可着急了！我们一起帮它算一算，二十几加十几得多少？

生：30 多。

生：40 多。(小白兔得到两个萝卜可高兴了)

师：小白兔还能吃到萝卜吗？

生：50 多。

生：不可能是 50 多，因为 29 加 19 才是 48，所以不可能是 50 多。

生(受到启发)：也不可能是 20 多，因为 21 加 11 是 32。

生：有可能是 40，例如 25 加 15 刚好是 40。(好多学生表示赞同)

(3) 看图说话。

(图画显示：一位小男孩正在花园踢球，球飞向三楼的玻璃窗，窗下走着一位老奶奶和她的小孙子)

师：同学们说一说画上谁在干什么？

师：想想可能会发生什么事情？

生：球可能会打碎玻璃。

生：球可能会反弹下来砸到老奶奶和小孙子。

生：球可能会跑进别人家里，砸坏电视机或其他物品。

生：球可能会打碎玻璃，玻璃掉下来会弄伤老奶奶和小孙子。

生：砸坏了人家的东西要赔。

生：砸伤了老奶奶和小孙子得赶快送医院。

师：可能发生这么多危险的事情，你们想对小男孩说些什么？

生：不要在花园踢球。

生：应该找没人的地方去踢球。

生：应该到比较空旷的地方去踢球。

生：到体育馆去踢球，就不会伤到别人。

生：千万不能到马路上去踢球，太危险！

4. 总结谈话，点拨联想

师：这节课你们有什么收获？（生答，略）

师：（总结）在生活中，还有一些事情是一定发生的，有些事情是可能发生的，有些事情是不可能发生的。只要我们勤动脑，多思考，对可能发生的事情准确判断，这样，我们会把事情做得更好，你们也会变得越来越聪明。请同学们多留心生活中的事情，看哪些事情可能发生，哪些事情不可能发生，哪些事情是一定发生，把你们的发现告诉爸爸、妈妈，好吗？

【感悟启发】在本案例中，我们可以感受到教者以新课程理念为指导，在教学时充分考虑到低年级学生的特点，以活动为主线组织教学，让学生在活动中学习，在活动中发展，使他们在活动中体验学习数学的成功与快乐。主要体现在以下三点：创设与现实生活紧密联系的活动情境，让学生在活动情境中学习数学、感受数学、体验数学与生活的密切联系，让他们觉得数学是那么的亲切熟悉，从而产生强烈的自信心并快乐地学习；以活动为主线，以学生为主体，让学生自己去实践探索、合作交流、发现总结、获取知识，使孩子们乐学善思、体验成功；在教学活动中，适时、恰当地使用激励手段，注意学生情感的鼓励与交流，利用多媒体创设丰富多彩的活动情境，引导学生主动获取数学知识，体验人文关怀。

（二）游戏体验，彰显价值

——“可能性”的教学

执教：福建省福安市逸夫小学　邱燕

1. 唤醒经验，渗透新知

师：小朋友们，待会儿在我们班将可能会产生一位“幸运之星”，那怎样才能成为幸运之星呢？谁能从袋子里摸到红球谁就是。

师：那由谁来摸球呢？（生全举起了小手）

师：时间有限，有什么办法能公平地选出这个小朋友呢？

生：石头、剪子、布。

生：谁表现得最好就谁摸球。

生：用我们给老师留的名片。

师：小朋友们，你们觉得这种方法怎么样？

（生均点头赞同，师出示课前准备的里面装着写了全班同学名字的小纸条

的一个盒子；师摇一摇，摸一张）

师：（捏着纸条走到个别同学的面前）你觉得“一定”会是你吗？

生1：摇头。

生2：可能是我。

生3：一定是我。

师：一定是你吗？

生3：（很坚定）一定是我！

师：好自信的小伙子！

师：（张开纸条揭晓）现在老师宣布：这位同学姓王，她是谁呢？

（班级中姓王的学生有若干名，此时，学生东张西望，开始交头接耳）

生：是王××。

生：也可能是王××。

生：可能是王××。

师：掌声祝贺王欣怡小朋友，这位幸运的同学你在哪儿？

师：（面向生3）你不是说一定是你吗？现在你有什么话想说？

生：（低下了头）不一定是我。

师：有信心是件好事，但说“一定”这个词之前，得静下心来想一想，可不能随随便便说出口。

2. 游戏激趣，梳理感知

师：王欣怡小朋友现在是“幸运之星”了吗？要摸到什么颜色的球？

生：红色。

师：老师这儿有个普通的空盒子，现在我往里面放两个球。（师往里放两个白球）

生：不行不行，你要是放两个白球摸到的都是白球了。

生：老师这么放不公平，你放的都是白球，就不会摸到红球了。

生：确实，这样摸不到红球的，除非你会变魔术。

师：难道一点摸到红球的机会都没有吗？

生（齐）：没有。

生：都是白球不可能摸到红球。

师：（小结）全放白球，任意摸一次，不可能摸到红球。（板书：不可能）这么说，这样放不行，那我换。（师往里放两个红球）（生议论纷纷）

师：又有什么想说的吗？

生：也不行，这样任意摸一次，摸到的都是红球。

生：都放红球，那就不用摸了，反正摸到的都是红球了。

生：无论怎么摸，摸到的都是红球。

师：其他同学觉得呢？（生点头赞成）

师：我任意摸，次次都摸到红球吗？

生（齐）：是红球。

师：（小结）那这回我们可以大胆地说，“一定”摸到红球。（板书：一定）

师：那你们说该怎么放？

生：一个白球和一个红球。

师：就按你们说的，我放一个白球，一个红球。掌声有请王欣怡小朋友上台。（该生摸球至一半时，师按住其手）

师：你们认为她摸出的是什么颜色的球？

生：是红球。

师：一定吗？

生：不一定。

师：那该怎么说？

生：可能是红球。

师：谁还想说？

生：可能是白球。

生：现在不知道是什么颜色的球，都有可能。

师：是啊，事情还没发生，结果无法确定时，我们就得说“可能”会发生。（板书：可能）我们一起来看看结果。（生摸出了红球，全班雀跃）

师：祝贺王欣怡小朋友。其实有没有成为“幸运之星”并不重要，重要的是刚才小朋友们从活动中享受了快乐，还知道了在我们身边，有些事情是可以确定的，它不可能会发生或一定会发生，有些事情是无法确定的，它可能会发生，这节我们就来学习事情发生的可能性。（板书课题：可能性）

3. 趣味活动，加深体验

师：这 4 个数宝宝已经是我们的老朋友了，接下来咱们用它们来玩一个抽卡比大小的游戏，谁知道这游戏怎么玩吗？

（每个学生手上都有一套写有 1，2，3，4 数字的 4 张卡片）

生：和同桌一起抽卡片，谁抽到的卡片上的数字大就谁赢。

师：游戏中，要注意什么吗？

生：每一次抽卡之前都要洗牌。

师：为什么要洗牌呢？

生：如果你抽了一张，放进去，你记住了位置，就能一直抽这一张，这样就不公平了！

师：游戏中，还要注意什么吗？

生：不能偷看，要闭上眼睛抽一张。

师：是的，“任意”抽一张卡片来比大小。

师：小朋友，你们觉得这游戏与咱们今天学习的知识有关系吗？

（生齐答“有”，个别同学跃跃欲试）

师：别急，带着这个思考，咱们5局定胜负。（生开展活动）

师：小朋友们，刚才在游戏中感受到咱们今天学习的可能性的知识了吗？

生：我抽卡片可能抽到1，可能抽到2，可能是3，可能是4。

生：我和同桌比赛，可能我赢，可能我输，可能打成平手。

生：我才来了3局就知道我一定赢了，因为前3次都是我赢。

……

师：是啊，就像小朋友们说的一样，游戏中，抽到什么数字卡片、胜负怎样等，各种可能都会发生呢！

4. 合作创造，深化认知

(1) 铺垫活动，承前启后。

师：刚才小朋友们在游戏中最想抽到什么数字。

生：我们最想抽到数字卡片4。

师：那为了抽到数字卡片4，这三组卡片你们会选择第一组、第二组还是第三组？用手势告诉我。（课件出示）第一组：3，3，4，4；第二组：1，1，2，2；第三组：4，4，4，4。

（生大部分选第三组，小部分选第一组）

师：为什么这么多同学都选第三组呀？

生：第三组都是4，任意抽一张一定是4。

师：为什么又有人选第一组呢？

生：这组卡片有4也有3，任意抽一张结果可能是3可能是4。

师：为什么不选第二组呢?

生：因为第二组没有4，就不可能抽到4。

(2) 创造活动，发散思维。

活动一：任意抽一张，一定是黄卡

师：那现在就用你们手中的卡片来创造抽卡游戏中的可能、一定和不可能。每个小朋友手上都有4张数字卡片，现在把它们合起来放到中间。看一看，一共有几种颜色?

生：一共有4种颜色。

师：现在请小朋友来合作选卡，什么叫合作呢?

生：大家共同商量，一起来做。

生：不能自己一个人来决定，要和其他同学讨论，大家都同意了才行。

师：说得很好！请你们讨论讨论，选什么卡片让老师抽才能让老师任意抽一张一定是黄色的卡片。

生：我全部选黄色的卡片让老师抽，老师任意抽一张一定是黄卡。

活动二：任意抽一张，不可能是黄卡

师：那选什么卡片，让老师任意抽一张，不可能是黄卡？讨论一下。(生讨论)

为了让大家能看清你选的卡片对不对，现在请小朋友把选好的卡片一张一张地插进老师为你们准备的透明袋里，比比谁的速度快。(生活动)

师：坐直的身影告诉老师你们合作成功了，哪个小组愿意率先来展示你们选的卡片，说说你们为什么这么选?

生：我选两张绿色的，两张蓝色的，两张红色的。因为只要不放黄色的老师就不可能摸到黄色的了。

师：那按照他们的想法，你们觉得选哪些卡片也是可以的呢?

生：两张红色的，两张蓝色的。

生：两张绿色的，两张蓝色的。

生：两张绿色的，两张红色的。

生：两张红色的。

生：两张蓝色的。

生：两张绿色的。

生：一张绿色的。

……

师：怎么放，就能让老师任意抽一张，都不可能是黄卡？

生：只要不放黄色的卡片，让老师任意抽一张，就不可能是黄卡。

师：就拿这种选卡方案来说，（师选择两张绿色的，两张蓝色的，两张红色的选卡方案）任意抽一张，不可能抽到黄卡片，那可能抽到什么颜色的卡片？

生：任意抽一张，那可能抽到红卡，可能抽到蓝卡，可能抽到绿卡。

师：那我拿掉两张呢？（师顺手抽走两张红卡）

生：任意抽一张，可能抽到蓝卡。

生：任意抽一张，可能抽到绿卡。

生：任意抽一张，不可能抽到红卡。

师：说得真好！那我要是再拿走两张呢？抽卡结果会怎么样呢？（师再顺手抽走两张绿卡）。

生：任意抽一张，一定抽到蓝卡。

生：任意抽一张，不可能抽到红卡，也不可能是绿卡。

活动三：任意抽一张，可能是黄卡

师：如果只让你们放两张卡片，你们选哪两张卡片让老师任意抽一张，可能是黄卡片呢？

生：一张黄卡，一张白卡。

生：一张黄卡，一张红卡。

生：一张黄卡，一张绿卡。

师：为什么这些装法都行呢？

生：因为只要放一张黄卡和一张其他颜色的卡片，我们任意抽一张，就可能抽到黄卡。

师：一个要求有这么多的想法，你们又有这么丰富的数学语言，老师真佩服你们。

(3) 挖掘活动，拓展延伸。

师：老师要往透明袋里再放一张黄色的卡片，让你们抽30次，抽到什么颜色卡片的次数可能多呢？

生：让我抽30次，抽到黄颜色的卡片次数多。

师：抽到黄卡的次数一定多吗？那50次，100次，1000次，2000次呢，结果会怎样？（生若有所思）

师：有什么办法，帮助我们解决这个问题呢？

生：做实验。

师：谢谢你，你为大家提供了一种学习数学的好办法，有兴趣的同学可以在课后做做实验或查查资料，好好想想这实验里呀，又蕴含着什么数学奥秘呢？

5. 回归生活，学以致用

师：小朋友送给了老师快乐，在课的最后老师也送给大家一个礼物——一组优美的画面（播放课件）。

太阳一定从东方升起；买彩票的人在想：我可能会中奖；明天，老师____会表扬我；花生____长在树上；爷爷的年龄____比爸爸大；母鸡____下鸭蛋；下星期一____会下雨；今天是4月28日，明天____是4月29日；花____是香的。

（伴随着轻柔、优美的背景音乐，以上画面与句子逐一呈现，每个画面静止几秒后缓慢揭示出相应答案：一定、可能、不可能）

（继续出示）2008年北京奥运会，刘翔____得冠军。

（呈现刘翔蹲在起跑线上，目视前方、蓄势待发的静止画面）

生1：2008年北京奥运会，刘翔一定得冠军，因为他从来没输过。

师：他是这么认为的，你们觉得呢？

生2：不对，你看图片上刘翔还没开始跑呢，所以不知道，应该说可能。

生3：因为北京奥运会还没开，你怎么知道刘翔一定会赢呢？

生4：还没发生的事情，我们不能确定，所以不能说一定，应该说2008年北京奥运会，刘翔可能得冠军。（其他学生情不自禁地报以热烈的掌声）

师：太棒了！大家用掌声说明了一切。（对着生1）这位小朋友，我理解你的感受。2008年北京奥运会，刘翔得冠军，是我们全班小朋友，甚至是全国小朋友的共同愿望，但你们能冷静地分析事情发生的可能性，老师为你们感到骄傲！

师：课上到这儿，我该说再见了。我不可能会忘记你们，我一定会深深地记住你们，明天，也许在上海的街头上就能碰到可爱的孩子们，希望有那一刻。

【感悟启发】在本案例中，有几个出彩之处，比如，新授环节之前安排的看似信手拈来的轻松、愉悦的交流唤醒了学生的概率意识，颇有“未成曲调先有情”之意味！同时也酝酿了学生的学习情绪，自然、流畅地导出了下个环节

——在摸球游戏中体验确定性与不确定性。而学生已有的一些生活经验是学生学习概率的基础，但其中往往有一些误区——在课堂上经常可以看到学生对概率的“执著”：不承认偶然性，认为有信心就能赢。“你觉得‘一定’会是你吗”一个小细节，成为了可能性教学的生动的资源。教师直面学生对可能性认识的误区，培养学生全面而仔细的思考问题的能力。

又比如，在抽卡游戏中，先让学生感受确定现象和不确定现象，再让学生在游戏中进一步感受不确定现象：抽卡比大小游戏中每局抽出卡片的随机性；每一次比赛结果的不确定性；各组确定胜负所需局数的异样性。这一活动根据儿童不甘落后的天性激活了课堂，而且教师适时的引导调控“你们觉得这游戏与咱们今天学习的知识有关系吗”“别急，带着这个思考，咱们 5 局定胜负”，彰显了数学活动的首要特点——必须有数学思考价值，让学生在活动中不仅再乐不思“数”，更在对比赛胜负现象的思考中激发积极而有效的数学思维。合作装卡让学生通过有目的地观察、操作、交流、验证等活动，主动构建自身的认知结构，也培养了自主探究意识。特别是活动二中，教师根据学生反应顺学而导，提出几个变式追问“就拿这种选卡方案来说，任意抽一张，不可能抽到黄卡片，那可能抽到什么颜色的卡片”“那我拿掉两张呢”“那我要是再拿走两张呢，抽卡结果会怎么样呢”来拓展学生的思路，激发他们更丰富的想象力。而在课的结尾，对之前北京奥运会上刘翔能否获得冠军这个案例的分析展示了学生在本节课的学习收获与成长，真乃本课点睛之笔。

【小结】《标准》指出，数学教学是数学活动的教学，是师生之间、学生之间交往互动、相互交流与共同发展的过程。教师是学生数学学习活动的组织者、引导者和合作者，要充分利用各种教学资源创造性地使用教材，设计适合学生发展、促进学生自主构建的教学过程，关注学生的情感与态度，帮助学生树立自信，使他们乐学、善学。因此，在引导学生做概率实验时要注意以下几个方面：

1. 学习形式多样化，学习内容生活化

多样化的学习材料因其生活性、趣味性，更贴近学生的生活经验、知识基础、心理特征、爱好倾向和思维特点，使学生容易形成认知结构，深刻领悟数学知识，体验数学知识的实用价值。在引导学生做概率实验时，教师通过创设抛硬币、摸球、选礼物、装球、估算、看图说话等多样化的活动情景，给学生展示了一个情趣盎然的活动空间（有游戏、童话、活动、生活），使数学课堂不再枯燥与乏味，而是充满了生动情趣和创造活力。学生通过大胆猜想，动手实践，操作验证，体验感悟，获取数学知识。

2. 经历探究体验，转变学习方式

注重学习方式的转变是《标准》的重要理念。传统数学教学方式过分单一、枯燥，强调讲练结合，缺乏生机与活力，现代数学教学则强调学生的自主学习，经历体验，自主构建，教师的任务是引导和帮助学生去猜测探索，体验成功，而不是把现成的知识灌输给学生。在引导学生做概率实验时，教师首先提供给学生的是不同的情境，让学生自己猜想，动手操作，探索可能性，体验事情发生的不确定性，并能从统计的结果中发现规律，让学生把自己的发现用语言表达出来。这种在操作、思考的基础上得出的全新发现，就是学生的创造。学生在经历猜测——验证——探索——体验——感悟之后，感受数学的趣味本质，享受成功的喜悦，通过小组活动，讨论交流，学生不仅可以学会知识，还培养了主动探索和团结协作的精神。

3. 注重学科整合，渗透人文精神

现代信息技术的发展对数学教学的价值、目标、内容以及教与学的方式产生了重大影响。课堂教学通过多媒体构建一种生生互动、师生互动的课堂教学状态，促进学生主动参与、主动获取知识，学生在丰富多彩的活动情境中，自主探究，发现问题，体验感悟，获取新知。在引导学生做概率实验中，教师通过多媒体创设各种不同的活动场景，为学生提供了一个更为广阔的自由主动的学习空间，使他们更容易突发奇想，让学生大胆猜想，再实践验证，发现规律，体验确定性与不确定性，自主获取数学知识，便于培养思维的创造性。例如，看图说话中，教师通过多媒体展示给学生的是一个生动、鲜活的现实生活情景：一位小男孩正在花园踢球，球飞向三楼住户的玻璃窗，窗下走着一位老奶奶和她的小孙子。引导学生说图意，预测可能发生的事情，对小男孩提建议，使学生不仅感受到了数学知识在实际生活中的应用，更主要的是通过建议，让学生更多地感悟到生活中各种事情随时都有可能发生，我们不仅要保护自己，还要关爱他人，不做损害他人的事情，这样，才会把事情做得更好。此时此刻，学生不仅理解了数学知识，解决了实际问题，更重要的是得到了人文关怀和人文精神的熏陶。

二、体验等可能性

【目标分析】统计在第二学段的基本目标是“经历搜集、整理、描述和分析数据的过程，掌握一些数据处理技能，体验事件发生的等可能性，游戏规则的公平性，能计算一些简单事件发生的可能性。”等可能性事件是概率论中研究得最早，在社会生活中又广泛存在的一种随机现象，它满足以下两个条件：试验的全部可能结果只有有限个，比如说为 n 个；每个试验结果发生的可能性是相等的，都是$\frac{1}{n}$。等可能性事件在概率论发展初期即被人们所关注和研究，故这类随机现象通常又被称为古典概型，各版本教科书选用的素材都属于古典概型问题。等可能性事件与游戏规则的公平性是紧密相连的，因为一个公平的游戏规则本质上就是参与游戏的各方获胜的机会均等，用数学语言描述即是他们获胜的可能性相等。因此，教科书在编排上就围绕等可能性这个知识主轴，以学生熟悉的游戏活动展开教学内容，使学生在积极的参与中直观感受游戏规则的公平性，并逐步丰富对等可能性的体验，学会用概率的思维去观察和分析社会生活中的事物。此外，通过探究游戏的公平性，还可在潜移默化中培养学生的公平、公正意识，促进学生正直人格的形成。

（一）精心导入，小心求证

——“等可能性”的教学

执教：荆州市沙市区实验小学　甘传慧

1. 创设情境

(1) 故事引入。

师：传说很久很久以前，有个国家的国王非常凶残狡猾，凡是与他作对的人都会死得很惨。而这个国家历来沿袭着一条奇怪的法规，给定了死罪的人一次生存的机会，这就是断头台前抽“生死签”，执行官在两张纸条上分别写上“生”和“死”字，犯人当众抽签，如果抽到“死”，就立即问斩；如果抽到“生”，就当场赦免。同学们想一想，抽签的结果会怎样？

生：肯定会死呀。

生：不一定，也有可能生存下来。

生：难道都抽“生”或“死”？

生：这件事不确定啊！

师：可是很奇怪，就是这样一件不确定的事，变得确定了，凡是抽签的人，无论怎么抽，统统都是“死”，没有一个人幸免，没有一个人生还，这是为什么呢？

生：国王肯定捣鬼了。

生：我想，他们有可能把两张纸条上都写上了“死”。

师：事实上国王就是利用这个法规，除掉了所有对抗他的人。他暗地里让执行官把“生死签”上都写成“死”，想一想，现在抽签的结果怎样？（生答，略）

师：奇迹出现了，有个正直敢言的大臣因为一件小事激怒了这个暴君，被判处死刑。可抽签的结果，是国王不得不当场释放他，想一想，这又是怎么回事？（生思考）

师：你们认为判断事情发生的可能性有意思吗？今天，我们就一起来研究一下不确定事件发生的可能性，好吗？

（2）播放足球赛开场录像。

（画面中裁判员手执硬币抛向高空，落下后合于掌心，让两队的队长猜正反，猜对的一方先开球）

师：同学们，这是 2006 年世界杯足球赛上中国队与韩国队的一场比赛，开场前裁判为什么要用抛硬币的方式决定开球方呢？

生：这样公平。

师：抛硬币时，可能出现正面，也可能出现反面，正面朝上的可能性是多少？

生：50％。

生：0.5。

生：$\frac{1}{2}$。

师：如果用一个简单的分数来表示，就是$\frac{1}{2}$。如果抛掷 10 次，正面朝上的次数大概是多少？

生：5 次。

师：同学们想不想亲自试验一下？好，我们一起来做个实验。

（电脑出示实验要求，一会儿后，全班汇报统计情况）

师：观察这些数据，你们有什么发现？（生答，略）

师：我们发现虽然每个小组统计的正（反）面朝上的次数不一定是总次数的一半，有的小组多，有的小组少，但如果把全班的次数加起来，就会发现正（反）面朝上的次数比较接近总次数的$\frac{1}{2}$。（电脑出示历史上数学家实验的数据）

试验者	抛硬币次数（次）	正面朝上次数（次）	反面朝上次数（次）
德·摩根	4092	2048	2044
蒲丰	4040	2048	1992
费勒	10000	4979	5021
皮尔逊	24000	12012	11988
罗曼诺夫斯基	80640	39699	40941

师：随着抛掷次数的不断增加，正（反）面朝上的次数怎样？

生：越来越接近总次数的$\frac{1}{2}$。

师：那足球赛开始前，裁判用抛硬币的方式来决定由谁先开球，这样做怎样啊？

生：是公平的。

2. 游戏环节

第一步：说明规则，猜想获胜的可能性。

（师把全班分成3个队：红队，黄队，蓝队）

师：猜猜哪个队有可能获胜？我们能不能说红队一定会获胜呢？

生：不能。

师：每个队获胜的可能性是多少？

生：$\frac{1}{3}$。

第二步：决定走的顺序。

师：咱们用转转盘的方式来决定吧。

[出示转盘（没有三等分）]

生：不公平。

师：谁能想个办法把它变得公平呢？

生：都变成$\frac{1}{3}$。

（出示平均分的转盘，师转动转盘，全班一起喊停，决定走的顺序，并选出队长）

第三步：选择骰子。

（出示长方体和正方体大骰子）

师：你们选哪一个骰子做游戏？

生：正方体骰子。

师：为什么？（生答，略）

师：那这个长方体骰子左右两个面有可能出现吗？

生：有可能，只是可能性很小。

师：这个正方体骰子每个面出现的可能性怎样？

生：是相等的，都是$\frac{1}{6}$。

（游戏开始，其中一队胜，师表扬获胜的一队）

师：如果我们再玩一次的话，输的队有可能获胜吗？为什么？每个队得第一的可能性是多少？（生答，略）

3. 小结

师：这节课我们知道了一件不确定事情发生的可能性可以用一个数来表示，如抛硬币时，正（反）面朝上的可能性可以用$\frac{1}{2}$来表示；掷骰子时，每个面出现的可能性可以用$\frac{1}{6}$来表示，这些知识在数学上叫概率问题。（师介绍概率）

（1）说明日常生活中概率有广泛的应用，如天气预报、通讯、保险、航天发射等。

（2）（电脑出示）

概率小史

概率主要研究不确定现象，它起源于博弈问题。15～16 世纪，意大利数学家们曾讨论过“如果两人赌博提前结束，该如何分配赌金”等问题，比如，两个人做抛硬币游戏，掷出正面甲得 1 分，掷出反面乙得 1 分，先得到 10 分的人赢得 1 个大蛋糕，如果游戏因故中途结束，此时甲得了 8 分，乙得了 7 分，那么他们该如何分配这个蛋糕？

为了回答类似上述问题，人们对不确定现象做了大量的研究，前面已经列举了历史上一些数学家所做的抛硬币实验的数据。对不确定现象的研究，最终促进了概率论与数理统计这门学科的出现，它自产生之日起，就与人们的实际生活有着密切的联系，并且解决了许多科技发展中的问题。正因如此，这门学科有着很强的生命力和广阔的发展前景。

【感悟启发】精心导入，小心求证，实践出真知，是这案例的主要特征。案例中故事的结局是大臣在抽签的时候，迅速吞下一张签，剩下的签上写着“死”，说明他吞下的是“生”，他选择了生存。故事将一个不可能发生的事件变成了可能，吸引了学生的学习兴趣，使他们迫切地渴望获得有关可能性的数学知识，为下面的教学打好了积极的心理基础，打造了一个充满智慧、灵动的教学空间。教师联系日常生活中的足球赛，让学生初步感知了公平的含义，再用实践让学生体验到事件发生的等可能性可以用分数来表示，培养了学生的探究意识、操作习惯。

让孩子们从小树立公平公正的世界观是很有必要的。当今社会经济迅猛发展，作为未来的社会人，只有抱着平等合作的态度，遵守行业中的“游戏”规则，才能参与最优战略组合，在市场竞争中得以生存。

（二）游戏引路，体验规则

——“游戏公平”的教学

执教：北京市立新学校小学部　白秀红

1. 创设游戏情境，感受规则意识

师：今天我们一起来做个游戏，想玩吗?（出示转盘）

生：想。

师：请两位同学上来，开始!（生感到很困惑，不知道如何开始）

师：怎么了?

生：没有游戏规则，不好玩。（师板书：游戏规则）

师：对了，有游戏规则，才可以玩。真对不起，只顾着急切地和大家玩游戏，忘记游戏规则了。（出示游戏规则）

转盘游戏的规则：

(1) 双方先选好各自的颜色。

(2) 每人轮流转一次，须转一圈以上。

(3) 指针指向自己选定的颜色则获胜，否则对方获胜。

（师边出示规则边安装指针）

2. 感受游戏可能性，体验公平性原则

师：对规则有意见吗？没有就可以开始了，你们想选什么颜色？

生：这样不公平。

师：为什么？

生：这个转盘蓝色部分小，白色部分大。

生：指针指向蓝色的可能性小，指向白色的可能性大。

师：我们试一下吧，试 4 次，如果甲选蓝色，乙选白色，据你们估计，他们各会获胜几次？

生：可能甲胜 1 次，乙胜 3 次。

师：为什么？

生：因为这个转盘平均分成了 4 份，蓝色只占 1 份，而白色占了 3 份。

师：会出现其他可能吗？

生：也可能 4 次都是乙获胜。

生：还可能甲、乙各获胜 2 次，或者甲胜 3 次、乙胜 1 次。

生：也有可能 4 次都是乙获胜。

师：大家说，有这种可能吗？

生：有这种可能，不过可能性非常小。

师：那哪种可能性比较大些呢？

生：乙胜 3 次，甲胜 1 次的可能性比较大；4 次都是乙获胜的可能性也比较大。（大多数学生都猜乙胜 3 次，甲胜 1 次；师演示，发现正如学生所说）

师：看来这个游戏真的不公平，你们愿意玩这样的游戏吗？

生（齐）：不愿意！

师：看来，游戏有了规则才可以玩，公平才好玩。（板书：公平）

师：那现在怎样才能对双方都公平呢？大家拿出自己的圆形纸片，你们能设计一个对双方都公平的转盘吗？

（生设计转盘，设计好的在黑板上展示）

师：看一看，黑板上展示的这些转盘对双方是不是都是公平的？我们就来挑选一个，请两个同学上来，玩一下公平的转盘游戏。（生各自选定颜色）

师：由于时间关系，我们一次定输赢吧。你们俩谁来转？（两人都想自己操作）

师：他们都想自己来操作，这样，我们给他们想个办法吧，公平地选出操作的人。

生：用抛硬币的办法，猜中的就操作转盘，这个办法比较公平。

生：石头、剪刀、布也挺公平的。

生：还可以掷骰子，分1，2，3和4，5，6来猜，猜中的操作。

师：这样公平吗？

生：这样公平，因为每个人都有3种可能，分1，3，5和2，4，6也可以。

师：有人也想了个办法，她分大于3点的和小于3点的，大家觉得怎么样？

生：不好，这样不公平，大于3点的有4，5，6三种可能，而小于3点的只有1，2两种可能。

生：也可以这样，抓一把围棋子，让他们猜单数还是双数。

师：也是很好的办法，围棋比赛猜先就是用这样的办法！

师：大家给你们提供了这么多办法，你们打算选用那种？（两生选猜硬币）

师：嗯，简便易行。（生猜硬币，做转盘游戏）

3. 验证游戏公平性，进行游戏实践

（1）抛瓶盖游戏。

师：看来做游戏，需要有规则，也需要公平。有人根据生活中常见的瓶盖，设计了一个抛瓶盖的游戏。我们一起来看一看。

出示游戏规则：

①使瓶盖在离桌面约20厘米以上的地方自由落下。

②落下后，盖面朝上甲胜，盖面朝下乙胜。

师：怎么样？感觉她设计的这个游戏对双方公平吗？

生：我感觉是公平的，因为一共就两种可能，要么向下，要么向上。

生：我觉得不公平，因为瓶盖一面大，一面小，落下来的可能性会不同。（师统计两种观点的支持人数）

师：这都是我们的分析，究竟是不是公平，我们还是来实验一下吧。大家觉得应该做几次实验？

生：我觉得做3次就可以了，就能比较出来哪种可能性大。

师：有不同的看法吗？

生：3次不好，或许碰巧就都朝上，或者都向下。

师：是啊，这样的偶然现象也会出现，那实验几次？

生：10次，不，20次，这样就能看出哪一种可能性大一些，偶然性就小了。

师：也就是说实验的次数越多，受偶然性的影响越小，是吧？

生（齐）：是，次数再多一些。

师：我建议，我们每个小组都做10次，然后把全班的情况汇总一下。

①小组实验、填表。

	盖面朝上	盖面朝下
次数（次）		

②汇总。

	盖面朝上（次）	盖面朝下（次）
第1小组	9	1
第2小组	4	6
第3小组	1	9
第4小组	7	3
第5小组	2	8
第6小组	3	7
合计	26	34

（2）扑克游戏。

师：看来有些游戏的公平性我们可以直接分析得到，有些就需要验证。老师这有几张扑克牌，大家来设计一个对双方都公平的游戏，大家可自行设计游戏规则。

生：我的游戏规则是这样的：双方选定颜色——红的、黑的，随意抽出一张，猜中的获胜。

生：我的游戏规则是：双方选定数字，分1到4，5到8，随意抽出一张，猜中的获胜。

生：我和他差不多，就是分单数和双数。

生：我的游戏规则是：4个人玩，选定花色，随意抽出一张，猜中的获胜。

……

(3) 游戏。

学生利用准备的扑克牌、硬币、骰子等自己制定游戏规则，自己游戏，之后叙述游戏规则及游戏过程。

【感悟启发】本课的教学内容，探求的是游戏中的数学问题——公平性（可能性）问题。游戏的趣味性外套需要精心设置，让孩子在活泼生动的游戏中发现数学的活泼生动。因此，在本节课的教学设计中，教师以没有规则的游戏引入，让学生感受游戏规则的必要性；以不公平的游戏无法进行，让学生发现游戏公平原则的重要性；以一次定输赢，让学生主动寻找选择操作者的公平方法；以难以分析确定的瓶盖游戏，让学生实践验证；以开放性非常强的扑克游戏，让学生确定比较公平的游戏规则。整个过程以游戏为主线，让学生真实地玩游戏，切实地解决游戏中的问题，感受游戏中的数学，体验数学的价值。

“游戏公平”是一个数学实践活动，其数学精髓不是直接呈现的，利用数学解决问题的过程也不是那么单一。因此，把课堂教学目标的外延扩大——全面培养学生在实践活动中分析问题、解决问题的能力也就非常必要。本节课的教学设计没有拘泥于教学重点，而是特别重视解决问题的细节，展示问题解决的全貌。比如，在怎样公平地选择操作者时，注意对提供方法的选择——选择节约时间、简便易行的方法；在验证瓶盖游戏的公平性时，注意对于实验次数选择的分析（实践证明，这也是必要的），注重偶然性对于验证工作影响的分析，融合统计的知识，确实提高学生解决问题的能力。

【小结】在小学阶段设置简单的“概率”内容，主要是为了培养学生的随机思维，使其学会用概率的眼光观察大千世界，而不仅仅是以确定的、一成不变的思维方式去理解事物。因此，在可能性知识的教学中，应注意加强对学生概率素养的培养，增强学生对随机思想的理解，而不要把丰富多彩的可能性内容变成了机械的计算和练习。在教学中，教师还应注意结合学生熟悉的游戏、活动（如掷硬币、玩转盘、摸卡片等），让学生亲自动手实验，在实验中直观体验事件发生的可能性，探究游戏规则的公平性与等可能性事件的关系，使其经历知识的形成过程。

要注意的是，公平的游戏设计是摸到两种球（两种牌）的可能性是相等的，即游戏双方获胜的可能性是相等的。在进行摸球（摸牌）活动时，记录的摸到的红球次数与黄球次数不一定相等，当摸的次数很多很多时，摸到的两种颜色球的次数会比较接近。这种比较接近就印证了可能性是相等的，游戏是公平的。正如在苏教版《义务教育课程标准实验教科书小学数学》六年级上第81页“你知道吗”里的5位学者抛硬币，从理论上说，硬币落下时正面朝上与反面朝上的可能性是相等的，做实验时，两个面朝上的次数只是很接近，很难做到正好各占投币次数的一半。

第四章

实践与综合应用

一、综合应用型

【目标分析】这部分内容的教学目标是：使学生学会综合运用已有的知识和经验，经过自主探索和合作交流，寻找生活中有用的信息，运用所学知识解决实际问题。

（一）自由设计，策略多样

——“旅游中的数学”的教学

执教：东北师范大学附属小学　何靖

1. 问题情境一：租车问题

师：在这春意盎然、万物复苏的春天里，你们最喜欢做什么？我和唐老师正准备带领咱们全班同学去净月潭春游的计划。要考虑的问题还真不少，你们愿意帮助我和唐老师一起解决这些问题吗？我们已经和客运公司联系了一下，准备租一辆这样的大客车，租金为300。现在我们就坐着这辆漂亮的大客车出发吧！

2. 问题情境二：买门票问题

师：在一路欢歌笑语中，我们来到了净月潭，入口的售票处标示着门票的价格表，看到这些信息，你们想知道些什么？

成人票：20元；儿童票：10元；团体票：12元

师：谁来猜一猜我们怎样买门票合算呢？

生：分开买合算。

生：买团体票合算。

师：他们到底谁猜对了，我们一起来解决这个问题，好吗？谁来说一说你是怎样买的？

生：老师和学生分开买：20×2+56×10=600（元）。

生：买团体票：12×58=696（元）。

3. 问题情境三：住房问题

师：在净月潭这个天然的大公园里，我们尽情地玩耍、游戏，玩了一整天还是余兴未消，不如我们在这里住一晚，明天再回去吧！我们一起来到了净月宾馆，服务员阿姨告诉我们在这里住房的标准：6人间90元；5人间80元。

师：听了阿姨说的话，你们想知道些什么？我们就一起来设计一下今晚我们怎么住房吧！

(1)

男生住房方案 (26人)

方案	6人间数 每间90元	5人间数 每间80元	可住人数（人）	钱数（元）
方案1	5	0	30	450
方案2	4	1	29	440
方案3	3	2	28	430
方案4	2	3	27	420
方案5	1	4	26	410
方案6	0	6	30	480

师：我们班有26名男生，你认为他们应该怎样住房？任选一个方案，说清表示什么？是怎么求出的？(生答，略)

师：你们同意他的方案吗？你们还能设计出其他的住房方案吗？在每个小组的桌面上都有一张男生住房方案设计卡，把你们的方案都写出来吧！

(每个小组派代表汇报设计方案，并说出他们的想法)

师：观察这些设计方案你们能发现些什么。(找出最合算的)

(2) 女生住房方案：

师：你们能在刚才设计男生住房方案的基础上设计出女生住房方案吗？老师就算在女生里面吧。

女生住房方案 (32人)

方案	6人间数（间） 每间90元	5人间数（间） 每间80元	可住人数（人）	钱数（元）
方案1	6	0	36	540
方案2	5	1	35	530
方案3	4	2	34	520
方案4	3	3	33	510
方案5	2	4	32	500
方案6	1	6	36	570
方案7	0	7	35	560

（师让生独立设计女生住房方案，之后汇报）

师：你是怎样设计的？为什么要这样设计？大家看哪种方案最合算？

4. 问题情境四：估算钱数

师：在我们大家的齐心协力下，解决了这么多问题，为我们能够顺利春游做了很好的准备。最后，我们一起来估计一下，我们每个人大约要带多少钱？（还要适当准备一些伙食费和活动费）如果每人还需带50元伙食费、20元活动费，这次春游每人至少要带多少钱？

[生答，师板书：300＋600＋410＋500＝1810（元），1810÷58≈30（元）30＋50＋20＝100（元）]

5. 问题情境五：租船问题（特色作业）

师：如果我们准备在春游过程中租船游览净月潭，有以下三种船可供选择：划桨船：每条30元，限乘6人；脚踏船：每条20元，限乘2人；汽艇：每条60元，限乘4人。

请你们根据上面的信息设计一个租船方案。

【感悟启发】“旅游中的数学”这节课是在学生已经掌握了基本的数量关系和一定的解决问题的策略的基础上进行教学的，其目的是帮助学生寻找生活中有用的信息来解决实际问题，并进一步培养学生能够运用所学知识解决实际问题的能力。在案例中，教者在这节课中一直围绕着“春游”中所遇到的实际问题而展开，就是让学生在解决实际问题的情境中去学习数学知识，了解数学与生活的广泛联系，引导学生从不同的角度发现实际问题中所包含的丰富的数学信息，进而学会运用所学的数学知识和方法综合地解决简单的实际问题。本节课教师设计了男、女生住房方案卡，让学生在小组内设计男、女生住房方案，使学生在活动中体验合作，在合作中相互交流，充分发挥小组合作学习的作用，强化学生群体之间的互动。在解决问题的过程中还让学生自己分工、讨论和尝试，鼓励学生用多种方法解决问题。在本节课中，学生主要围绕设计住房方案展开学习，在设计住房方案过程中教师给学生留出大量思考的时间和空间，让学生有机会探索和展示多种设计方案，并对方案的合理性作出解释，让大家在相互合作中共同分享他们自己的学习成果，获得成功的体验。

（二）梳理信息，提高能力

——“数字与编码”的教学

执教：泉州第二实验小学　廖淑玲

1. 搜集信息，引入课题

师：同学们，你们课前调查了在生活中哪些地方用了数字编码吗？（师让生在课前调查生活中哪些地方用了数字编码，使学生认识到数学源于生活，并服务于生活）

生：汽车牌照号码、自行车牌照号码、门牌号码、电话号码、邮政编码、身份证号码……

2. 小组合作，自主探究

师：数字编码既简洁又方便，在生活中有着广泛的运用。学校准备给每个同学编号，把你们的资料收入网络，你们认为这些号码应该体现哪些信息？自己先想一想，再把你们的想法在小组中互相交流一下。（小组讨论，汇报交流）

生：我们小组认为编码应该体现班级、座位号、特长。

生：我们小组认为编码应该体现年级、班级、座位号。

生：我们小组认为编码应该体现年级、班级、座位号、性别。

……

师：你们认为各小组的想法怎么样？

生：我认为第二、三小组说得好，第一小组所说的特长不合理，因为有的同学的特长不只一项，很难用数字表示。

师：说得好，你们同意编码应该体现年级、班级、座位号、性别吗？以上几个要素按什么顺序排列合理些？

生：我认为按年级、班级、座位号、性别的顺序编排合理些，让人一目了然。

师：你的想法真好，请同学们按以上顺序为自己编号。（生编号码）

师：谁愿意上台展示自己的号码，并说说每个数字代表什么含义？

生：我编的号码是51232，51表示读五年级1班，23表示座位号，2表示女生。

生：我编的号码是51081，51表示读五年级1班，08表示座位号，1表示男生。

……

3. 设置悬念，引申探索

师；假如你今年读五年级，明年读六年级，这个编号还能不能用？想一想：如何实现从入学到毕业都不改变，且能体现以上信息？

生：把年级改为入学年份。

师：现在请大家按入学年份、座位号、性别的顺序，再为自己编一个号码。(生先编号码再交流)

评价：让学生在自主的基础上互动，给予学生充分思考、交流的机会，通过合作交流、互相启发、互相补充、互相纠正，使其认识渐趋完善、深化。

4. 联系实际，拓展思维

师：其实生活中有许多地方需要数字编码，你们知道还有哪些地方需要它？

生：我们穿的衣服的大小、鞋子的大小需要它，我们课本的页码也是数字编码，考试用的考号……

师：请同学们回家向爸爸妈妈了解身份证号码的编排方法及其特点，给自己编一个身份证号码，再把自己编好的身份证号码保留起来，到 18 岁时拿到身份证时对照一下，这是一件很有意义的事。

评价：让学生运用所学的知识解决生活中的数学问题，充分体会到数学的应用价值，进一步培养了学生应用数学的意识和综合运用数学知识解决问题的能力。

【感悟启发】本案例呈现了以下教学特点：

1. 课前调查——收集信息

数学教育要使学生获得作为一个公民所必需的基本数学知识和技能，为学生的终身可持续发展打好基础，必须把社会生活中的鲜活题材引入学习数学的大课堂。在教学中，教师应注重所学知识与日常生活的密切联系，结合教材内容，引导学生深入生活实际，通过社会调查，数据收集、整理，帮助学生形成数学问题，积累生活经验。因此，教师在学习新课之前，给学生布置任务，要求学生调查并收集生活中哪些地方用了数字编码（如汽车牌照号码、门牌号码、电话号码、身份证号码等），并了解它们各自的编排方法及其特点。让学生自己调查，不仅能培养学生收集信息的能力，而且使学生体会到数学与现实生活的联系，认识到数学源于生活，生活中处处有数学。

2. 课中探究——加工信息

《标准》指出，“要让学生亲身经历将实际问题抽象成数学模型，并进行解释与应用的过程。”所以，学生的探索经历和得出新发现的体验就成为了他们数学学习的重要特征。在教学中，教师面对学生收集到的材料、学生提出的问题，要敢于放手，让学生自己去解决这些问题，使学生自觉纳入获取知识的过程中，学生的能力才会得以提高，学生才会成为学习的主人。在本课教学中，教者通过创设情境，让学生在自主的基础上互动，给予学生充分思考、交流的机会，使学生不仅能展示自己的想法、见解，还能通过合作交流，互相启发、互相补充、互相纠正，使认识渐趋完善、深化，让学习过程成为一个再探究、再发现的过程。正因为有了自主探索与合作交流的空间，学生才能体验数学发现的乐趣。

3. 课后实践——运用信息

数学教学不仅要从儿童的生活中提出数学问题，使学生产生兴趣，更好地理解数学，还必须结合现实生活中的实际问题，精心设计具有探索性、开放性和有意义的数学实际活动，让学生用数学知识和数学的思维方法去看待、分析及解决实际问题，加深对数学知识的理解，充分感受到数学学习的乐趣和数学知识的应用价值。因此，在新知教学后，教师先让学生列举生活中哪些地方还需要数字编码，然后回家向爸爸妈妈了解身份证号码的编排方法及其特点，给自己编一个身份证号码，通过让学生解决生活中的数学问题，使他们不断增强数学的应用意识，逐步培养实践能力。

二、操作活动型

【目标分析】这部分内容的教学目标是：通过不断展开与折叠的操作活动，使学生认识长方体与正方体的平面展开图，加深对长方体与正方体特征的认识，进一步发展空间观念，培养动手操作能力。

动手操作，感悟规律

——“展开与折叠”的教学

执教：广东省佛山市顺德区大良实验小学　郭利锋

1. 复习旧知，铺路架桥

师：(出示长方体盒子) 长方体有几个顶点？几个面？几条棱？它的面和

棱各有什么特点？（生答，略）

师：（再出示一个正方体盒子）正方体又有几个顶点？几个面？几条棱？它的面和棱各有什么特点？

师：如果确定了长方体或正方体的其中一个面为底面（下面），你们能很快说出其余的5个面各是什么面吗？请同桌的同学互相说一说。

评析：一是为后面的教学活动做好知识上的铺垫，长方体和正方体的展开图一定是6个面，沿着不同的棱剪开长方体或正方体，得到的平面展开图也不同；二是为后面的教学活动作好方法上的铺垫，在折叠时，先确定其中的一个面做底面，然后通过想象或操作，能很快推断其余的5个面各是长方体或正方体的哪一个面，从而判断能否折叠成长方体或正方体。

2. 动手实践，探索新知

(1) 认识长方体、正方体的展开图。

师：（指着长方体盒子）谁有办法把这个立体图形变成平面图形？

生：可以剪开。

师：怎样剪最好？

生：沿着棱剪。（生动手剪，师指导有困难的学生，并展示一个剪得好的长方体展开图）

师：（指着正方体盒子）这个正方体的盒子能否剪成这样的平面图形？

生：能。

师：请同学们试一试。（生剪，师展示一个剪得好的正方体展开图）

师：（指着黑板上的展开图）像这样沿着长方体或正方体的棱剪开，使这个长方体或正方体完全展开，得到一个6个面互相连接的平面图形，我们叫做长方体或正方体的平面展开图。学到这里，你们有什么疑问吗？（生纷纷举手）

生：我剪出来的平面展开图和黑板上的展开图不一样，和我周围同学剪出来的展开图也不太一样，这是为什么呢？

师：同学们是不是都有这个疑问？

评析：让学生初步感知，长方体和正方体沿着棱剪开可以转化成一个平面展开图，初步认识长方体和正方体的平面展开图。同时，因为学生会沿着不同的棱剪开，所以剪出来的平面展开图会不一样，这样学生自然就产生对新知的疑惑，激起进一步探究新知的愿望和兴趣，使学生从认知和情感两方面积极主动投入后面的学习活动中去。

(2) 正方体的展开与折叠。

师：相同的长方体或正方体，剪出来的展开图为什么会不一样呢？谁来帮忙解决这个问题？（让学生独立思考片刻）

师：为了找到其中的奥妙，我们先来研究正方体的展开图。回忆一下刚才你们是怎么剪的？为什么会不一样呢？把你的剪法和想法与小组内的其他成员交流一下。

（生体会到：因为沿着不同的棱来剪，所以会得到不同的平面展开图）

师：是不是这样呢？我们再来剪一次看看。

（剪之前要求学生思考：你准备沿着哪几条棱来剪？想象一下剪出来的展开图会是什么样子？然后再动手剪一剪）

师：看看剪出来的展开图是不是你们想象中的样子？和你们第一次剪出来的展开图一样吗？

（师把生剪出来的和黑板上不一样的展开图一一展示在黑板上，如果学生没有把 11 种情况全部剪出来，老师可以补充上去，但不要求学生全部掌握）

师：你们真是棒极了！同一个正方体居然剪出了这么多不同的展开图！看来，我们在解决问题的时候，如果能从不同的角度去思考、尝试、体验，就会得到不同的结果。

评析：两次剪的目的和要求都不一样，第一次剪是让学生初步感知由“体”转化成“面”，认识长方体和正方体的展开图；第二次剪是在学生感到困惑，认知冲突被激化，内心产生强烈的进一步探究知识的愿望时，在学生通过独立思考、探究交流、展开想象，初步得出结论的基础上，再一次通过操作加以验证。同时，让学生在这个过程中体验到解决问题策略的多样性，从而提高解决问题的能力。

师：我们能否把这些正方体的展开图折叠成原来的正方体呢？同桌互相折一折，边折叠边说一说是怎么折的？折叠前的展开图中的每个面对应的是折叠后的正方体中的哪一个面？（指名学生展示，生边折边说）

评析：这一过程是让学生经历从“面”转化成“体”的过程，进一步了解立体图形与其展开图之间的关系，知道立体图形是由平面图形围成的，建立立体图形中的面与展开图中的面的对应关系，发展空间观念。同时，学生在操作过程中掌握了折叠的方法，就是先要确定好其中的一个面作为底面，再把其他 5 个面围着底面来折，为后面的教学难点扫除障碍，铺平道路。

师：看看下面哪些图形沿虚线折叠后能围成正方体？（电脑出示书上的 6

个平面图形）

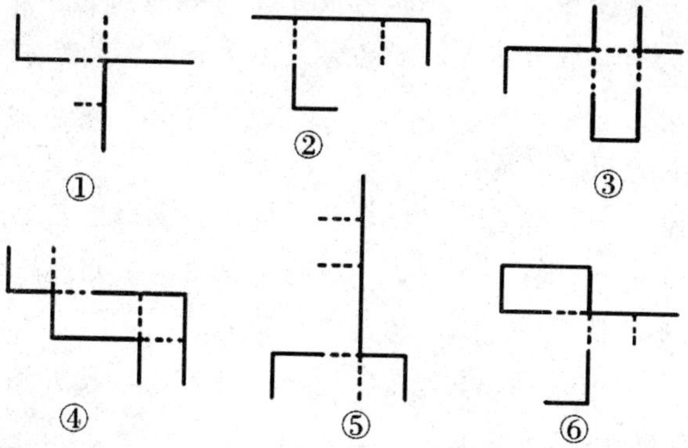

（生独立思考、想象，并分小组讨论、交流、验证，小组内同学先说自己的想法和理由，再拿出学具折一折，验证一下）

师：请判断快的小组来说一说是怎么判断的？

生：正方体的展开图一定是6个面，而②号是5个面，⑤号是7个面，因此首先排除②号和⑤号，剩下的4个展开图则先通过想象，再用学具实际折一折就知道了。（电脑再次演示其余4个图形的展开与折叠过程）

师：剩下的4个面，如果不用学具你们能很快判断出来吗？想想看有什么好办法？

（学生再次讨论交流，得出：先任意选定其中的一个面为底面，再通过想象很快找到其他的面对应的是正方体的哪个面，并在图上标出来，如①号展开图，有两个“上面”，少了一个“后面”，因此不能围成正方体；又如③号图正好可以围成正方体的6个面，因此能围成正方体）

师：请同学们按照这样的方法试一试。（生操作）

师：我们今后要判断一个展开图能否围成正方体，不仅要看它的面的个数，还要看面的什么？

生：位置。

评析：本节课的教学充分体现了新课标中“学生是数学学习的主人，教师是数学学习的组织者、引导者与合作者”，教师大胆放手让学生自主探索，引导学生独立思考，发挥想象，合作交流，实践操作等，让学生经历探究、解决问题的过程，感受到探究、解决数学问题的乐趣和成功的喜悦。同时，对学生解决问题的方法又不仅仅停留在实践操作上，而是引导学生更深一层次去思考解决问题的方法，找到展开图上的面与正方体上的面的对应关系，这正是进一步培养和提高学生的空间观念的一个绝好时机。

师：通过前面的展开与折叠活动（板书课题），我们认识到立体图形可以转化为平面图形，平面图形也可以转化成立体图形（板书“体”“面”转化），知道了展开图上的面与正方体上的面的对应关系。那么，长方体的展开与折叠又会是什么样的呢？

(3) 长方体的展开与折叠。

师：剪之前想一想，你们最想得到什么样的长方体展开图？你们打算沿着哪几条棱来剪？先想象，再和同学说一说你想象中的展开图的样子，然后实际剪一剪，看剪出来的展开图是不是你最想得到的。

（生操作，剪完后在小组内交流各自是怎样剪的，展开图是不是一样的，师把不同的展开图展示在黑板上）

师：你们能把展开图折叠还原成原来的长方体吗？（生展开、折叠、再展开、再折叠，在反复的展开与折叠中找到展开图中的各个面分别是原来长方体的哪个面，并在展开图中标出来）

评析：因为学生对“正方体的展开与折叠”有了充分的感知和认识，所以容易掌握这部分内容。这个过程再次通过操作和想象，让学生亲身经历和充分体验展开与折叠的过程，进一步认识立体图形与平面图形的关系，加强感悟立体图中的面与展开图中的面的对应关系，渗透转化与对应思想，培养学生的空间观念。

(4) 全课总结。

师：在这节课里，你们有什么收获，还有什么疑问？在小组内谈谈你们在这节课的表现如何，你们有什么感受。

评析：通过提问和自由发言，师生共同梳理本节课所要掌握的知识要点，使所学知识进一步条理化、清晰化、系统化，同时引导学生对自己的学习过程进行反思，从而实现教学目标。

3. 巩固应用，拓展延伸

(1) 有人制作了一个如下图所示的正方体礼品盒，其对面图案都相同，那么这个正方体的平面展开图可能是（　）。（电脑出示图像）

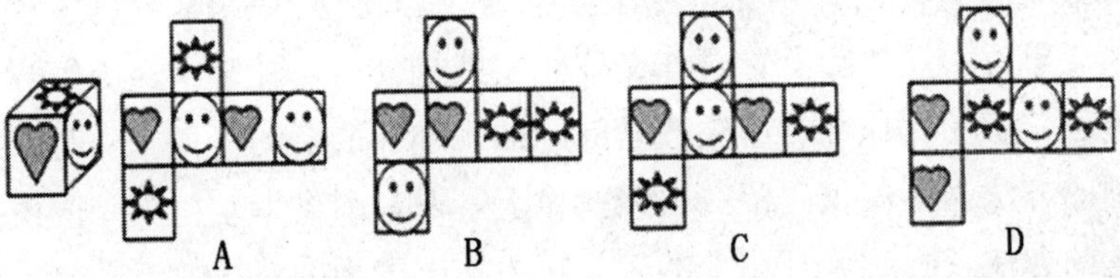

评析：学生根据“立体图形中相对的两个面不能连在一起”来判断，进一步掌握找相对面的方法。

（2）下面是一个长方体的展开图，找出相对的两个面，并分别标出对应的是长方体中的哪个面？［书（新世纪版教材五年级上）上第 17 页“练一练”第二题］

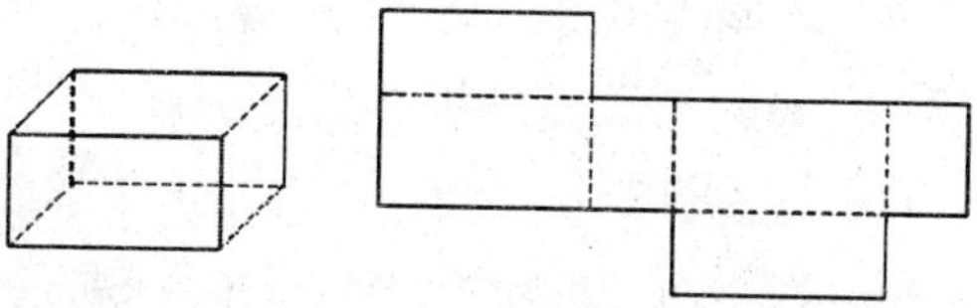

评析：此处的目的是加深对长方体、正方体特征的认识，进一步建立立体图形中的面与展开图中的面的对应关系，发展空间观念。

（3）有一正方体木块，它的 6 个面分别标上数字 1～6，下面是这个正方体木块从不同面所观察到的数字情况，请问数字 1 和 5 对面的数字各是多少？（电脑出示图形）

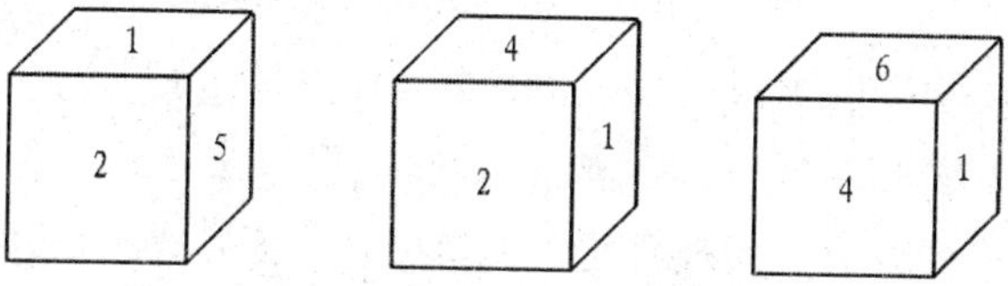

（4）下图是一个正方体展开图，正方体的 6 个面分别写着“祝”“你”“学”“习”“进”“步”6 个字，请你说出每个字相对的面上的字是哪个字？（电脑出示图形）

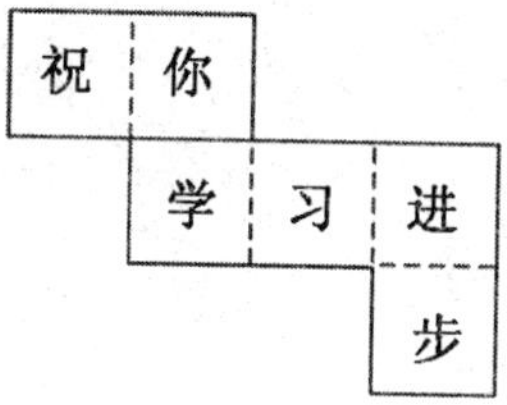

评析：（3）（4）这两道题都是非常具有吸引力，又具有一定挑战性的题，激起学生学习的兴趣和探究的愿望，掌握找对应面的方法，进一步体会“面”与“体”在转化过程中的对应关系，有困难的学生可借助学具操作。

【感悟启发】在本案例中，学生通过不断展开与折叠的操作活动，认识了长方体与正方体的平面展开图，从而加深了对长方体与正方体特征的认识，进一步发展了学生的空间观念，也为后面学习长方体、正方体的表面积等知识做了好铺垫。教材考虑到学生的年龄特点和知识基础，特别强调动手操作和展开想象相结合的学习方式。首先，通过把长方体、正方体的盒子剪开得到展开图的活动，引导学生直观认识长方体、正方体的展开图。由于学生沿着不同的棱来剪，得到的展开图的形状也可能不同，由此让学生充分感知长方体和正方体不同的展开图，体会到从不同的角度去思考、探究问题，会有不同的结果。其次，教材安排了判断“哪些图形沿虚线折叠后能围成正方体、长方体”的活动，这个内容对学生的空间观念要求比较高，有些学生学起来有一定的难度，教者先引导学生通过想象折叠的过程和折叠后的图形来帮助学生建立表象，再通过动手“折一折”活动来验证猜想，让学生在反复的展开和折叠中，体验立体图形与平面图形的相互转化过程，感受立体图形与平面图形的关系，建立展开图中的面与长方体或正方体中的面的对应关系，渗透转化和对应的数学思想，发展空间观念，培养学生多角度探究问题的能力和空间思维能力，并且在探究知识的过程中，不断体验发现与成功的喜悦。

学生的思维能力、操作能力和空间观念肯定存在差异，接受能力和思维方式也不同。因此，学生的学习过程是一个富有个性的过程。对学习有困难的学生，应及时加以方法的指导，使其能够在想象的基础上通过操作验证掌握新知；对于思维水平较高、空间观念较强的学生，如果在没有操作的基础上，只通过想象就能直接判断，应给予肯定和鼓励。例如，“先想后剪”这个环节，目的在于提高学生的空间想象能力，发展空间观念，而不要求学生一定达到剪出来的展开图和想象中的一样；又如“根据平面图形判断能否围成立体图形，并说明理由”和“找到立体图形与平面展开图的对应面”，这两个练习对学生的空间观念要求比较高，学生学起来有一定的难度。因此，呈现出来的思维结果会出现不同层次：有些学生是在想象和操作的基础上，才能说出不能围成立体图形的理由，有些学生只在必要时借助学具，还有些学生不借助学具的操作直接就能判断出来。

需要注意的是，在教学中不要让学生生硬记住 11 种展开图，因为形式化的记忆、识别并不能真正起到发展学生空间观念的作用。

三、数学文化型活动

【目标分析】关于这一部分内容的教学目标是：通过此类内容的综合实践

活动，可以帮助学生体验数学文化，培养学生学习数学的兴趣。

（一）拓展视野，传承文化

——“圆周率的历史”的教学

执教：广东省深圳市南山区育才一小　张加健

1. 交流搜集到的信息

师：回忆一下，怎样计算一个圆的周长？（生答，略）

师：在计算圆的周长的时候，需要用到圆周率。说到圆周率，我们知道它是圆的周长和直径之间固定的倍数关系，是一个无限不循环小数。这么复杂的一个数，它是怎么来的呢？是一个人研究的结果吗？都有哪些研究方法呢？人们什么时候就发现了圆周率？圆周率发展的历史是怎么样的呢？……许多同学早就阅读了课本上的关于圆周率的历史资料，昨天也回去搜集了关于圆周率历史的信息，拿出来，让我们来交流一下搜集到的信息吧！

（生分组交流信息，师板书：圆周率的历史）

2. 分享信息

师：我们收集到的资料可能各不相同，让我们来一同分享吧！圆周率的研究历史经历的时间是很长的，我们搜集到的信息也是很丰富的，老师建议这样来分享这些信息：把圆周率的历史分为3个时期——测量计算时期、推理计算时期、新方法时期，可以吗？

生：可以。

师：那大家先分小组商量一下怎么汇报，推荐代表，比一比哪个小组汇报得清楚。（生分小组商量，师板书：测量计算时期、推理计算时期、新方法时期）

师：在汇报的时候介绍清楚代表人物、基本方法、大约年代、主要结论。

（1）测量计算时期。

师：哪个小组来介绍第一个时期——测量计算时期？

小组代表1：人们很早就注意到了圆周率。大约在2000多年前，中国的《周髀算经》就有介绍，方法是通过轮子转一圈的长度，观察到圆的周长和直径之间有一定的联系，通过测量，计算出圆的周长总是直径的3倍多。（掌声响起）

师：还有补充吗？

生：《周髀算经》中的记载是“周三径一”。

生：那时候的圆周率一般都采用3来计算圆的周长。

生：基督教中的《圣经》也把圆周率取为3。

师：谢谢你们的及时补充，不过，什么叫“周三径一”？搜集信息的时候考虑过吗？

生：就是一个圆，“周”就是周长，“径”指的是直径，它的周长是3份的话，直径就是1份。

生：哦，也就是一个圆的周长大约是直径的3倍。

师：我国的《周髀算经》比《圣经》要稍微早一些，不过在大约公元前950年，中国、印度、巴比伦几乎都在使用3这个数值来表示圆周率，人们对于圆周率的研究真够早的。看看他们的研究方法，好像我们曾经用过。

生：是的，我们在研究圆的周长的计算方法的时候，也是测量几个圆的周长，再除以直径，都是3倍多一些。

（师板书：研究方法——观察、测量、计算；研究结论——周三径一）

（2）推理计算时期。

师：第二个时期。

小组代表2：我来汇报推理计算时期。我们收集到的信息是几何法时期，代表人物有古希腊的阿基米德、中国的刘徽和祖冲之。阿基米德用的方法是利用圆内接正多边形和圆的外切正多边形进行研究；刘徽用的是“割圆术”；祖冲之用的方法已经不是很清楚了。

师：能介绍一下，他们的成绩或者是结论吗？

小组代表3：我们小组可以介绍！阿基米德在《圆的度量》中，利用圆的外切与内接正96边形，求得圆周率π为：$3+\frac{10}{71}<\pi<3+\frac{1}{7}$，这是数学史上最早的，明确指出误差限度的π值；刘徽得到圆周率的近似值是3.14；祖冲之算出π的值在3.1415926到3.1415927之间，并且得到了π的两个分数形式的近似值约率为$\frac{22}{7}$，密率为$\frac{355}{113}$。

师：他们的年代各是什么时候？

小组代表4：我们小组来介绍，阿基米德和刘徽大约是同时代的人，不过阿基米德研究圆周率的时间比刘徽稍微早一些，但刘徽运用的方法和他的不同。祖冲之大约在1500多年前。

师：他们3个人对圆周率的贡献是很大的，在数学的历史上书写了浓墨重彩的一笔，刘徽和祖冲之也是我们中国的骄傲。祖冲之把圆周率精确到小数点后7位，这一成就在世界上领先了约1000年！让我们来看看书上对他们的介绍吧！

[学生阅读教材（北师大版六年级上册）第14～15页关于阿基米德、刘徽和祖冲之的介绍]

师：在分享知识的同时，有问题一起分享、一起思考吗？

生：祖冲之的成就中有一个名词叫“约率”，什么是“约率”？还有，什么叫“密率”？

师：祖冲之的成就虽然在1500多年前，但现在仍然值得我们去慢慢推敲，让我们和这位同学一起看看祖冲之的这两个名词吧。（生阅读）

生：老师，我想“约率”应该是粗略的圆周率的意思吧，“密率”就是比较精确的圆周率。（同学们纷纷表示同意）

师：真的都接近圆周率吗？让我们算一算，好吗？（生通过计算发现确实非常接近）

师：能写出一个特别接近圆周率的分数，是一件非常有意思的事。

生：不是很理解他们用的方法。

师：是啊，他们究竟用什么样的方法，不需要测量就能计算圆周率呢？

（师课件出示）阿基米德的方法：出示圆的内接六边形、外切正六边形图形；接着出示圆的内接正12边形、外切正12边形图形……

师：圆的周长处于内外两个正六边形之间，同样，也会处在内外两个正12边形之间，这样，正多边形越来越接近圆的周长。

（出示）刘徽的方法：他由圆内接正六边形算起，逐渐把边数加倍，算出正12边形、正24边形、正48边形、正96边形……的面积，这些面积逐渐地接近圆面积，这是一种非常重要的数学思想。按照这样的思路，刘徽把圆内接正多边形的面积一直算到了正3072边形，并由此求得了圆周率为3.14和3.1416这两个近似数值。

师：祖冲之用什么方法得到那么精确的圆周率，已经很难知道了，但可以肯定刘徽的方法给了他很大的启发和影响。

(3) 新方法时期。

师：刘徽和祖冲之的方法，是不是就可以这样一直推下去呢？

生：应该可以。

生：可能不行，不然为什么1000多年没有再发展呢？

师：由于计算工具的限制，可以说，祖冲之的成就已经把圆周率的精确程度推到了极致，计算量太大了。但是，随着电子计算机的出现，这个问题顺利解决了，π小数点后面的精确数字发展到成千上万、甚至几万亿位。有些人还用圆周率来锻炼记忆力呢！另外，聪明的数学家还利用似乎与圆不相关的“投针”的方法来计算圆周率，竟然和祖冲之的结果基本接近！让我们来欣赏一下圆周率的新方法时期吧！（生看书第 15 页“投针试验”和“电子计算机的革命”部分）

师：怎么样？有什么想说的？

生：电子计算机给我们解决了复杂的计算问题，数学家们主要就负责方法就可以了。

生：这“投针试验”究竟是怎么回事？

（许多学生表示同样的疑问，多媒体课件演示布丰的“投针试验”）

3. 让我们来分享感受

师：我们还有许多感受没有说出来，也还有许多信息没有听到，让我们再次分享各自获得的信息和感想吧！

【感悟启发】教材在学生通过简单实验初步体验了圆周率和利用圆周率计算圆的周长之后安排了这个数学阅读内容，为学生展示了圆周率的研究简史，介绍了相关的圆周率的研究方法，为学生打开了一扇窥视数学文化发展史的窗户，为其进一步理解圆周率的意义及今后中学的相关数学学习，留下一片想象的空间。教材罗列了在圆周率研究历史中最为重要的人物及方法，从古至今，涵盖中外，以圆周率的探索过程为主线，以体现圆周率的文化价值为主格调，来满足孩子们的好奇心。教师通过阅读来挖掘圆周率蕴含的教育价值，感受数学的魅力，激发研究数学的兴趣。本阅读内容信息量大，数学术语多，理解困难，涉及圆的内接、外切正多边形，割圆术，勾股定理，投针试验等数学术语，在给学生带来大量信息的同时，也给他们带来了疑问，但这些疑问并非本节课的重点，重点在于“阅读——熏陶”。在案例中，教者很好地把握了教学目标，没有把数学阅读课上为数学知识教学课。本节课根据教学内容的特点，让学生自主收集信息、分享信息，在分享中获得知识、获得快乐、感受数学思想，目标定位非常准确。学生在圆周率的相关历史的讨论中，交流课前自己收集到的信息，倾听别人了解到的知识，理解割圆术、正多边形等数学概念，学习推导圆周率、“投针试验”等思想、方法，充分享受收集信息与交流信息带来的乐趣和价值。学生收获的不仅仅是简单的数学知识，而是融和了数学概念、数学历史和数学方法的数学文化。

（二）连贯古今，感受文明

——“计算工具的认识”的教学

执教：江苏省海门实验学校　杨惠娟

1. 制造冲突，引入课题

（1）出示口算题，要求30秒内完成。

3×2　14+6　36÷3　15×6　210÷21　1354×367

（2）师：1354×367这么大的数目的计算，要在30秒内算完，你们感到怎样呢？

（3）引入计算器，揭示课题：计算工具的认识。

2. 操作交流，认识计算器的功能

师：谁来介绍一下你手里的计算器？

（1）学生相互介绍，认识各种按键的名称和作用。

（2）在操作中掌握计算器的计算方法。

①计算138+489，掌握常规计算方法。

②计算762.32－0.89，32010－8925，436.8÷0.75，13.6×2.7÷0.75，145+145+145……

（探索特殊算法：小数的整数部分是0的，这个0可以不按；加数相同时只需按“=”键即可）

3. 演绎文化，了解计算工具的发展

师：那计算器是怎样演变而来的呢？说说你们课前已收集到了哪些资料。

（1）介绍远古时代的计数方法。

（配音动画）远古时代，人类在捕鱼、狩猎和采集果实的劳动中，产生了计数的需要。人们出去打猎要数一数共出去了多少人，拿了多少件武器；回来时要数一数捕获了多少只野兽……都要借助实物来计数。例如，捕获了一只野兽就放一颗石子，出去了几人就在绳子上打几个结。就这样，人类在劳动中建立了一一对应的计数方法，而石子、结绳、木棒、手指、刻痕……就是人类最初用来计数和计算的工具。

(借助现代化的多媒体直接向学生展示最古老的计数法，让学生感觉体会)

师：现在你们觉得摆石子、结绳等计数方法怎么样?

生：携带不方便，不能记录大数目。

(2) 模拟算筹的创造过程。

(每个学生发5根小棒，把它当成算筹)

师：于是，我国劳动人民在这些计数方法的基础上，又发明了一种新的计算工具“算筹”，算筹是什么?(出示图，是一种像筷子一样的小棒) 用它做工具进行计算的方法叫“筹算”。对于算筹，你们想了解些什么?

生：什么时候发明的? 是谁发明的?

生：怎样使用的?

师：首先来猜猜看，古人是怎样用算筹摆1，2，3，4，5的?

生：我想应该竖着摆、横着摆都可以吧。(手势)

师：是的，古人摆放1，2，3，4，5非常直观形象。(电脑出示图片)

师：那6怎么摆呢? 动动脑筋拿小棒摆摆看。(生摆，师展示)

图1　图2　图3　图4　图5　图6

师：你们是怎么想的? 为什么?

生：我是用阿拉伯数字的写法来摆的。(如图1)

师：你们觉得怎样?

生：我觉得不对，那时候还没有阿拉伯数字呢，未免意识太超前了。

生：下面一根表示4，上面一根表示1加起来是6。(如图4)

师：他想到了用一根表示几根，这是一个好主意。

生：我想用一根表示5，所以我就摆成了图5这样。

生：我跟他想的一样，也是用一根代表5。

师：大家想出的符号都代表了一定的道理，那你们最喜欢哪一种?

生：第3个，第4个，第5个。

师：看来你们都喜欢比较简洁的符号。

师：(出示图6的摆法) 据古书上记载，上面的这根表示5，下面的一根表示1，这样7，8，9也就好理解了。(屏幕直接出示)

竖式：

横式：

师：用算筹可以摆出 1～9 这几个数，那怎样来表示更大的数呢？比如，23 又怎样表示呢？（生用小棒操作后展示）

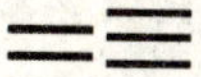

图 7

图 8

图 9

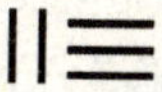

图 10

师：这么多摆法你们觉得哪种摆法最清楚？

生：图 10 比较清楚，如图 8 是要看成 8 的，图 9 也容易混淆，最好竖的横的交错。

师：是呀，如果纵横交错就可以避免混淆。正如你们所想的，（出示用算筹表示的几个大数：23，132，4414，46056……图略）仔细观察，你们有什么发现？

……

师：其实，古代数学家祖冲之、刘徽就是通过摆放算筹来计算的。（出示图）那你们觉得算筹这种计算工具怎么样？

生：计算时算筹摆了一大片，容易混乱。

生：那能不能想办法把活动的小棒固定起来？

师：是的，于是慢慢地人们就用算盘取代了算筹。

（3）小组合作，研究算盘。

师：几百年来，算盘在中国流传相当广泛。就是在当代，算盘仍以它特有的功能，与现代的计算器并肩作战。

师：首先请同学们在小组里交流收集到的信息。（小组研究，集体汇报）

生：我们小组知道算盘的名称。（举着算盘演示：框、梁、档、上珠、下珠）

生：一粒上珠代表 5，一粒下珠代表 1。例如，7 就是用一粒上珠和两粒下珠表示，我们还会拨 1，2，3……（拨了 1～9）

生：我妈妈是会计，她还教过我怎样计算呢！

师：那你能给我们露一手吗？

生：好的。我就算 23＋16 吧，（拨珠）我妈妈说算盘打熟练了，比计算器还快呢。

师：是的，特别是用算盘进行加减法时，有拨珠即答案的优点。

生：我在家里收集算盘的资料时，读到了很多有关算盘的历史资料，看！

（打开个人电子信箱演示）①珠算是中国古代数学继筹算之后的又一项重大发明。现在，世界各国学术界一致公认，算盘是中国发明的，中国是珠算的故乡。不仅如此，即使是在美国、日本等高度现代化的国家里，也有越来越多的人在学习使用算盘，并把珠算列入小学课程。

②这里还有一个小插曲：一次，一个中国代表团访问德国某学校，主人请客人们参观完现代化的电子计算机之后，又指着一幅挂图说："这是世界上第一个计算器。"代表团成员一看，竟是中国的算盘。

③中国乃至世界最大的算盘，收藏在天津历史博物馆内。它是清朝末年天津沽衣街算盘作坊制造的，距今已有一二百年的历史。它的长度是按天津达仁堂药店的柜台设计的，长为 306 厘米，宽则为 26 厘米，共有 117 档。营业忙时，五六个店员可以同时在大算盘上算账。

④英国皇家学会会员、著名化学家李约瑟博士曾致力于"中国科学技术史"的研究，待他全面地考察了中国古代的发明创造之后，以赞美的口气说："现在流行于世的算盘，是中国人发明的，它可以跟中国的四大发明相提并论，完全可以称为中国的第五大发明。"

……

4. 再次体验，总结提升

师：就这样，从古到今，计算工具经历了漫长的历史过程。通过这节课的学习，你们想说些什么？

（1）在再次运用计算器的过程中发现计算器的不足。

①太平洋的面积是 17967.9 万平方千米，大西洋的面积是 9336 万平方米，印度洋的面积是 7491.7 万平方千米，北冰洋的面积是 1310 万平方千米，问：四大洋的面积一共是多少万平方千米？

②即将投入施工的崇海大桥，全桥长 3042 米，预计投资约 6 亿元，问：每米投资约多少元？（得数保留整数）

（2）创造新型计算器。

师：你们能想象一下新型的计算器会是什么样的吗？

（3）课外活动延伸：每个小组设计"新型计算器"的方案。

【感悟启发】当学生遇到"1354×367"时，由于数目大无法用常规的计算方法在短时间内完成，这时学生心里产生了巨大的困惑，迫切需要一种新的计算方法，这时，教师再因势利导引出计算器。现代教育技术具备了大容量储存教学信息的优势，它可以穿越时空的界限，为学生提供大量丰富的学习材料。学生通过课前查找，课上交流，了解了算筹，真切感受到了算盘这一灿烂的文化。考虑学生对计算器已并不陌生，教师在课上让学生自己介绍计算器上一些常用键的名称和作用，这样，能够很好地促进学生间的互相交流和学习，实现了师生、生生互动。通过两个层次的练习，让学生体验到用计算器计算大数目的快捷、方便、准确，并激发学生的探索欲望。

四、数学素养型

【目标定位】这一部分内容的教学目标是：依托教材，开展与之相适应的数学教育和教学活动，促进学生在数学知识的习得、数学能力的培养、数学观念的形成和数学习惯的养成等方面得以和谐地、全面地发展。

（一）匠心独运，关注策略

——“解决问题的策略——画图”的教学

执教：福建省福安市赛岐小学　罗鸣亮

1. 课前——感受画图策略

师：有 1 个长方形里面躺着 3 个小正方形，上面竖着 1 个小长方形，小长方形旁有 3 个圆，大长方形底下还有 2 个圆，知道是什么图案吗？

生：听不清楚，再说一遍吧。

师：好！再说一遍……

生：火车头。

师：你是借助什么办法猜的？

生：画图。

师：他是画出来的，其他同学呢？（生答，略）

师：请猜第二个图案，1 个长方形，下面左右两边各有 1 个小长方形，上面有 1 个圆。

生：机器人。

……

2. 新授——认识画图策略

师：梅山小学正在扩建校园，他们遇到几个问题，一起去看看。（出示例 1）

梅山小学有一块长方形花圃，长 8 米。在修建校园时，花圃的长增加了 3 米，这样花圃的面积就增加了 18 平方米，原来花圃的面积是多少平方米？请同学们先想一想，做一做，再交流。（有些学生先画示意图，再分析数量关系）

师：你们为什么要画图？

生：画图让我们把题目看得更明白。

生：更容易理解题目的意思。

师：做对的请举手。没有举手的同学，如果再给你们一次机会，你们会怎么做？

生：会先画图，再分析数量关系。

师：既然大部分同学都这么认为，那么我们就一起动手画图。（生画图）

师：现在谁能指着自己所画的图说说自己的想法？我建议把机会让给原来没做出来或没做对的同学，谁来？（生借助图形汇报想法）

师：刚才我们通过画图解决了这个问题。你们认为画图在解决问题时能起到什么作用？

生：能让我们更清晰地看出题目的条件和问题。

生：能让题意更加形象具体，使人一目了然。

师：大家的感触真不少，看来画图的确是一种解决问题的策略。（板书课题）

3. 练习——巩固画图策略

师：（出示题目）梅山小学原来有一个宽 20 米的长方形鱼池，后来因扩建校园的需要，鱼池的宽减少了 5 米，这样鱼池的面积就减少了 150 平方米。现在鱼池的面积是多少平方米？告诉大家你是怎么想的。（生汇报）

师：其他同学还有不同想法吗？（有学生提出可用倍比法解题）

师：（引导学生从图中找出倍比法）能理解吗？没关系，请看——（添加辅助线）哦，有学生好像明白了，这显示了画图帮助解决问题的魅力。既然画图有魅力，我希望在以后解决某些问题时，同学们不要忘了它。

4. 拓展——活用画图策略

师：一个长方形长是 10 厘米，剪去一个最大的正方形后，剩下的长方形的周长是多少厘米？（生思考后，产生困惑）

师：有什么困惑呢？说出自己的疑惑吧。

生：长方形的宽是多少？

师：啊！原来没有告诉大家宽是多少，怎么办？同桌合作从图中找一找剩

下的长方形的周长在哪儿，好吗？（生思考）

师：寻求别人的帮助也是一种良策。谁需要我的帮助，请勇敢站起来。（一生犹豫地站起来）

师：好的！我欣赏你的勇气。（师从口袋里摸出一张小纸条）这是我送给你的，悄悄打开看看，现在有办法吗？

生：有办法了。（有更多的学生站起来）

师：其他同学也想要，都有勇气了？（师分别送给学生写着宽是9，8，7，6，5，4，3，2，1厘米的纸条，生探究后，开始汇报，有三四个学生都是借助画图策略分析问题的）

师：有什么新发现？

生：宽的长度不一样，但剩下的长方形的周长都是20厘米。

师：是呀！为什么都是20厘米呢？再从图中找找看有什么奥秘。（生找后汇报）

师：如果我没有告诉大家宽是多少，你们现在会解决这个问题吗？

生：会，因为剩下的长方形的长、宽的和一定是10厘米。

【感悟启发】本案例呈现了以下几个特点：

课前游戏匠心独运，引“生”入胜，有以下特点：一是有趣味性，快速调动了学生的学习兴趣，集中了学生的注意力，让学生积极主动地参与学习；二是有数学味，唤起了学生头脑中已有的平面图形的表象，引导学生将表象呈现出来，强化空间观念；三是有导向性，在猜的过程中，学生自然而然地感受到要借助一定的方法猜想，并且意识到画图是一种有效的方法。这样，在游戏中，教师不显山不露水，渗透了本课的教学重难点，将只可意会、难以言传的画图策略意识的培养融入猜图游戏中。

在教学画图策略的过程中，教师进行了有层次性的引导，让学生在用画图策略解决问题的过程中，对画图策略的价值有了较为全面的感性认识。

画图策略有助于理解题目。教师引导学生利用画图策略直观地呈现了情境中的条件和问题，并借助图形分析条件与条件、条件与问题之间的联系。在这一过程中，学生找到理解题目的一种有效方法，产生“画图让我们把题目看得更明白”的体验。

画图策略有助于找到解决问题的方法。引领学生找到解决问题的策略比给问题分类、教师苦口婆心地帮学生分析数量关系更有数学学习价值。教学时，教师很好地引导学生借助画图整理信息、分析信息，找到解决问题的方法，让学生深切地体验了画图策略在寻找解决问题方法时的价值。

（二）前有孕状，后有发展

——“数学广角——找次品”的教学

执教：厦门市槟榔小学　刘泽阳

片段一：创设情境，激情导入

师：我们一起来看一则关于美国“挑战者”号发射的新闻。（播放视频：挑战者号发射过程中突然爆炸，7名宇航员英勇殉职）

师：看了这则消息，同学们有什么想法？

生：发生这种事情我感到很遗憾。一架航天飞机的爆炸，造成了巨大的损失。

生：航天飞机可能超载了，所以会发生事故。

生：造成机毁人亡的原因在哪里呢？

师：同学们都说得很好。据调查，这次灾难的主要原因是生产了一个不合格零件引起的，可见“次品”的危害有多大。

生：由于一个小零件有问题而发生这种悲剧，太可惜了。

生：每一个零件都要仔细检查。

生：航天飞机是一种高科技产品，需要以严谨负责的态度对待每一个零件。

师：这节课我们一起来研究如何“找次品”。

片段二：感悟新知，探索体会

师：（课件出示5个零件）这里有5个用于航天飞机的零件，其中一个是不符合标准的次品，比较轻，你们知道哪个零件是次品吗？

生：不知道。

师：（板书：找次品）用什么方法能找到呢？

生：用手掂一掂，比较轻的就是次品。

生：不行，零件很轻，用手掂不出来，用天平来测量。

师：（课件出示天平）像零件这种比较精细的物品，我们一般借助天平来测量它的重量。

生：在天平的左右两边各放1个零件，如果平衡，说明这两个都不是次品，如果不平衡，说明次品就在翘起来的那边。

师：那你能结合课件里的天平，把你的想法演示给大家看吗？

（生演示，图略）

（师板书：用○表示待检测的物品，●表示次品）

师：用了2次就把次品找出来了，真了不起，还有其他方法吗？

生：（边说边演示）先在天平的两边各放2个零件，天平不平衡，次品就在翘起来的那边（右边）。再把右边的2个分一个到天平的左边，翘起来的那边的就是次品。

师：这种方法称了2次也找到了次品。

生：（边说边演示）先在天平的左右两边各放1个零件，天平平衡，再往天平的左右两边各放上一个零件，天平不平衡，放在翘起来那边的零件是次品。我也用了2次。（图略）

师：他在天平的两边同时各放上一个零件，观察天平是否平衡，进而来判断是否有次品。这种方法我们在以前学习中用过吗？

生：上学期学习解方程的时候就是在天平的两端放上一个相同重量的物品，天平两边仍然保持平衡。

师：真是一个巧妙的方法，只称1次一定能找到次品吗？

生：有可能，运气好的时候。

生：如果用5（2，2，1）的顺序来称，天平如果第一次就平衡，那剩下的那个就是次品，就只要1次。

师：对了，运气好的时候，也就是说这是偶然情况，如果我们要保证一定能从5个零件当中找到1个次品，就需要2次。所以，我们今天研究的就是保证一定能找出次品的方法。（板书：保证一定能找出次品用的次数）

片段三：探索合作，总结规律

师：工厂生产了9个羽毛球，其中一个比较重，这样的球会影响运动员的正常发挥，请你和你的同桌合作，在5分钟内把这个次品找出来，并用黑板上这种方法把实验过程记录在表格里。

（同桌合作通过课件中的天平找次品，师巡视，并让用不同实验方法的同学把实验过程写在黑板上）

个数（个）	怎么分	分的过程	找出次品用的次数（次）
5	5（1，1，1，1，1）	○=○ | ○ | ● | ○ ○≠●	2
5	5（2，2，1）	○ ○≠○ ● | ○ ○≠●	2
9	9（2，2，2，2，1）	○○=○○ | ●○ | ○○ | ○ ●○≠○○ ●≠○	3
9	9（1，1，1，1，1，1，1，1，1）	○=○ | ○ | ○ | ● | ○ | ○ | ○ | ○ ○=○ ●≠○	4
9	9（3，3，3）	○○○≠○●○ | ○○○ ○≠●	2
9	9（4，4，1）	○○○○≠●○○○ | ○ ●≠○	2

师：到底哪个羽毛球是次品呢？

生：5号。

师：看来次品都逃不过同学们的火眼金睛。

师：要称几次能找到次品呢？

生：我是用9（2，2，2，2，1），用了3次。

生：我是用9（4，4，1），用了1次就找到次品了，天平左右两边各放上4个零件，天平平衡，说明剩下的那个零件就是次品。

师：用1次就保证一定能找到次品吗？

生：不一定。如果不平衡，次品是4个零件中的一个，那一次是找不出来的。

师：如果你们是工厂的质量检查员，要保证一定能找到次品，你们会选择哪种方法呢？

生：9（3，3，3），因为这种方法只需要2次就能找到次品。

生：用9（3，3，3）。

师：那这些次数和什么有关系？

生：跟份数有关系。

师：什么关系？

生：份数越多，次数越多；份数越少，次数越少。

生：我不同意他的说法，9（4，4，1）也是分成3份，但次数却比9（3，3，3）多。

生：分成9（3，3，3），因为每份都是3个羽毛球，称1次后，从其中一份中找出次品还需要1次。

生：我发现最好分成3份，而且最好平均分，不然如果次品在分得比较多的那份，找出次品就需要更多的次数了。

师：对，平均分淘汰得多。如果待检查的物品不是3的倍数，不能平均分怎么办？(课件出示8个网球，1个超重，怎么找？生口答，师板书)

生：分成8（4，4）——4（2，2）——2（1，1)，需要3次。

生：分成8（3，3，2)，需要2次。

生：分成8（2，2，4)，需要3次。

师：这里有分成3份的，有分成2份的，如果你是质检员，你会选择什么方法？为什么？

生：我会选择8（3，3，2)，因为2次就找到次品了。

师：为什么份数越少，次数越多呢？

生：因为8（4，4）称一次后，次品在4个网球中，还需要2次，而8（3，3，2）的次品就算在3个网球中，也只再需要一次。

师：为什么同样都是分成3份，分成8（3，3，2）找的次数比8（2，2，4）来得少呢？

生：我发现分3份，如果每份的个数比较接近平均分，找的次数最少。

师：说得真好，同学们不仅能够顺利地把次品找出来，还发现不少找次品的小窍门。把你的发现告诉小组的同学，和大家一起分享。(小组汇报)

生：找次品要分成3份。

生：要平均分成3份，如果不能平均分成3份，每一份数量也要尽量不要差距太大。

【感悟启发】本课例充分利用信息资源，如新课程的引入，教师选用美国“挑战者”号火箭升空到空中突然爆炸的视频，其目的是让学生了解事故的原因是由一个不合格的零件造成的，让学生从血的教训中，懂得了次品的危害，领悟到严格检验的必要性，同时把人文教育渗透在教学中。本节课设计很好地体现了《基础教育课程改革纲要》提倡的大力推进信息技术在教学过程中的普遍应用，促进了信息技术与学科课程的整合，逐步实现教学内容的呈现方式、学生的学习方式、教师的教学方式和师生互动方式的变革，充分发挥信息技术的优势，为学生的学习和发展提供了良好的教育环境和有利的学习工具。

教师在这节课中充分发挥了组织者、引导者、合作者的作用。整节课教师讲解的时间很少，只是提供素材，让学生自己设计方案，并在计算器中验证自己的方案，展示各种独特的想法，在观察→实践→对比→讨论中选择最优的方案，如学生从中发现，把待检的产品分成 3 份，尽量平均分，若不能平均分 3 份，每一份的数量只能相差 1，保证找到次品的次数是最少的，这个结论的得出不是教师给的，而是学生从众多的方案中，经过比较，自悟出来的。这样不仅能培养学生的思维能力，同时情感态度与经济价值观等方面得到进一步的提升，为学生的持续发展打下基础。

教师在最后一个环节的教学中，做到了前有孕伏，中有突破，后有发展。在寻找 9 个羽毛球中的次品中、在师生交流对比分析的过程中，渐渐发现找次品的快捷方法，然后发现规律。先发现分的份数越多，步骤越烦琐，感受平均分和不平均分对寻找次品次数的影响。随后，教师设计 8 个羽毛球，让学生体验把物品分成 2 份和分成 3 份的不同，由浅入深，层层递进，最后总结出寻找次品的一般规律：平均分成 3 份，不能平均分的，最多和最少相差尽量要小。

《名师工程》系列丛书

征稿启事

《名师工程》系列丛书是西南师范大学出版社策划、组织出版的大型系列教育丛书。丛书以新课程下的新教学为背景，以促进施教者的教育能力为落脚点，以提高教育质量、提升教师水平为宗旨。

丛书首批推出的“名师讲述”“教学提升”“教学新突破”“高中新课程”“教师成长”“大师讲坛”“教育细节”“创新语文教学”“教育管理力”“教师修炼”“创新数学教学”等系列，共70余个品种，其余系列也将陆续出版。为了让广大教师有一个交流、借鉴的机会，同时也为了给广大教师提供更多、更好的图书，《名师工程》系列丛书编辑出版委员会特向全国教育工作者征集稿件。

稿件要求：

1.主题鲜明、新颖，有独创性。

2.主题以提升教育能力为主，也可适当外延。

3.主题要有一定规模、有典型案例支撑。

4.案例要贴近教育实际，操作性强。

5.文章、书稿结构清晰，语言精彩。

书稿作者在选题确定之后，请及时与我们做好沟通，具体事宜确定好之后再进行创作；也欢迎用已经完稿的稿件投稿。一线教师如希望参与图书案例的创作，可联系我社策划机构，由策划机构备案，在适合的图书中参与创作。

真诚欢迎各位教师踊跃投稿。

联系方式：

西南师范大学出版社高教分社

电话：023-68254356　　E-mail：zcj@swu.cn

西南师范大学出版社高教分社北京策划部

电话：010-68403096

E-mail：guodejun1973@163.com

西南师范大学出版社
《名师工程》系列丛书目录

系列	序号	书　　名	主编	定价
创新数学教学系列	1	《小学数学：名师教学目标落实艺术》	余文森	30.00
	2	《小学数学：名师高效教学设计艺术》	余文森	30.00
	3	《小学数学：名师易错问题针对教学》	余文森	30.00
	4	《小学数学：名师魅力课堂激趣艺术》	余文森	30.00
	5	《小学数学：名师同课异教》	林高明　陈燕香	30.00
	6	《小学数学：名师抽象问题艺术教学》	余文森	30.00
教育管理力系列	7	《名校激励管理促进力》	周　兵	30.00
	8	《名校安全管理执行力》	袁先潋	30.00
	9	《名校师资团队建设力》	赵圣华	30.00
	10	《名校危机管理应对力》	李明汉	30.00
	11	《名校校本研究创新力》	李春华	30.00
	12	《学校文化力建设策略》	袁先潋	30.00
	13	《名校长核心教育力》	陶继新	30.00
	14	《名校长高绩效领导力》	周辉兵	30.00
	15	《名校行政管理细节力》	杨少春	30.00
	16	《名校教学管理提升力》	张　韬　戴诗银	30.00
	17	《名校学生管理教导力》	田福安	30.00
	18	《名校校园文化构建力》	岳春峰	30.00
创新语文教学系列	19	《小学语文：享受对话教学》	孙建锋	30.00
	20	《小学语文：名师教学目标落实艺术》	刘海涛　王林发	30.00
	21	《小学语文：名师魅力教学设计艺术》	刘海涛　王林发	30.00
	22	《小学语文：名师魅力课堂激趣艺术》	刘海涛　王林发	30.00
	23	《小学语文：单元整体教学构建艺术》	李怀源	30.00
	24	《小学作文：名师情趣课堂创设艺术》	张化万	30.00
教师修炼系列	25	《班主任行为八项修炼》	杨连山	30.00
	26	《教师健康心理六项修炼》	李慧生	30.00
	27	《教师专业化五项修炼》	田福安　杨连山	30.00
	28	《课堂教学素养六项修炼》	刘金生	30.00
	29	《教师新师德六项修炼》	王毓珣　王　颖	30.00
教育细节系列	30	《名师最具渲染力的口才细节》	高万祥	30.00
	31	《名师最有效的沟通细节》	李　燕　徐　波	30.00
	32	《名师最有效的激励细节》	张　利　李　波	30.00
	33	《名师培养学生好习惯的高效细节》	李文娟　郭香萍	30.00
	34	《名师人格教育的经典细节》	齐　欣	30.00
	35	《名师营造课堂氛围的经典细节》	高　帆　李秀华	30.00
	36	《名师最有效的赏识教育细节》	李慧军	30.00
	37	《名师最有效的批评细节》	沈　旎	30.00

系列	序号	书　　名	主编	定价
大师讲坛系列	38	《大师谈教育心理》	肖　川	30.00
	39	《大师谈教育激励》	肖　川	30.00
	40	《大师谈教育沟通》	王斌兴　吴杰明	30.00
	41	《大师谈启蒙教育》	周　宏	30.00
	42	《大师谈教育管理》	樊　雁	30.00
	43	《大师谈儿童人格塑造》	齐　欣	30.00
	44	《大师谈儿童习惯培养》	唐西胜	30.00
	45	《大师谈儿童能力培养》	张启福	30.00
	46	《大师谈早恋与性教育》	闵乐夫	30.00
	47	《大师谈儿童情感教育》	张光林　张　静	30.00
教师成长系列	48	《学学名师那些事》	孙志毅	30.00
	49	《每天学点教育心理学》	石国兴　白晋荣	30.00
	50	《给新教师的建议》	李镇西	30.00
	51	《教师心灵读本：成为有思想的教师》	肖　川	30.00
	52	《教师心灵读本：教师，做反思的实践者》	肖　川	30.00
高中新课程系列	53	《高中新课程：教师角色转变细节》	缪水娟	30.00
	54	《高中新课程：班主任新兵法细节》	李国汉　杨连山	30.00
	55	《高中新课程：教学管理创新细节》	陈　文	30.00
	56	《高中新课程：更有效的评价细节》	李淑华	30.00
通用识书	57	《好心态成就好学生——学生心理问题剖析与对症教育》	李韦遴	30.00
	58	《教育，诗意地栖居》	朱华忠	30.00
	59	《好班规打造好班级》	赵　凯	30.00
教学新突破系列	60	《把教学目标落实到位——名师优质课堂的效率管理》	冯增俊	30.00
	61	《拿什么调动学生——名师生态课堂的情绪管理》	胡　涛	30.00
	62	《零距离施教——名师和谐师生关系的构建艺术》	贺　斌	30.00
	63	《一个都不能落——名师提升学困生的针对教学》	侯一波	30.00
	64	《让学习变得更轻松——名师最能吸引学生的情境设计》	施建平	30.00
	65	《让知识变得更易学——名师改造难学知识的优化艺术》	周维强	30.00
教学提升系列	66	《方法总比问题多——名师转变棘手学生的施教艺术》	杨志军	30.00
	67	《用特色吸引学生——名师最受欢迎的特色教学艺术》	卞金祥	30.00
	68	《让学生爱上课堂——名师高效课堂的引导艺术》	邓　涛	30.00
	69	《拿什么打开思路——名师最吸引学生的课堂切入点》	马友文	30.00
	70	《没有记不牢的知识——名师最能提升学生记忆效果的秘诀》	谢定兰	30.00
	71	《让学生的思维活起来——名师最激发潜能的课堂提问艺术》	严永金	30.00
名师讲述系列	72	《施教先施爱——名师讲述班主任的核心教导力》	杨连山　魏永田	30.00
	73	《在欢乐中成长——名师讲述最具活力的课堂愉快教学》	王斌兴	30.00
	74	《让学生做自己的老师 ——名师讲述如何提升学生自主学习能力》	徐学福　房　慧	30.00
	75	《引领学生高效学习 ——名师讲述如何提高学生课堂学习效率》	刘世斌	30.00
	76	《教育从心灵开始——名师讲述最能感动学生的心灵教育》	张文质	30.00